RICHARD DE BURY

HISTOIRE DE SAINT LOUIS

ROI DE FRANCE

ØMNIA VERITAS

RICHARD DE BURY

HISTOIRE DE
SAINT LOUIS
ROI DE FRANCE

1828

Publié par
OMNIA VERITAS LTD

OMNIA VERITAS

www.omnia-veritas.com

Je suis cet heureux Roi que la France révère,
Le Père des Bourbons....
Henri. Volt.

Richard de Bury

CARACTÈRE DE LA RÉGENTE 15

ÉDUCATION DE LOUIS 21

LES FACTIEUX ATTAQUENT LE COMTE DE CHAMPAGNE ... 29

MARIAGE DU ROI 45

POLITIQUE DE NOS ROIS SUR LES MARIAGES DES GRANDS 51

MAJORITÉ DE SAINT LOUIS 53

Mariages des princes Robert et Alphonse, frères du roi 58

DÉMÊLÉS DE L'EMPEREUR FRÉDÉRIC AVEC LES PAPES 59

LE COMTE DE LA MARCHE SE RÉVOLTE CONTRE LE COMTE DE POITIERS 71

LE ROI D'ANGLETERRE DÉCLARE LA GUERRE AU ROI DE FRANCE 79

Bataille de Taillebourg, où le roi est victorieux 80

IL JUGE UN GRAND DIFFÉREND ENTRE LES COMTÉS DE FLANDRE ET DE HAINAUT 109

LE ROI PART POUR LA TERRE-SAINTE 119

PRISE DE LA VILLE DE DAMIETTE 135

TRAITÉ DU ROI POUR SA LIBERTÉ AVEC ALMOADAN, SOUDAN D'ÉGYPTE 173

ALMOADAN EST ASSASSINÉ PAR LES MAMELUCKS 175

Le sultan est assassiné par les Mamelucks 176

LE ROI EST MIS EN LIBERTÉ ET DAMIETTE EST RENDUE .. 183

Le roi est mis en liberté 185

Le roi arrive en Palestine 187

DÉSOLATION DE LA FRANCE ET DE L'EUROPE, À LA NOUVELLE DE LA PRISON DU ROI 189

Mouvemens des Pastoureaux 190

OCCUPATIONS DU ROI DANS LA PALESTINE 195

Louis demande l'avis des seigneurs sur son retour en France 195

LE ROI SE DÉTERMINE À RESTER EN SYRIE 201

Il donne ses ordres pour lever des troupes 202

Ambassade du soudan de Damas au roi 204

Ambassade du prince des assassins à saint Louis 206

ENTREPRISE SUR BELINAS, OU CÉSARÉE DE PHILIPPE 213

CONDUITE DE LA REINE BLANCHE PENDANT L'ABSENCE DU ROI 217

MORT DE LA REINE BLANCHE 221

Saint Louis apprend la mort de la reine sa mère. Sa résignation aux ordres de la Providence 224

IL SE PRÉPARE À SON RETOUR EN FRANCE **227**

Son départ de Saint-Jean-d'Acre 228

Il arrive aux îles d'Hières 231

Retour du roi en France 231

LE ROI FAIT LA VISITE DE SON ROYAUME **237**

Mariage du roi de Navarre avec Isabelle de France .. 238

Le roi permet au roi d'Angleterre de venir à Paris, et lui fait une fête magnifique 238

LES TROUBLES CONTINUENT EN ITALIE ET EN ALLEMAGNE **243**

JUGEMENT D'ENGUERRAND DE COUCY **245**

LOUIS FORME UNE BIBLIOTHÈQUE DANS SON PALAIS **251**

MARIAGE DE LOUIS, FILS AÎNÉ DU ROI **257**

Pieuses fondations de Louis 258

TRAITÉ DE LOUIS AVEC LE ROI D'ARAGON **263**

TRAITÉ DE PAIX AVEC LE ROI D'ANGLETERRE **267**

TRAITÉ DE LOUIS AVEC LE ROI D'ANGLETERRE **271**

MORT DE LOUIS, FILS AÎNÉ DU ROI 275

MARIAGE DE PHILIPPE, FILS AÎNÉ DU ROI 277

LOUIS EST CHOISI POUR ARBITRE ENTRE LE ROI ET LES BARONS D'ANGLETERRE 285

MARIAGE DE JEAN, FILS DU ROI 293

LE ROI CONTRIBUE À L'AUGMENTATION DE LA SORBONNE 299

ÉTAT DES AFFAIRES DE LA PALESTINE 303

PRAGMATIQUE-SANCTION 315

LE ROI CHASSE LES USURIERS DE SON ROYAUME 317

LE ROI S'EMBARQUE POUR LA PALESTINE 325

Louis VIII, roi de France, père de saint Louis, était dans la quarantième année de son âge, et la troisième de son règne, lorsque, revenant à Paris, après le siége de la ville d'Avignon, il se sentit vivement pressé d'un mal qu'il avait tenu caché jusqu'alors, et fut forcé de s'arrêter au château de Montpensier, en Auvergne. Ce fut dans cette occasion que ce prince fit voir qu'il était véritablement chrétien. Quel que fût ce mal, dont l'histoire ne nous a pas appris la véritable cause, les médecins lui proposèrent un remède que la loi de Dieu lui défendait. Malgré le refus qu'il fit d'en user, on introduisit auprès de lui, pendant qu'il dormait, une jeune fille. S'étant éveillé, il appela l'officier qui le servait, lui ordonna de la faire retirer, en lui disant ces belles paroles : *Qu'il aimait mieux mourir, que de conserver sa vie en commettant un péché mortel.*

Cependant le mal ayant augmenté, et ce prince sentant les approches de la mort, il ne s'occupa plus que du soin de mettre ordre à ses affaires. Ayant fait venir autour de son lit les évêques et les grands seigneurs qui l'avaient accompagné, il leur déclara qu'il nommait la reine Blanche de Castille, son épouse, régente de l'état pendant la minorité de son fils Louis.[1] Cette nomination fut faite en présence de l'archevêque de Sens, des évêques de Beauvais, de Noyon et de Chartres, et du chancelier Garin, qui la déclarèrent authentiquement, après sa mort, par des lettres scellées de

---

[1] Il n'avait que douze ans commencés ; et, dans ce temps, les rois n'étaient déclarés majeurs qu'à 21 ans.

leurs sceaux. Il recommanda son fils aux seigneurs français qui était présens, et principalement à Matthieu II de Montmorency, connétable de France, à Philippe, comte de Boulogne, au comte de Montfort, aux sires de Coucy et de Bourbon, princes de son sang, et à plusieurs autres seigneurs qui lui promirent que ses intentions seraient exactement exécutées ; qu'ils feraient serment de fidélité au prince son fils, et qu'ils soutiendraient l'autorité de la reine durant sa régence.

Pendant que cela se passait à Montpensier, Blanche était restée à Paris, où elle attendait avec impatience l'arrivée du roi, pour le féliciter sur ses conquêtes : elle n'était pas instruite de sa maladie. Pressée du désir de le revoir, elle s'était mise en chemin pour aller le joindre, lorsqu'elle rencontra le jeune Louis, qui revenait précipitamment, accompagné du chancelier et de plusieurs autres seigneurs. Elle reconnut, à la tristesse répandue sur leurs visages, la perte que la France venait de faire. Elle retourna aussitôt à Paris, afin de concerter avec les fidèles serviteurs du roi, les mesures les plus promptes qu'il convenait de prendre pour le faire couronner.

La régente ne fut pas long-temps sans apercevoir des semences de division dans les discours de plusieurs grands vassaux de la couronne, par les demandes qu'ils lui firent, et surtout par le refus de plusieurs d'entre eux de se trouver à la cérémonie du couronnement du roi, qui fut faite le premier dimanche de l'Avent de l'année 1226. Le nombre des seigneurs qui y assistèrent ne fut pas, à beaucoup près, aussi grand qu'il devait être, suivant l'usage ordinaire, et en conséquence des lettres que la régente leur avait fait écrire pour les y inviter ; mais elle ne laissa pas de faire faire la cérémonie, par les conseils du chancelier et du légat, le retardement paraissant dangereux, surtout dans ces temps-là, où on la regardait comme essentielle à la royauté.

La cour, et tous ceux qui devaient assister à cette cérémonie, s'étaient rendus à Reims. Thibaud, comte de Champagne, était en chemin pour s'y trouver ; mais, comme il approchait de la ville, on l'envoya prier de n'y pas entrer, à cause du bruit faux, mais fâcheux, qui courait de lui, qu'il avait fait empoisonner le feu roi. La comtesse sa femme fut néanmoins de la fête, ainsi que la comtesse de Flandre, qui se disputèrent entre elles le droit de porter l'épée devant le roi, comme représentant leurs maris absens. Mais, sur le refus qu'on leur en fit, elles consentirent que Philippe, comte de Boulogne, oncle du roi, eût cet honneur, sans préjudice de leurs droits, ou plutôt de ceux de leurs maris.

L'affront qu'on venait de faire au comte de Champagne ne pouvait manquer, vu son caractère brouillon, de le jeter dans le parti des factieux, et il semble qu'il eût été de la prudence de ne lui en pas donner l'occasion. Mais ou l'on savait qu'il y était déjà, ou la reine régente ne se crut pas assez d'autorité pour obtenir des grands seigneurs assemblés qu'il n'en fût pas exclu : peut-être aussi ne fut-elle pas fâchée de voir mortifier un seigneur qui avait eu la hardiesse de lui témoigner de l'amour.

Quoi qu'il en soit, il fut un des premiers qui fit ouvertement des préparatifs pour la révolte, de concert avec deux autres seigneurs mécontens : c'étaient Pierre de Dreux, comte de Bretagne, surnommé *Mauclerc*,[2] auquel Philippe-Auguste avait fait épouser l'héritière de ce comté ; et Hugues de Lusignan, comte de la Marche, qui avait épousé Isabelle, fille d'Aymard, comte d'Angoulême, veuve de Jean-Sans-Terre, roi d'Angleterre, mère de Henri III, qui y régnait alors.

---

[2] C'est-à-dire, suivant le langage du temps, *homme malin et méchant*.

Comme l'archevêché de Reims était alors vacant, ce fut de Jacques de Bazoche, son suffragant, évêque de Soissons, que Louis reçut cette onction qui rend les rois sacrés pour les peuples. Quoiqu'il fût encore bien jeune, il était déjà assez instruit pour ne pas regarder cette action comme une simple cérémonie.[3] Il ne put faire, sans trembler, le serment de n'employer sa puissance que pour la gloire de Dieu, pour la défense de l'Eglise et pour le bien de ses peuples. Il s'appliqua ces paroles qui commencent la messe ce jour-là, et dont David se servait pour dire : *Qu'il mettait en Dieu toute sa confiance, et qu'il s'assurait d'être exaucé.*

Comme cette cérémonie est trop connue pour nous arrêter à la décrire, je dirai seulement que, lorsqu'elle fut finie, on fit asseoir le roi sur un trône richement paré, que l'on mit entre ses mains le sceptre et la main de justice, et qu'ensuite tous les grands seigneurs et prélats, qui étaient présens, lui prêtèrent serment de fidélité, ainsi qu'à la reine sa mère, pour le temps que sa régence durerait.

Dès le lendemain, la reine partit pour ramener le roi à Paris ; elle souhaita qu'il n'y eût aucunes marques de réjouissances, comme il n'y en avait point eu à Reims : car, quelque satisfaction qu'elle eût de voir régner son fils, rien n'effaçait de son coeur le regret dont elle était pénétrée de la perte qu'elle venait de faire. D'ailleurs l'affliction était si générale, que les grands et le peuple n'eurent pas de peine à suspendre les mouvemens de leur joie, et la sagesse de la régente ne lui permettait pas de perdre en vains amusemens un temps dont elle avait besoin pour arrêter et éteindre les factions qui se formaient dans l'état.

---

[3] Joinville, p. 15.

CARACTÈRE DE LA RÉGENTE

Blanche de Castille était une princesse dont la prudence, la présence d'esprit, l'activité, la fermeté, le courage et la sage politique, rendront à jamais la mémoire chère et respectable aux Français. Elle s'appliqua uniquement à dissiper les orages qui se formaient contre l'état : elle n'eut d'autres vues que de conserver à son fils les serviteurs qui lui étaient restés fidèles, de lui en acquérir de nouveaux, et de prévenir les dangereux desseins de ses ennemis. Les seigneurs de la cour se ressentirent de ses bienfaits, et tout le monde de ses manières obligeantes et naturelles qu'elle employait pour gagner les coeurs qui y étaient d'autant plus sensibles, qu'elle accompagnait ses grâces du plus parfait discernement.

Comme le comte de Boulogne était un des plus puissants seigneurs de l'état, et celui dont le roi pouvait attendre plus de secours ou de traverses, elle n'oublia rien pour le mettre dans ses intérêts. Philippe-Auguste lui avait donné le comté de Mortain ; mais Louis VIII s'en était réservé le château, en confirmant ce don. Blanche commença par le lui remettre, et lui rendit en même temps le château de l'Isle-Bonne, que le feu roi s'était pareillement réservé ; et, dans la suite, elle lui céda encore l'hommage du comté de Saint-Pol, comme une dépendance de celui de Boulogne.

La reine Blanche traita avec la même générosité Ferrand, comte de Flandre. Philippe-Auguste l'avait fait prisonnier à la bataille de Bouvines, et n'avait pas voulu lui rendre sa liberté, à moins qu'il ne payât une rançon de cinquante mille livres, somme alors très-considérable, et qu'il ne donnât pour sûreté Lille, Douai et l'Ecluse. La régente, de l'avis des grands du royaume, rendit au comte sa liberté, et lui fit remise de la moitié de sa rançon, à condition de laisser seulement pendant dix ans, entre les mains du jeune roi, la citadelle de Douai. Ce bienfait l'attacha si fortement aux intérêts de la reine et de son fils, que rien ne put l'en écarter, et qu'il résista constamment à toutes les sollicitations des seigneurs mécontens.

Cependant le comte de Champagne avait levé le premier l'étendard de la révolte : il avait fait une ligue avec les comtes de Bretagne et de la Marche. Ils avaient commencé par faire fortifier et fournir de munitions de guerre et de bouche les châteaux de Beuvron en Normandie, et de Bellesme dans le Perche, dont le feu roi avait confié la garde au comte de Bretagne.

La régente, usant de la plus grande diligence, avant que les mécontens fussent en état de se mettre en campagne, assembla promptement une armée assez nombreuse pour accabler le comte de Champagne. Elle fut parfaitement secondée par Philippe, comte de Boulogne, oncle du roi ; par Robert, comte de Dreux, frère du comte de Bretagne ; et par Hugues IV, duc de Bourgogne. Elle marcha avec eux, accompagnée du roi son fils, en Champagne, contre le comte Thibaud. Ce seigneur, surpris de cette diligence, mit les armes bas, et eut recours à la clémence du roi qui lui pardonna, et le reçut en ses bonnes graces.

C'est sur cette réconciliation si prompte, et principalement sur les discours perfides d'un auteur anglais,[4] qu'il a plu à quelques-uns de nos écrivains d'orner, ou plutôt de salir leur histoire de l'épisode imaginaire des amours du comte de Champagne et de la reine régente. Le plaisir de mal parler

---

[4] Matthieu Paris.

des grands, et de se faire applaudir par des gens corrompus, dont notre siècle n'est pas plus exempt que les autres, donne la vogue à ces sortes de fables ; mais celles-là ne furent point capables de flétrir la réputation d'une reine à laquelle notre histoire a, dans tous les temps, rendu la justice qu'elle méritait. D'ailleurs les historiens anglais, et surtout Matthieu Paris, moine bénédictin, croyaient, par ces traits de malignité, venger leur roi Henri III des avantages que les Français, sous la conduite de la reine Blanche, avaient remportés sur lui, lorsqu'ayant pris, comme je le dirai dans la suite, le parti des mécontens, il fut renvoyé dans son île, après avoir vu détruire son armée, et dépensé beaucoup d'argent. A la vérité, suivant les mémoires de ce temps-là, il y a lieu de penser que le comte de Champagne avait conçu de l'inclination pour cette princesse ; mais on n'y voit rien qui puisse persuader qu'elle y ait jamais répondu, et l'on y trouve même le contraire. Elle méprisa le comte, le plus volage et le plus frivole seigneur de son temps, et le laissa se consoler par les vers et les chansons dont il ornait les murs de son château de Provins.

Le parti révolté, étant fort affaibli par le retour du comte de Champagne sous l'obéissance du roi, la régente fit marcher aussitôt l'armée au-delà de la Loire, contre les deux autres chefs. Le roi les fit citer deux fois devant le parlement. N'ayant pas obéi, et étant cités une troisième fois, ils se rendirent à Vendôme, où était le roi. Comme ils n'avaient point d'autre ressource que la miséricorde de ce prince pour éviter le châtiment qu'ils méritaient, ils y eurent recours. La bonté du roi, la nécessité de ménager les autres seigneurs, parens ou amis des deux comtes, l'espérance de rétablir plus promptement, par les voies de la douceur, la tranquillité de l'état, engagèrent la régente à faire obtenir du roi, non seulement leur pardon, mais encore des grâces et des conditions très-avantageuses par un traité que le roi fit avec eux.

D'abord, pour ce qui regardait le comte de la Marche, il fut conclu qu'Alfonse de France, frère du roi, épouserait Elisabeth, fille de ce comte, dont le fils aîné, Hugues de la Marche, épouserait Elisabeth de France, sœur du roi. Il fut encore convenu que le roi ne pourrait faire la paix avec le roi d'Angleterre, sans y comprendre le comte. Celui-ci, de sa part, céda ses prétentions sur le Bordelais et sur la ville de Langès, moyennant une somme d'argent payable en plusieurs années, en dédommagement du douaire de la reine d'Angleterre, femme du comte, saisi par les Anglais.

A l'égard du comte de Bretagne, il fut convenu qu'Iolande, sa fille, épouserait Jean de France, frère du roi ; que, jusqu'à ce que Jean eût atteint vingt-un ans (il n'en avait alors que huit), le comte de Bretagne aurait la possession d'Angers, de Beaugé, de Beaufort et de la ville du Mans ; qu'il donnerait en dot à sa fille, Bray, Châteauceau, avec les châteaux de Beuvron, de la Perrière et de Bellesme, à condition qu'il jouirait de ces trois dernières places le reste de sa vie, et quil ne ferait aucune alliance avec Henri, roi d'Angleterre, ni avec Richard, son frère. Aussitôt après ce traité, le comte de Bretagne, pour prouver son attachement aux intérêts du roi, marcha avec Imbert de Beaujeu, connétable de France, contre Richard, frère du roi d'Angleterre, l'empêcha de rien entreprendre sur les terres de France, et l'obligea de se retirer. Le roi d'Angleterre sollicita en vain les seigneurs de Normandie, d'Anjou et du Poitou, de prendre les armes en sa faveur ; mais, comme aucun d'eux n'osa se déclarer, il fut obligé de faire une trève pour un an, qu'il obtint par la médiation du pape Grégoire IX, qui venait de succéder à Honoré III.

Les choses étant ainsi pacifiées, la régente renouvela les traités faits sous les précédens règnes, avec l'empereur Frédéric II, et avec Henri son fils, roi des Romains, par lesquels ils s'engageaient à ne prendre aucune liaison avec l'Angleterre contre la France. Elle employa tous ses soins pour se maintenir en bonne intelligence avec les princes alliés de la France, pour s'attacher le plus qu'elle pourrait de seigneurs vassaux de la couronne, et elle fut toujours attentive à prévenir et arrêter, dans leur naissance, les entreprises des esprits brouillons ; car elle ne devait pas compter qu'ils en demeurassent à une première tentative ; ils en avaient tiré trop d'avantages, et l'esprit de faction s'apaise bien moins par les bienfaits, qu'il ne s'anime par l'espérance d'en extorquer de nouveaux.

ÉDUCATION DE LOUIS

Quoique la conduite des affaires de l'état donnât beaucoup d'occupation à la reine régente, cependant elle savait encore trouver assez de temps pour donner ses soins à l'éducation du prince son fils, à laquelle elle présidait elle-même. Les historiens contemporains ont négligé de nous apprendre quel était le gouverneur de Louis : nous devons croire que la reine en faisait les principales fonctions. Nous ignorons aussi le nom et les qualités de son précepteur, qu'on ne lui donna que fort tard, suivant l'usage de ce temps-là ; mais, quel qu'il fût, il est certain que les voies lui étaient bien préparées par les soins que la reine régente en avait déjà pris. Nous voyons dans les Mémoires du sire de Joinville, auteur contemporain et confident de Louis, qu'elle n'épargna rien pour mettre auprès de son fils les personnes les plus capables pour la vertu et pour la science. De la part du jeune prince, la docilité, la douceur, le désir de profiter, la droiture de l'esprit, et surtout celle du coeur, rendaient aisée une fonction si épineuse et si difficile. La reine s'attacha surtout à l'instruire, dès son bas âge, de la connaissance de Dieu, et des véritables vertus dont il est le modèle. Aussi n'oublia-t-il jamais ce que sa mère lui avait dit un jour, lorsqu'il était encore jeune : *Mon fils, vous êtes né roi ; je vous aime avec toute la tendresse dont une mère est capable ; mais j'aimerais mieux vous voir mort, que de vous voir commettre un péché mortel.* Il grava ces instructions si profondément dans son coeur, qu'il donna toujours à l'exercice de la religion et à la retraite, les momens qu'il dérobait aux fonctions de la royauté.

On n'oublia pas en même temps de lui procurer les instructions qui peuvent contribuer à former l'esprit, mais, selon qu'on le pouvait faire dans ce siècle-là, où l'ignorance était prodigieuse, même parmi les ecclésiastiques. On rapporte comme un éloge de ce prince, qu'il savait écrire (car les plus grands seigneurs ne savaient pas même signer leur nom), qu'il entendait très-bien le latin de l'Ecriture-Sainte, et les ouvrages des Pères de l'Eglise, qui ont écrit dans cette langue.

Pour ce qui est de l'histoire, il savait celle des rois ses prédécesseurs, rapportée dans les chroniques particulières de leurs règnes, qui, quoique très-imparfaites, nous ont néanmoins conservé les actions les plus mémorables des princes des deux premières races de la monarchie. On y trouve la connaissance de leurs vertus et de leurs défauts, qui fournissait des exemples pour apprendre à pratiquer les unes et éviter les autres.

On lui proposa surtout pour modèle le roi Philippe-Auguste, son aïeul, un des plus grands rois de la monarchie. Ce prince était monté sur le trône, dans un âge à peu près pareil à celui de Louis, et dans les mêmes circonstances. La reine Blanche, sa mère, lui fit prévoir le mauvais effet que pouvait produire l'idée de sa jeunesse sur les esprits mutins et brouillons de son royaume. Elle s'appliqua à lui faire éviter les défauts des jeunes gens de son âge, et surtout l'inapplication, l'amour de l'oisiveté et du plaisir. Elle lui donna connaissance de toutes les affaires ; elle ne décida jamais rien d'important sans le lui communiquer ; et, dans les guerres qu'elle eut à soutenir, elle le fit toujours paraître à la tête de ses troupes, accompagné des seigneurs les plus braves et les plus expérimentés.

La reine se donnait en même temps de pareils soins pour l'éducation de ses autres enfans. Ils étaient quatre ; savoir : Robert, qui fut depuis comte d'Artois ; Jean, comte d'Anjou ; Alfonse, comte de Poitiers, et Charles, comte de Provence. Chacun recevait les instructions dont son âge pouvait être capable. L'exemple de leur frère aîné leur donnait une émulation qui les excitait à lui ressembler, en acquérant les mêmes connaissances, et pratiquant les mêmes vertus.

La reine Blanche réussit encore à persuader à ses enfans, que leur plus grand bonheur dépendait de la parfaite union qui devait régner entre eux : ils profitèrent si bien des avis de cette sage mère, que ces princes furent pénétrés toute leur vie, pour le roi, leur frère aîné, de cette amitié tendre et respectueuse qui fait ordinairement la félicité des supérieurs et des inférieurs ; comme, de sa part, Louis les traita toujours avec la plus grande bonté, moins en roi qu'en ami. Lorsque ses frères commencèrent à être capables d'occupations sérieuses, il les admit dans ses conseils ; il les consultait dans les affaires qui se présentaient, et prenait leur avis. Ils commandaient dans ses armées des corps particuliers de troupes, à la tête desquels ils ont très-souvent fait des actions dignes de la noblesse de leur naissance. Ils étaient, pour ainsi dire, les premiers ministres du roi. Ils partageaient avec lui les fonctions pénibles de la royauté, et contribuaient unanimement à la gloire de l'Etat et au bonheur des peuples.

Pendant que la reine Blanche donnait tous ses soins à l'éducation de ses enfans, elle était encore occupée à rendre inutiles les nouvelles entreprises des esprits brouillons, et surtout de ceux dont je viens de parler. Ils n'étaient pas rentrés sincèrement dans leur devoir ; ils avaient été forcés par la prudence et l'activité de la régente de se soumettre, et les grâces qu'elle leur avait fait accorder par le roi, au lieu de les satisfaire, n'avaient fait qu'augmenter le désir d'en obtenir de nouvelles.

L'union de Philippe, comte de Boulogne, oncle du roi, avec la reine régente, était pour eux un frein qui les arrêtait : ils entreprirent de le rompre, et ils s'y prirent de la manière qu'il fallait pour y réussir. Ils lui firent représenter qu'étant celui de tous les princes qui, après les frères du roi, était son plus proche parent, étant fils de Philippe-Auguste, c'était un affront pour lui que la régence du royaume fût en d'autres mains que les siennes, et surtout en celles d'une femme, et d'une femme étrangère qui, par ces deux raisons, devait être exclue du gouvernement du royaume de France : ils l'assurèrent de leurs services pour soutenir son droit, s'il voulait le faire valoir.

Le comte Philippe avait épousé Mathilde, fille du vieux comte de Boulogne, qui avait été fait et resté prisonnier de Philippe-Auguste, depuis la bataille de Bouvines ; et le gendre, pendant la prison de son beau-père, avait été investi de tous les biens du comte. C'était sans doute ce qui avait tenu jusqu'alors le gendre attaché aux intérêts du roi et de la régente : car, si le vieux comte de Boulogne était sorti de prison en même temps que le comte de Flandre, il aurait pu causer beaucoup d'embarras à Philippe son gendre, et il est vraisemblable que c'était cette raison qui avait empêché la régente, après la mort du roi son époux, de donner la liberté au vieux comte de Boulogne. Celui-ci en mourut de chagrin, ou de désespoir, car le bruit courut qu'il s'était donné la mort. Philippe, après cet événement, n'ayant plus le motif qui lui avait jusqu'alors fait ménager la régente, se trouva disposé à écouter les mauvais conseils qu'on lui donnait pour s'emparer de la régence.

Il concerta avec plusieurs seigneurs le projet de se saisir de la personne du roi, qui se trouvait dans l'Orléanais. Ils avaient résolu d'exécuter ce complot sur le chemin d'Orléans à Paris, lorsque le roi retournerait dans sa capitale. Ce prince, en ayant été averti par le comte de Champagne, se réfugia à Montlhéry, d'où il fit sur-le-champ avertir la reine sa mère, et les habitants de Paris. Blanche en fit partir promptement tous ceux qui étaient capables de porter les armes, et tout le chemin, depuis Paris jusqu'à Montlhéry, fut aussitôt occupé par une nombreuse armée et une foule incroyable de peuple, au milieu de laquelle le roi passa comme entre deux haies de ses gardes. Ce n'était qu'acclamations redoublées, et que bénédictions, qui ne cessèrent point jusqu'à Paris. Le sire de Joinville rapporte que le roi se faisait toujours un plaisir de se souvenir et de parler de cette journée, qui lui avait fait connaître l'amour que ses peuples lui portaient. Les seigneurs conjurés qui s'étaient rendus à Corbeil pour l'exécution de leur dessein, voyant leur coup manqué, firent bonne contenance, et, traitant de terreur panique la précaution que le roi avait prise, ils se retirèrent pour former un nouveau projet de révolte, qui n'éclata cependant que l'année suivante.

Ce fut pendant la tranquillité que procura dans le royaume l'accommodement avec les seigneurs mécontens, dont je viens de parler, que la régente termina une autre affaire importante, dont la consommation fut très-glorieuse et fort utile pour le royaume, ayant procuré la réunion à la couronne du comté de Toulouse et de ses dépendances.

Le pape sollicitait vivement la régente de ne point abandonner la cause de la religion, et de continuer à réduire les Albigeois, dont la mort du roi son mari avait arrêté la ruine totale. Le légat, pour ce sujet, fit payer par le clergé une grosse contribution que la reine employa utilement. Elle procura des secours à Imbert de Beaujeu, dont la prudence et l'activité avaient conservé les conquêtes qu'on avait faites sur ces hérétiques. Ayant reçu un nouveau renfort, il fatigua tellement les Toulousains par ses courses continuelles aux environs de leur ville, par les alarmes qu'il leur donnait sans cesse, qu'il les mit enfin à la raison, et obligea le comte de Toulouse à rentrer dans le sein de l'Eglise, et à abandonner les Albigeois.

Le cardinal de Saint-Ange, qui était revenu en France depuis quelque temps, profita de la consternation des Toulousains : il leur envoya l'abbé Guérin de Grand-Selve, pour leur offrir la paix. Ils répondirent qu'ils étaient prêts à la recevoir ; et, sur cette réponse, la régente leur ayant fait accorder une trêve, on commença à traiter à Baziège, auprès de Toulouse, et, peu de temps après, la ville de Meaux fut choisie pour les conférences. Le comte Raymond s'y rendit avec plusieurs des principaux habitans de Toulouse. Le cardinal-légat et plusieurs prélats s'y trouvèrent aussi. La négociation ayant été fort avancée dans diverses conférences, l'assemblée fut transférée à Paris, pour terminer entièrement l'affaire en présence du roi.

La régente et le légat conclurent enfin un traité par lequel il fut stipulé, 1.° que le comte de Toulouse donnerait Jeanne sa fille, qui n'avait alors que neuf ans, en mariage à Alfonse de France, un des frères du roi ; 2.° que le comte de Toulouse jouirait des seuls biens qui lui appartenaient dans les bornes de l'évêché de Toulouse, et de quelques autres dans les évêchés de Cahors et d'Agen ; qu'il n'en aurait que l'usufruit, et que toute sa succession reviendrait, après sa mort, à sa fille, à Alfonse son mari, et à leur postérité ; et qu'au cas qu'il ne restât point d'enfans de ce mariage, le comté de Toulouse serait réuni à la couronne (comme il arriva en effet, après la mort de Jeanne et d'Alfonse) ; 3.° que le comte remettrait au roi toutes les places et toutes les terres qu'il possédait au-delà du Rhône et en-deçà, hors l'évêché de Toulouse ; qu'il lui livrerait la citadelle de cette ville, et quelques autres places des environs, où le roi tiendrait garnison pendant dix ans ; 4.° que le comte irait dans dix ans au plus tard dans la Palestine, combattre à ses propres frais contre les Sarrasins pendant cinq ans. Enfin, le comte de Toulouse, pour assurer l'accomplissement de tous les articles du traité, se constitua prisonnier dans la tour du Louvre, jusqu'à ce que les murailles de Toulouse, et de quelques autres villes et forteresses, eussent été détruites, comme on en était convenu, et que Jeanne sa fille eût été remise entre les mains des envoyés de la régente, etc.

Ensuite de ce traité, le comte fit amende honorable dans l'église de Paris, pieds nus, et en chemise, en présence du cardinal-légat et de tout le peuple de Paris.

Après cette paix conclue, on tint un célèbre concile à Toulouse pour réconcilier cette ville à l'Eglise. Il fallut toutefois encore quelques années pour rétablir une parfaite tranquillité dans le pays, où il se fit de temps en temps quelques soulèvemens par les intrigues du comte de la Marche et de quelques autres seigneurs ; mais elles n'eurent pas de grandes suites.

Ce que je viens de rapporter s'exécuta pendant la troisième année de la minorité du jeune roi, avec beaucoup de gloire pour la reine régente, et beaucoup de chagrin pour les factieux, qui n'osant plus s'attaquer directement au roi, résolurent de tourner leurs armes contre Thibaud, comte de Champagne, pour se venger de ce qu'il les avait empêchés de se rendre maîtres de la personne de Louis.

RICHARD DE BURY

LES FACTIEUX ATTAQUENT LE COMTE DE CHAMPAGNE

Le comte de Bretagne, auquel il ne coûtait pas plus de demander des grâces, que de s'en rendre indigne, et le comte de la Marche, étaient toujours les chefs de cette faction, aussi bien que le comte de Boulogne, qui, sans vouloir paraître d'abord et se mettre en campagne, se contenta de faire fortifier Calais et quelques autres places de sa dépendance.

Entre les seigneurs ennemis du comte de Champagne, il y en eut quelques-uns qui, faisant céder la colère où ils étaient contre lui, à leur haine et à leur jalousie contre la régente, proposèrent, pour la perdre, un projet qu'ils crurent infaillible : ce fut de détacher de ses intérêts ce seigneur, qui, par sa puissance, était le principal appui de la régente, et aurait été le plus redoutable ennemi qu'on pût lui susciter à cause de la situation de ses états au milieu du royaume. Il fallait, pour cet effet, lui faire reprendre ses anciennes liaisons. La comtesse de Champagne, Agnès de Beaujeu, était morte. Thibaud, jeune encore et n'ayant qu'une fille, cherchait à se remarier : on lui offrit la princesse Iolande, fille du comte de Bretagne, quoique, par le traité de Vendôme, elle eût été promise à Jean de France, frère du roi. Thibaud écouta volontiers cette proposition. Après quelques négociations, l'affaire fut conclue, et le jour pris pour amener la jeune princesse à l'abbaye du Val-Secret, près Château-Thierry, où la cérémonie du mariage devait se faire. Le comte de Bretagne était en chemin pour venir l'accomplir, accompagné de tous les parens de l'une et de l'autre maison.

Quoique cette affaire eût été tenue fort secrète, la régente toujours attentive aux moindres démarches des seigneurs mécontens, fut instruite, par ses espions et par les préparatifs que l'on faisait pour cette fête, de ce qui se passait. Elle en prévit les suites, en instruisit le roi son fils, et l'engagea d'écrire au comte de Champagne la lettre suivante, qu'elle lui fit remettre par Godefroi de la Chapelle, grand pannetier de France[5] : « Sire Thibaud, j'ai entendu que vous avés convenance, et promis prendre à femme la fille du comte de Bretagne : pourtant vous mande que si cher que avez, tout quant que amés au royaume de France, ne le facez pas : la raison pour quoi, vous savés bien. Je jamais n'ai trouvé pis qui mal m'ait voulu faire que lui. » Cette lettre, et d'autres choses importantes que Godefroi de la Chapelle était chargé de dire au comte, de la part du roi, eurent leur effet. Thibaud changea de résolution, quelque avancée que fût l'affaire ; car il ne reçut cette lettre que lorsqu'il était déjà en chemin pour l'abbaye du Val-Secret, où ceux qui étaient invités aux noces se rendaient de tous côtés. Il envoya sur-le-champ au comte de Bretagne et aux seigneurs qui l'accompagnaient, pour les prier de l'excuser, s'il ne se rendait pas au Val-Secret, qu'il avait des raisons de la dernière importance qui l'obligeaient de retirer la parole qu'il avait donnée au comte de Bretagne, dont il ne pouvait épouser la fille. Aussitôt il retourna à Château-Thierry, où, peu de temps après, il épousa Marguerite de Bourbon, fille d'Archambaud, huitième du nom.

Ce changement et cette déclaration du comte de Champagne mirent les seigneurs invités dans une plus grande fureur que jamais contre lui. La plupart de ceux qui devaient se trouver au mariage étaient ennemis du roi et de la régente, et cette assemblée était moins pour la célébration des noces, que

---

[5] Joinville, 2e partie.

pour concerter entre eux une révolte générale, dans laquelle ils s'attendaient bien à engager le comte de Champagne. Ils prirent donc la résolution de lui faire la guerre à toute outrance ; mais, pour y donner au moins quelque apparence de justice, ils affectèrent de se déclarer protecteurs des droits qu'Alix, reine de Chypre, cousine de Thibaud, prétendait avoir sur le comté de Champagne.

Ce fut donc sous le prétexte de protéger cette princesse dont les droits étaient fort incertains, qu'ils attaquèrent tous ensemble le comte de Champagne, dans le dessein de l'accabler.

Ce fut alors que le comte de Boulogne, oncle du roi, se déclara ouvertement avec le comte Robert de Dreux, le comte de Brienne, Enguerrand de Coucy, Thomas, son frère, Hugues, comte de Saint-Pol, et plusieurs autres. Ayant assemblé toutes leurs troupes auprès de Tonnerre, ils entrèrent en Champagne quinze jours après la saint Jean, mirent tout à feu et à sang, et vinrent se réunir auprès de Troyes, à dessein d'en faire le siége, disant partout qu'ils voulaient exterminer celui qui avait empoisonné le feu roi : car c'était encore un prétexte dont ils coloraient leur révolte.

Le comte de Champagne, n'étant pas assez fort pour résister à tant d'ennemis, parce que ses vassaux étaient entrés dans la confédération, eut recours au roi, comme à son seigneur, et le conjura de ne le pas abandonner à la haine de ses ennemis, qu'il ne s'était attirée que pour lui avoir été fidèle ; et cependant il fit lui-même détruire quelques-unes de ses places les moins fortes, pour empêcher les ennemis de s'y loger. Le seigneur Simon de Joinville, père de l'auteur de l'*Histoire de saint Louis*, se jeta pendant la nuit, avec beaucoup de noblesse, dans la ville de Troyes pour la défendre ; et ce secours fit reprendre coeur aux habitans qui parlaient déjà de se rendre.

Le roi, sur cet avis, envoya aussitôt commander, de sa part, aux confédérés de mettre bas les armes, et de sortir incessamment des terres de Champagne. Ils étaient trop forts et trop animés pour obéir à un simple commandement. Ils continuèrent leurs ravages ; mais se voyant prévenus par le seigneur de Joinville, ils s'éloignèrent un peu des murailles de Troyes, et allèrent se camper dans une prairie voisine, ayant le jeune duc de Bourgogne à leur tête. Louis, qui avait bien prévu qu'il ne serait pas obéi, avait promptement assemblé son armée ; et, s'étant fait joindre par Matthieu II du nom, duc de Lorraine, il vint en personne au secours du comte de Champagne.

Les approches du souverain, dont on commençait à ne plus si fort mépriser la jeunesse, étonnèrent les rebelles. Ils envoyèrent au-devant de lui le supplier de leur laisser vider leur querelle avec le comte de Champagne, le conjurant de se retirer, et de ne point exposer sa personne dans une affaire qui ne le regardait point. Le roi leur répondit qu'en attaquant son vassal, ils l'attaquaient lui-même, et qu'il le défendrait au péril de sa propre vie. Quand ce jeune prince parlait de la sorte, il était dans sa quinzième année, et commençait déjà à développer ce courage et cette fermeté qui lui étaient naturels, et dont la reine, sa mère, lui avait donné l'exemple, et lui avait enseigné l'usage qu'on devait en faire. Sur cette réponse, les rebelles lui députèrent de nouveau pour lui dire qu'ils ne voulaient point tirer l'épée contre leur souverain, et qu'ils allaient faire leur possible pour engager la reine de Chypre à entrer en négociation avec le comte Thibaud, sus la discussion de leurs droits. Le roi répliqua qu'il n'était point question de négociation, qu'il voulait, avant toutes choses, qu'ils sortissent des terres de Champagne ; que, jusqu'à ce qu'ils en fussent dehors, il n'écouterait ni ne permettrait au comte d'écouter aucune proposition. On vit, en cette occasion, l'impression que fait la fermeté d'un souverain armé qui parle en maître à des sujets rebelles. Ils s'éloignèrent dès le même jour d'auprès de Troyes, et allèrent se camper à Jully. Le roi les suivit, se posta dans le lieu même qu'ils venaient d'abandonner, et les obligea de se retirer sous les murs de la ville de Langres, qui n'était plus des terres du comté de Champagne.

Ce qui contribua beaucoup encore à ce respect forcé qu'ils firent paraître pour leur souverain, fut la diversion que le comte de Flandre, à la prière de la régente, fit dans le comté de Boulogne, dont le comte, qui était le chef le plus qualifié des ligués, fut obligé de quitter le camp pour aller défendre son pays. On le sollicita en même temps de rentrer dans son devoir, en lui représentant qu'il était indigne d'un oncle du roi de paraître à la tête d'un parti de séditieux, et combien étaient vaines les espérances dont on le flattait pour l'engager à se rendre le ministre de la passion et des vengeances d'autrui. La crainte de voir toutes ses terres désolées, comme on l'en menaçait, eut tout l'effet qu'on désirait. Il écrivit au roi avec beaucoup de soumission, et se rendit auprès de sa personne, sur l'assurance du pardon qu'on lui promit.

Pour ce qui est du différend de la reine de Chypre avec le comte de Champagne, le roi le termina de cette manière : la princesse fit sa renonciation aux droits qu'elle prétendait avoir sur le comté de Champagne, à condition seulement que Thibaud lui donnerait des terres du revenu de deux mille livres par an, et quarante mille livres une fois payées. Le comte n'étant pas en état de fournir cette somme, le roi la paya pour lui, et le comte lui céda les comtés de Blois, de Chartres et de Sancerre, avec la vicomté de Châteaudun.[6] Le roi, par ce traité, tira un grand avantage d'une guerre dont il avait beaucoup à craindre ; mais elle ne fut pas entièrement terminée.

---

[6] L'acte de cette vente est rapporté par Ducange, dans ses *Observations sur l'Histoire de saint Louis*, par Joinville.

Le comte de Bretagne, principal auteur de cette révolte, et dont l'esprit était très-remuant, n'oublia rien pour engager le roi d'Angleterre à seconder ses pernicieux desseins. Il lui envoya l'archevêque de Bordeaux, et plusieurs seigneurs de Guyenne, de Gascogne, de Poitou et de Normandie, qui passèrent exprès en Angleterre pour presser Henri de profiter des conjonctures favorables qui se présentaient de reconquérir les provinces que son père avait perdues sous les règnes précédens. Ils l'assurèrent qu'il lui suffisait de passer en France avec une armée, pour y causer une révolution générale. L'irrésolution de ce prince fut le salut de la France. Hubert du Bourg, à qui il avait les plus grandes obligations pour lui avoir conservé sa couronne, était tout son conseil. Ce ministre, gagné peut-être par la régente de France, comme on l'en soupçonnait en Angleterre, s'opposa, presque seul, à la proposition qu'on fit au roi de passer en France, et son avis fut suivi. Il se fit même, cette année, une trêve d'un an entre les deux couronnes : ce qui n'empêcha pas le roi d'Angleterre d'envoyer un corps de troupes anglaises au comte de Bretagne. Ayant fait avec ces troupes, jointes aux siennes, quelques courses sur les terres de France, il fut cité à Melun, pour comparaître à la cour des pairs ; et, sur le refus qu'il fit de s'y rendre, on le déclara déchu des avantages que le roi lui avait faits par le traité de Vendôme. Ensuite ce prince partit de Paris avec la reine régente, et marcha avec son armée pour aller punir le comte de Bretagne. Louis vint mettre le siége devant le château de Bellesme, place très-forte, qui avait été laissée en la garde du comte, par le traité de Vendôme. La place fut prise en peu de temps par capitulation. Aussitôt après, les Anglais, mécontens du comte de Bretagne dont les grands projets n'avaient abouti à rien, moins par sa faute que par celle de leur roi, retournèrent en Angleterre.

Quelque ascendant que le roi, conduit par les conseils de la reine sa mère, eût pris sur ses vassaux par la promptitude avec laquelle il avait réprimé leur audace, cependant la

France n'en était pas plus tranquille ; et l'on voyait sous ce nouveau règne, comme sous les derniers rois de la seconde race, et sous les premiers de la troisième, tout le royaume en combustion par les guerres particulières que les seigneurs se faisaient les uns aux autres pour le moindre sujet ; mais elles faisaient un bon effet, en suspendant les suites de la jalousie et de la haine que la plupart avaient contre la régente. Comme l'état se trouvait assez tranquille cette année, elle négocia heureusement avec plusieurs seigneurs qu'elle mit dans les intérêts du roi son fils, en les déterminant par ses grâces, par ses bienfaits, et par ses manières agréables et engageantes à lui rendre hommage de leurs fiefs ; affermissant par ce moyen, autant qu'il lui était possible, l'autorité de ce jeune prince ; mais elle ne put rien gagner sur le comte de Bretagne.

C'était un esprit indomptable, qui, voyant la plupart des vassaux du roi divisés entre eux, ne cessait de cabaler, et fit si bien, par ses intrigues auprès du roi d'Angleterre, que ce prince se détermina enfin à prendre la résolution de faire la guerre à la France, et d'y passer en personne.

L'année précédente, il avait assemblé à Portsmouth une armée nombreuse. Il s'était rendu en ce port avec tous les seigneurs qui devaient l'accompagner ; mais, lorsqu'il fut question de s'embarquer, il se trouva si peu de vaisseaux, qu'à peine eussent-ils suffit pour contenir la moitié des troupes. Henri en fut si fort irrité contre Hubert du Bourg, son ministre et son favori, qu'il fut sur le point de le percer de son épée, en lui reprochant qu'il était un traître qui s'était laissé corrompre par l'argent de la régente de France. Le ministre se retira pour laisser refroidir la colère de son maître. Quelques jours après, le comte de Bretagne étant arrivé pour conduire, dans quelqu'un de ses ports, l'armée d'Angleterre, selon qu'on en était convenu, il se trouva frustré de ses espérances : néanmoins, comme il s'aperçut que le roi, après avoir jeté son premier feu, avait toujours le même attachement pour son ministre, il prit lui-même le parti de l'excuser, et il réussit si bien qu'il le remit en grâce, s'assurant, qu'après un pareil service, du Bourg ne s'opposait plus à ses desseins.

Avant de partir pour retourner en Bretagne, le comte voulut donner une assurance parfaite de son dévouement au roi d'Angleterre : il lui fit hommage de son comté de Bretagne, dont il était redevable au seul Philippe-Auguste, roi de France ; et, comme il savait que plusieurs seigneurs de Bretagne étaient fort contraires au roi d'Angleterre, il ajouta, dans son serment de fidélité, qu'il le faisait contre tous les vassaux de Bretagne, qui ne seraient pas dans les intérêts de l'Angleterre. Henri, en récompense, le remit en possession du comté de Richemont et de quelques autres terres situées en Angleterre, sur lesquelles le comte avait des prétentions. Il lui donna de plus cinq mille marcs d'argent pour l'aider à se soutenir contre le roi de France, et lui promit qu'au printemps prochain il l'irait joindre avec une belle armée.

Le comte étant de retour et assuré d'un tel appui, ne ménagea plus rien : il eut la hardiesse de publier une déclaration, dans laquelle il se plaignait de n'avoir jamais pu obtenir justice ni du roi ni de la régente, sur les justes requêtes qu'il avait présentées plusieurs fois. Après avoir exagéré l'injustice qu'on lui avait faite par l'arrêt donné à Melun contre lui, la violence avec laquelle on lui avait enlevé le château de Bellesme et les domaines qu'il possédait en Anjou, il protestait qu'il ne reconnaissait plus le roi pour son seigneur, et qu'il prétendait n'être plus désormais son vassal. Cette déclaration fut présentée au roi, à Saumur, de la part du comte, par un chevalier du temple. C'était porter l'audace et la félonie aussi loin qu'elles pouvaient aller.

Sa témérité ne demeura pas impunie. Dès le mois de février le roi vint assiéger Angers, et le prit, après quarante jours de siége. Il aurait pu pousser plus loin ses conquêtes, et même accabler le comte de Bretagne ; mais les seigneurs dont les troupes composaient une partie de son armée, qui n'aimaient pas que le roi fît de si grands progrès, lui demandèrent après ce siége leur congé, qu'il ne put se dispenser de leur accorder. Il retira le reste de ses troupes, et fut obligé de demeurer dans l'inaction jusqu'à l'année suivante.

Mais, pendant cet intervalle, la régente ne fut pas oisive : elle regagna le comte de la Marche, et conclut avec lui un nouveau traité à Clisson, par lequel le roi s'obligea de donner en mariage sa soeur Elisabeth au fils aîné de ce comte. Elle traita avec Raimond, nouveau comte de Thouars. Ce seigneur fit hommage au roi des terres qu'il tenait en Poitou et en Anjou, et s'engagea de soutenir la régence de la reine contre ceux qui voudraient la lui disputer ; et enfin, elle remit dans les intérêts du roi plusieurs seigneurs qui promirent de le servir envers et contre tous. Elle leva des troupes, et mit le roi en état de s'opposer vigoureusement au roi d'Angleterre, qui faisait des préparatifs pour passer en France.

Effectivement, ce prince étant parti de Portsmouth le dernier avril de l'an 1230, vint débarquer à St-Malo, où il fut reçu avec de grands honneurs par le comte de Bretagne, qui, soutenant parfaitement sa nouvelle qualité de vassal de la couronne d'Angleterre, lui ouvrit les portes de toutes ses places.

Louis n'eut pas plutôt appris ce débarquement, qu'ayant assemblé son armée, il se mit à la tête, vint se poster à la vue de la ville d'Angers, où il demeura quelque temps, pour voir de quel côté le roi d'Angleterre tournerait ses armes. Louis était alors dans la seizième année de son âge. La régente lui avait donné, pour l'accompagner et l'instruire du métier de la guerre, le connétable Mathieu de Montmorency, et plusieurs autres seigneurs qui lui étaient inviolablement attachés. Louis, voyant que les ennemis ne faisaient aucun mouvement, s'avança jusqu'à quatre lieues de Nantes, et fit le siége d'Ancenis. Plusieurs seigneurs de Bretagne, qui s'étaient fortifiés dans leurs châteaux à l'arrivée des Anglais, dont ils haïssaient la domination, vinrent trouver le roi pour lui offrir leurs services et lui rendre hommage de leurs terres.[7]

Le roi, avant de recevoir ces hommages, avait tenu, comme on le voit par ces actes, une assemblée des seigneurs et des prélats, où le comte de Bretagne, pour peine de sa félonie, avait été déclaré déchu de la garde du comté de Bretagne, qu'il ne possédait qu'en qualité de tuteur de son fils et de sa fille Iolande, auxquels le comté de Bretagne appartenait, du chef de leur mère.

Cependant Ancenis fut pris, et les Anglais ne firent aucun mouvement pour le secourir. Le roi s'avança encore plus près de Nantes, et fit insulter les châteaux d'Oudun et de Chanteauceau, qu'il emporta aussi sans que l'armée ennemie s'y opposât. On eût dit que le roi d'Angleterre n'était venu en Bretagne que pour s'y divertir ; car ce n'était que festins, que réjouissances, que fêtes dans la ville de Nantes, tandis que les ennemis étaient aux portes. Rien n'était plus propre que cette inaction pour confirmer le soupçon qu'on avait depuis long-temps, que le favori du roi d'Angleterre était pensionnaire de la régente de France.

Comme la saison s'avançait, et que l'on voyait bien que les Anglais, parmi lesquels les maladies et la disette commençaient à se faire sentir, ne pouvaient désormais exécuter rien d'important, la régente pensa à mettre la dernière main à un ouvrage qu'elle avait déjà fort avancé, et qui était de la dernière importance pour le bien de l'état. C'était la réconciliation des grands du royaume entre eux, et

---

[7] Les actes en subsistent encore au trésor des chartres.

leur réunion entière avec le roi. On laissa sur la frontière autant de troupes qu'il en fallait pour arrêter l'invasion de l'ennemi, et la cour se rendit à Compiègne au mois de septembre 1230. Ce fut là qu'après beaucoup de difficultés, tant les intérêts étaient compliqués, la régente, bien convaincue que de là dépendaient le repos du roi son fils, et la tranquillité de l'état, eut le bonheur de réussir. Les comtes de Flandre et de Champagne se réconcilièrent avec le comte de Boulogne, à qui l'on donna une somme d'argent pour le dédommager des dégâts qui avaient été faits sur ses terres par ordre de la cour. Jean, comte de Châlons, reconnut le duc de Bourgogne pour son seigneur, et promit de lui faire hommage. Le duc de Lorraine et le comte de Bar furent réconciliés par le comte de Champagne et par la régente. Tous les seigneurs promirent au roi de lui être fidèles, après que ce prince et la régente leur eurent assuré la confirmation de leurs droits et de leurs privilèges, suivant les règles de la justice, les lois et les coutumes de l'état.

Le roi d'Angleterre ne voulant pas qu'il fût dit qu'il n'était passé en France que pour y donner des fêtes, se livrer au plaisir et y ruiner ses affaires, prit l'occasion de l'éloignement du roi, pour conduire ce qui lui restait de troupes en Poitou et en Gascogne, où il reçut les hommages de ceux de ses sujets qui relevaient de lui à cause de son duché de Guyenne. Etant ensuite revenu en Bretagne, et voyant que son séjour en France lui serait désormais inutile, après ce qui venait de se passer à Compiègne, il repassa la mer et arriva à Portsmouth au mois d'octobre, fort chagrin d'avoir fait une excessive dépense, et perdu par les maladies beaucoup de ses officiers.

Le départ du roi d'Angleterre laissait le comte de Bretagne exposé à toute la vengeance du roi ; mais le comte de Dreux, fort empressé à tirer son frère du danger où il était, obtint sa grâce du roi, qui voulut bien, par bonté, accorder au comte de Bretagne une trêve de trois années, qui fut conclue au mois de juillet 1231.

Le roi et l'état firent, cette année, deux grandes pertes par la mort des deux seigneurs les plus illustres et les plus distingués pour leur valeur dans les armées, et dans les conseils par leur prudence. Je veux parler de Mathieu II de Montmorency, qui exerça la charge de connétable sous trois rois avec la plus grande fidélité, et du célèbre Garin, chancelier de France.

Montmorency avait accompagné Philippe-Auguste dans l'expédition qu'il fit en Palestine avec Richard, roi d'Angleterre, contre les infidèles. Il contribua beaucoup à la fameuse victoire que Philippe remporta à Bouvines, dans laquelle Montmorency prit seize bannières, en mémoire de quoi, au lieu de quatre alérions qu'il portait dans ses armoiries, Philippe voulut qu'il en mît seize.

Montmorency commanda depuis aux siéges de Niort, de Saint-Jean-d'Angely, de La Rochelle, et de plusieurs autres places qu'il prit sur les Anglais. Quoique l'histoire ne nous apprenne pas le nom du gouverneur de saint Louis, pendant sa minorité, il ne faut pas douter, que Montmorency n'en fît les fonctions. Louis VIII, étant au lit de la mort, pria ce seigneur d'assister de ses forces et de ses conseils le jeune Louis : Mathieu le lui promit ; et, fidèle à sa parole, il réduisit les mécontens, soit par la force, soit par sa prudence, à se soumettre au roi et à la régente sa mère. Quoique Louis n'eût encore que quinze ans, il accompagnait, dans toutes les expéditions militaires, Montmorency, qui lui apprenait le métier de la guerre, dans laquelle ce jeune prince devint un des plus expérimentés capitaines de l'Europe. L'histoire nous apprend que Montmorency est le premier connétable de France qui ait été général d'armée : car, auparavant la charge de connétable répondait à peu près à celle de grand-écuyer. Son courage, son crédit, son habileté, illustrèrent beaucoup sa famille, et commencèrent à donner à la charge de connétable l'éclat qu'elle a eu depuis.

Le chancelier Garin avait été d'abord chevalier de Saint-Jean-de-Jérusalem, ensuite garde-des-sceaux, puis évêque de Senlis, et enfin chancelier. Génie universel, d'une prudence et d'une fermeté sans exemple ; grand homme de guerre avant qu'il fût pourvu de l'épiscopat, il se trouva avec Philippe-Auguste à Bouvines, où il fit les fonctions de maréchal de bataille, contribua beaucoup à la victoire par ses conseils et par son courage, et dans laquelle il fit prisonnier le comte de Flandre ; évêque digne des premiers siècles, quand il cessa d'être homme de guerre. Ce fut lui qui éleva la dignité de chancelier au plus haut degré d'honneur, et lui assura le rang au-dessus des pairs de France. Il commença le *Trésor des chartres*, et fit ordonner que les titres de la couronne ne seraient plus transportés à la suite des rois, mais déposés en un lieu sûr. Il continua jusqu'à sa mort à aider de ses conseils la reine Blanche, et conserva, sous sa régence, le crédit qu'il avait depuis quarante ans dans les principales affaires de l'état.

La France commença donc à respirer, après tant de desordres causés par les guerres civiles. La régente n'oublia rien pour rétablir l'ordre et la tranquillité dans tout le royaume ; elle continua ses soins pour accommoder encore les différends de quelques seigneurs, qu'on n'avait pu terminer dans le parlement de Compiègne.

Elle fit revenir à Paris les professeurs de l'université, qui s'étaient tous retirés de concert, à l'occasion d'une querelle que quelques écoliers,[8] à la suite d'une partie de débauche,

---

[8] Les écoliers n'étaient pas alors, comme aujourd'hui, des enfans à peine sortis de l'adolescence : c'étaient tous des hommes faits, qui causaient souvent des désordres, et que l'université soutenait trop.

avaient eue avec des habitans du faubourg Saint-Marceau, et sur laquelle le roi n'avait pas donné à l'université la satisfaction qu'elle avait demandée avec trop de hauteur et peu de raison.

On tint la main à l'exécution d'une ordonnance publiée quelque temps auparavant contre les Juifs, dont les usures excessives ruinaient toute la France. On fit fortifier plusieurs places sur les frontières ; et enfin on renouvela les traités d'alliance avec l'empereur et le roi des Romains, pour maintenir la concorde entre les vassaux des deux états, et empêcher qu'aucuns ne prissent des liaisons trop étroites avec l'Angleterre.

Les interdits étaient depuis long-temps fort en usage. Les papes les jetaient sur les royaumes entiers, et les évêques, à leur exemple, dès qu'ils croyaient avoir reçu quelque tort ou du roi, ou de ses officiers, ou de leurs diocésains, faisaient cesser partout le service divin, et fermer les églises, si on leur refusait satisfaction. Cela fut regardé par la régente, et avec raison, comme un grand désordre. Milon, évêque de Beauvais, et Maurice, archevêque de Rouen, en ayant usé ainsi, leur temporel fut saisi au nom du roi, et ils furent obligés de lever l'interdit. Ce prince, tout saint qu'il était, tint toujours depuis pour maxime de ne pas se livrer à un aveugle respect pour les ordres des ministres de l'église, qu'il savait être sujets aux emportemens de la passion comme les autres hommes.[9] Il balançait toujours, dans les affaires de cette nature, ce que la piété et la religion d'un côté, et ce que la justice de l'autre, demandaient de lui. Le sire de Joinville, dans l'Histoire de ce saint roi, en rapporte un exemple, sans marquer précisément le temps où le fait arriva, et qui mérite d'avoir ici sa place.

---

[9] Daniel, tom. III, édition de 1722, p. 198.

« Je vy une journée, dit-il, que plusieurs prélats de France se trouvèrent à Paris, pour parler au bon saint Louis, et lui faire une requête, et quand il le sçut il se rendit au palais, pour les ouïr de ce qu'ils vouloient dire, et quand tous furent assemblés, ce fut l'évêque Gui d'Auseure,[10] qui fut fils de monseigneur Guillaume de Melot, qui commença à dire au roi, par le congié et commun assentement de tous les autres prélats : Sire, sachez que tous ces prélats qui sont en votre présence me font dire que vous lessés perdre toute la chrétienté, et qu'elle se perd entre vos mains. Alors le bon roi se signe de la croix, et dit : Evêque, or me dites comment il se fait, et par quelle raison ? Sire, fit l'evêque, c'est pour ce qu'on ne tient plus compte des excommuniés ; car aujourd'hui un homme aimeroit mieux morir tout excommunié que de se faire absoudre, et ne veut nully faire satisfaction à l'Eglise. Pourtant, Sire, ils vous requièrent tous à un vois, pour Dieu, et pour ce que ainsi le devés faire, qu'il vous plaise commander à tous vos baillifs, prévôts, et autres administrateurs de justice, que où il sera trouvé aucun en votre royaume, qui aura été an et jour continuellement excommunié, qu'ils le contraignent à se faire absoudre, par la prinse de ses biens. Et le saint homme répondit que très-volontiers le commanderoit faire de ceux qu'on trouveroit être torçonniers à l'église et à son prème.[11] Et l'évêque dit qu'il ne leur appartenoit à connoître de leurs causes. Et à ce répondit le roi, il ne le feroit autrement, et disoit que ce seroit contre Dieu et raison qu'il fît contraindre à soi faire absoudre ceux à qui les clercs feroient tort, et qu'ils ne fussent oiz en leur bon droit. Et de ce leur donna exemple du comte de Bretaigne, qui par sept ans a plaidoyé contre les prélats de Bretaigne tout excommunié ; et finablement a si

---

[10] D'Auxerre.

[11] Prochain.

bien conduit et mené sa cause, que notre saint père le pape les a condamnés envers icelui comte de Bretaigne. Parquoi disoit que si, dès la première année, il eût voulu contraindre icelui comte de Bretaigne à soi faire absoudre, il lui eût convenu laisser à iceulx prélats, contre raison, ce qu'ils lui demandoient contre son vouloir, et que, en ce faisant, il eût grandement mal fait envers Dieu et envers ledit comte de Bretaigne. Après lesquelles choses ouyes, pour tous iceulx prélats, il leur suffit de la bonne réponse du roi, et oncques puis ne oï parler qu'il fût fait demande de telles choses. »

MARIAGE DU ROI

Le roi étant entré dans sa dix-neuvième année, la régente pensa sérieusement à le marier. Il est étonnant que la piété solide de ce prince, et la vie exemplaire qu'il menait dès lors, ne l'aient point mis à couvert des traits de la plus noire calomnie. Les libertins, dont les cours ne manquent jamais, et dont le plaisir est de pouvoir flétrir la vertu la plus pure, à quoi ils joignirent encore la jalousie qu'ils avaient de la prospérité dont la France jouissait sous la conduite de la régente, osèrent faire courir le bruit que ce jeune prince avait des maîtresses, que sa mère ne l'ignorait pas, mais qu'elle n'osait pas trop l'en blâmer, afin de n'être point obligée de le marier sitôt pour se conserver plus longtemps l'autorité entière du gouvernement.

Ces traits injurieux firent une telle impression dans le public, qu'un bon religieux, poussé d'un zèle indiscret, en fit une vive réprimande à la reine. L'innocence est toujours humble, toujours modeste. *J'aime le roi mon fils*, répondit Blanche avec douceur, *mais, si je le voyais prêt à mourir, et que, pour lui sauver la vie, je n'eusse qu'à lui permettre d'offenser son Dieu, le ciel m'est témoin que, sans hésiter, je choisirais de le voir périr, plutôt que de le voir encourir la disgrace de son Créateur par un péché mortel.*

La régente, avec sa grandeur d'ame ordinaire, méprisa ces calomnies, et ceux qui les répandaient n'eurent pas la satisfaction de l'en voir touchée ; mais elle confondit leur malignité sur ce qui la regardait, en mariant le roi son fils, et en lui faisant épouser la fille aînée du comte de Provence.

Il s'appelait Raymond Bérenger. Il était de l'illustre et ancienne maison des comtes de Barcelone, dont on voyait les commencemens sous les premiers rois de la seconde race. Le royaume d'Aragon y était entré depuis près de cent ans par une héritière de cet état. Le comté de Provence, démembré de la couronne de France, du temps de Charles-le-Simple, était aussi venu par alliance dans la maison de Barcelone, au moins pour la plus grande partie ; car les comtes de Toulouse y avaient des terres et des places, et se disaient marquis de Provence. Ce comté fut le partage de la branche cadette dont Raymond Bérenger était le chef, et cousin-germain de Jacques régnant actuellement en Aragon.

Raymond Bérenger eut de Béatrix, sa femme, quatre filles, qui, toutes quatre, furent reines. Eléonore, la seconde, fut mariée à Henri II, roi d'Angleterre. Ce prince fit épouser la troisième, nommée Sancie, à Richard, son frère, qui fut roi des Romains. Béatrix, la cadette de toutes, épousa Charles, comte d'Anjou, depuis roi de Sicile, frère de Louis. Enfin, Marguerite, l'aînée, épousa le roi de France. Ce prince la fit demander par Gaulthier, archevêque de Sens, et par le sire Jean de Nesle. Le comte de Provence, très-sensible à cet honneur, en accepta la proposition avec la plus grande joie. Il confia sa fille aux ambassadeurs avec un cortége convenable pour la conduire à la cour de France.

La naissance et la beauté de Marguerite la rendaient également digne de cet honneur. Ses parens lui avaient fait donner une éducation assez semblable à celle que Louis avait reçue de la reine sa mère. Ce prince l'épousa à Sens, où elle fut en même temps couronnée par l'archevêque.

Cependant la trève de trois années, que Louis avait accordée au comte de Bretagne, était sur le point de finir : le comte y avait même fait des infractions par plusieurs violences exercées sur les terres de Henri d'Avaugour, à cause de l'attachement que ce seigneur avait fait paraître pour la

France. Le comte, toujours en liaison avec le roi d'Angleterre, avait obtenu de lui deux mille hommes qu'il avait mis dans les places les plus exposées de sa frontière. Le roi, instruit de ses intrigues, résolut de le pousser plus vivement qu'il n'avait encore fait. Le comte de Dreux et le comte de Boulogne étaient morts pendant la trève. Le comte de Bretagne avait perdu, dans le premier, qui était son frère, un médiateur dont le crédit eût été pour lui une ressource en cas que ses affaires tournassent mal ; et dans le second, un homme toujours assez disposé à seconder ses mauvais desseins. Le roi, ayant assemblé ses troupes, s'avança sur les frontières de Bretagne avec une nombreuse armée. On y porta le ravage partout ; de sorte que le comte, se voyant sur le point d'être accablé, envoya au roi pour le prier d'épargner ses sujets, et d'écouter quelques propositions qu'il espérait lui faire agréer. Le comte lui représenta que les engagemens qu'il avait avec le roi d'Angleterre, tout criminels qu'ils étaient, ne pouvaient être rompus tout d'un coup : il le supplia de vouloir bien lui donner le temps de se dégager avec honneur, et de lui accorder une trève jusqu'à la Toussaint, pendant laquelle il demanderait au roi d'Angleterre une chose qu'assurément ce prince n'était pas en état de lui accorder ; savoir : qu'avant le mois de novembre il vînt à son secours en personne, avec une armée capable de résister à celle des Français, et promit que, sur son refus, il renoncerait à sa protection et à l'hommage qu'il lui avait fait, et remettrait entre les mains du roi toute la Bretagne. Le roi, qui savait qu'en effet le roi d'Angleterre ne pourrait jamais en si peu de temps faire un armement de terre et de mer suffisant pour une telle expédition, accorda au comte ce qu'il lui demandait ; mais à condition qu'il lui livrerait trois de ses meilleures places, et qu'il rétablirait dans leurs biens les seigneurs bretons, partisans de la France. Le comte de Bretagne accepta ces conditions. Peu de temps après il passa en Angleterre, où il exposa à Henri l'état où il était réduit, le pria de venir en Bretagne avec une armée, lui demanda l'argent nécessaire pour soutenir la guerre contre un ennemi aussi puissant que celui qu'il avait sur les bras, et lui dit que, faute de cela, il serait obligé de faire sa paix à quelque prix que ce fût.

Le roi d'Angleterre lui répondit qu'il lui demandait une chose impossible, lui reprocha son inconstance, et lui fit avec chagrin le détail des grosses dépenses que l'Angleterre avait faites pour le soutenir, sans qu'il en eût su profiter. Il lui offrit néanmoins encore quelque secours de troupes s'il voulait s'en contenter. Le comte, de son côté, se plaignit qu'on l'abandonnait après qu'il s'était sacrifié pour le service de la couronne d'Angleterre, qu'il était entièrement ruiné, et que le petit secours qu'on lui offrait était moins pour le défendre, que pour l'engager à se perdre sans ressources ; et l'on se sépara fort mécontent de part et d'autre. Après ce que nous avons rapporté de la dernière expédition du roi d'Angleterre en Bretagne, il serait bien difficile de décider lequel de lui ou du comte s'était conduit avec le plus d'imprudence.

Le comte de Bretagne n'eut pas plutôt repassé la mer, qu'il vint se jeter aux pieds du roi pour lui demander miséricorde, en confessant qu'il était un rebelle, un traître, qu'il lui abandonnait tous ses états et sa propre personne pour le punir comme il le jugerait à propos.

Le roi, touché de la posture humiliante où il voyait le comte, fit céder ses justes ressentimens à sa compassion ; et, après lui avoir fait quelques reproches sur sa conduite passée, il lui dit que, quoiqu'il méritât la mort pour sa félonie, et pour les maux infinis qu'il avait causés à l'état, il lui donnait la vie ; qu'il accordait ce pardon à sa naissance, qu'il lui rendait ses états, et qu'il consentait qu'ils passassent à son fils, qui n'était pas coupable des crimes de son père. Le comte, pénétré de la bonté du roi, lui promit de le servir envers tous, et contre tous. Il lui remit ses forteresses de Saint-Aubin, de Chanteauceaux et de Mareuil pour trois ans, et s'obligea de plus à servir à ses frais pendant cinq ans en Palestine, et à rétablir la noblesse de Bretagne dans tous ses priviléges.

Le comte, très-content d'en être quitte à si bon marché, retourna en Bretagne, d'où il envoya déclarer au roi d'Angleterre qu'il ne se reconnaissait plus pour son vassal. Henri ne fut point surpris de cette déclaration ; mais sur-le-champ il confisqua le comté de Richemont et les autres terres que le comte possédait en Angleterre. Le comte, pour s'en venger, fit équiper dans ses ports quelques vaisseaux avec lesquels il fit courir sur les Anglais, troubla partout leur commerce, et remplit par là, dit Matthieu Paris, historien anglais, son surnom de *Mauclerc*, c'est-à-dire d'homme malin et méchant.

La soumission du comte de Bretagne fut de la plus grande importance pour affermir l'autorité du jeune roi. La vigueur avec laquelle il l'avait poussé, retint dans le respect les autres grands vassaux de la couronne ; mais il ne fut pas moins attentif à prévenir les occasions de ces sortes de révoltes, que vif à les réprimer.

POLITIQUE DE NOS ROIS SUR LES MARIAGES DES GRANDS

Les alliances que les vassaux contractaient par des mariages avec les ennemis de l'état, et surtout avec les Anglais, y contribuaient beaucoup : aussi une des précautions que prenaient les rois, à cet égard, était d'empêcher ces sortes d'alliances autant qu'il était possible, et dans les traités qu'ils faisaient avec leurs vassaux, cette clause était ordinairement exprimée, que ni le vassal, ni aucun de sa famille ne pourrait contracter mariage avec étrangers, sans l'agrément du prince. Louis était très-exact à faire observer cet article important. Le roi d'Angleterre, dans le dessein d'acquérir de nouvelles terres et de nouvelles places en France, demanda en mariage à Simon, comte de Ponthieu, Jeanne, l'aînée de ses quatre filles, et sa principale héritière. Le traité du mariage fut fait ; elle fut épousée au nom du roi d'Angleterre par l'évêque de Carlile, et le pape même y avait contribué. Malgré ces circonstances, Louis s'opposa à ce mariage, dont il prévoyait les suites dangereuses pour l'intérêt de l'état. Il menaça le comte de Ponthieu de confisquer toutes ses terres, s'il l'accomplissait, et tint si ferme, que le comte, sur le point de se voir beau-père du roi d'Angleterre, fut obligé de renoncer à cet honneur. Mais un autre mariage, qui fut conclu cette même année, récompensa la comtesse Jeanne de la couronne que Louis lui avait fait perdre, en l'obligeant de refuser la main du roi d'Angleterre. Ferdinand, roi de Castille, écrivit au monarque français pour le prier d'agréer la demande qu'il voulait faire de cette vertueuse princesse : ce qu'il obtint d'autant plus aisément, qu'il en avait plus coûté au coeur de Louis pour arracher un sceptre des mains d'une personne du plus grand mérite, et sa proche parente ; car elle descendait d'Alix, fille de Louis-le-Jeune. On le vit encore, quelque temps après, consoler la comtesse Mathilde d'avoir été contrainte de préférer le bien de l'état à son inclination pour un gentilhomme. Il lui fit épouser le prince Alphonse, frère de Sanche, roi de Portugal, neveu de la reine Blanche, qui avait fait élever cette jeune demoiselle à la cour de France.

Le roi tint la même conduite à l'égard de Jeanne, comtesse de Flandre, veuve du comte Ferrand. Simon de Montfort, comte de Leicester, et frère cadet d'Amauri de Montfort, connétable de France, s'était établi en Angleterre pour y posséder le comté de Leicester, dont il était héritier du chef de sa grand'mère, et dont le roi d Angleterre n'aurait pas voulu lui accorder la jouissance s'il était demeuré en France. Ce seigneur, homme de beaucoup de mérite, était en état, par ses grands biens et par le crédit où il était parvenu en Angleterre, d'épouser la comtesse de Flandre. Le roi, dans un traité fait à Péronne avec elle, quelques années auparavant, n'avait pas manqué d'y faire insérer un article par lequel elle s'engageait de ne point s'allier avec les ennemis de l'état. Ce fut en vertu de ce traité, qu'il l'obligea de rompre toute négociation sur ce mariage. Il empêcha aussi Mathilde, veuve du comte de Boulogne, oncle du roi, dont nous avons déjà parlé, d'épouser le même Simon de Montfort.

MAJORITÉ DE SAINT LOUIS

Cette conduite de Louis faisait connaître à toute la France combien il avait profité, dans l'art de régner, des instructions que lui avait données la reine sa mère. Cette princesse cessa de prendre la qualité de régente du royaume, sitôt que le roi eut vingt et un ans accomplis, et ce fut le cinq d'avril 1236. Ce terme de la minorité fut avancé depuis par une ordonnance de Charles V, suivant laquelle les rois de France sont déclarés majeurs dès qu'ils commencent leur quatorzième année.

La première affaire importante que Louis eut en prenant le gouvernement de son état, lui fut suscitée par le comte de Champagne, que sa légéreté naturelle ne laissait guère en repos. Il se brouillait tantôt avec son souverain, tantôt avec ses vassaux, tantôt avec ses voisins, et une couronne dont il avait hérité depuis deux ans ne contribuait pas à le rendre plus traitable. Il était fils de Blanche, soeur de Sanche, roi de Navarre.

Sanche étant mort en 1234, sans laisser d'héritiers, Thibaud, son neveu, lui succéda au trône de Navarre. Il trouva dans le trésor de son prédécesseur 1,700,000 livres, somme qui, réduite au poids de notre monnaie d'aujourd'hui, ferait environ 15,000,000. Avec ces richesses et cet accroissement de puissance, il se crut moins obligé que jamais de ménager le roi.

Il prétendit que la cession qu'il avait faite des comtés de Blois, de Chartres, de Sancerre et des autres fiefs dont il avait traité avec le roi pour les droits de la reine de Chypre, n'était point une vente, mais seulement un engagement de ces fiefs avec pouvoir de les retirer en rendant la somme d'argent que le roi avait payée pour lui : il entreprit donc de l'obliger à les lui rendre. Outre son humeur inquiète, il fut encore animé par le comte de la Marche, et encore plus par la comtesse sa femme, qui, après avoir rabaissé sa qualité de reine d'Angleterre en épousant un simple vassal du roi de France, conservait néanmoins toujours sa fierté à ne pouvoir plier sous le joug de la dépendance.

Il y avait un an que ces intrigues se tramaient. Dès que le roi en fut averti, il en prévint l'effet. Il fit assembler promptement les milices des communes, et celles de ses vassaux. Ses ordres ayant été exécutés, son armée se trouva prête à marcher avant que le roi de Navarre eût pu mettre en défense ses places les plus voisines de Paris. Mais Thibaud, qui savait bien qu'avec ses seules forces il ne pourrait résister à la puissance du roi, avait pris l'année précédente des mesures pour suspendre l'orage. Comme il s'était croisé pour faire le voyage de la Terre-Sainte, il crut pouvoir se prévaloir des priviléges accordés aux croisés par les papes, dont l'un était de ne pouvoir être attaqués par leurs ennemis. Il fit entendre au pape Grégoire IX que le roi voulait lui faire la guerre, et le mettrait dans l'impuissance d'accomplir son voeu. Le pape, qui avait cette expédition fort à coeur, écrivit sur-le-champ au roi, moins pour le prier, que pour lui défendre, sous peine des censures ecclésiastiques, de ne rien entreprendre contre un prince croisé pour le soutien de la religion.

Le roi, plus éclairé sur cet article que plusieurs de ses prédécesseurs, et qui connaissait parfaitement ce qu'il pouvait et ce qu'il devait faire en conscience en cette matière, n'eut pas beaucoup d'égard aux lettres du pape, mal informé des intrigues et des mauvais desseins du roi de Navarre : il assembla son armée au bois de Vincennes, dans la ferme résolution de fondre incessamment sur la Brie et sur la Champagne.

Le roi de Navarre, fort embarrassé, car le roi avait résolu de le punir, prit le parti de la soumission, qui lui avait déjà réussi. Il envoya promptement un homme de confiance, qui vint témoigner au roi le regret que le roi de Navarre avait de lui avoir donné lieu de soupçonner sa fidélité, et le supplier de lui pardonner sa faute.

Le roi, toujours porté à la douceur, pourvu que son autorité n'en souffrît pas, répondit qu'il était prêt de recevoir les soumissions du roi de Navarre à ces conditions : la première, qu'il renonçât à ses injustes prétentions sur les fiefs qu'il lui avait cédés par un traité solennel ; la seconde, que, pour assurance de sa fidélité, il lui remît incessamment entre les mains quelques places de ses frontières de Brie et de Champagne ; la troisième, qu'il accomplît au plutôt son voeu d'aller à la Terre-Sainte ; et la quatrième, que, de sept ans, il ne remît le pied en France.

L'envoyé consentit à tout, et le roi de Navarre vint, peu de jours après, trouver le roi, auquel il livra Bray-sur-Seine et Montereau Faut-Yonne : c'est là ce que son infidélité et son imprudence lui valurent. Peu de temps après, la reine régente lui envoya ordre de sortir de la cour, choquée sans doute de la liberté qu'il prenait de lui témoigner toujours de la tendresse, lui faisant connaître par cette conduite le mépris qu'elle faisait d'un homme aussi frivole que lui.

L'accommodement fait avec le roi de Navarre établit la tranquillité dans le royaume, et le fit jouir, pendant cette année, d'une heureuse paix, durant laquelle le roi fut garanti d'un grand péril qu'il n'était pas possible de prévoir. On avait appris en Orient que le pape ne cessait d'exciter les princes chrétiens à s'unir ensemble pour le secours de la Palestine ; que le roi de France, qui joignait à une grande puissance beaucoup de courage et de zèle pour sa religion, était de tous les princes celui sur lequel le pape pouvait le plus compter pour le faire chef d'une de ces expéditions générales qui avaient déjà mis plusieurs fois le mahométisme sur le penchant de sa ruine, et qui avaient causé de si grandes pertes aux Musulmans. Un roi de ces contrées, qu'on nommait le *Vieux de la Montagne*, et prince des assassins, crut qu'il rendrait un grand service à son pays, s'il pouvait faire périr Louis. Pour cet effet, il commanda à deux de ses sujets, toujours disposés à exécuter aveuglément ses ordres, de prendre leur temps pour aller assassiner ce prince. Ils partirent dans cette résolution, mais la providence de Dieu qui veillait à la conservation d'une tête si précieuse, toucha le coeur du prince assassin par le moyen de quelques chevaliers du Temple,[12] qui lui firent des représentations a ce sujet. Il envoya un contre-ordre ; ceux qui le portaient arrivèrent heureusement en France avant ceux qui étaient chargés du premier ordre, et avertirent eux-mêmes le roi. Ce prince profita de cet avis, et se fit une nouvelle compagnie de gardes, armés de massues d'airain, qui l'accompagnaient partout, persuadé que la prudence humaine, renfermée dans ses justes bornes, n'est point opposée à la soumission aux décrets de la Providence. On fit la recherche des deux assassins, et on les découvrit. On les renvoya sans leur faire aucun mal : on leur donna même des présens pour leur maître, que l'aveugle obéissance de ses sujets rendait redoutable. Mais le roi le traita depuis honorablement dans son voyage de la Terre-Sainte, comme je le dirai dans la suite.

Cette visible protection du Ciel fut un nouveau motif au roi pour redoubler sa ferveur et sa piété. Il les fit paraître quelque temps après, en dégageant à ses frais la couronne d'épines de Notre-Seigneur, un morceau considérable de la vraie croix, et d'autres précieuses reliques qui avaient été engagées par Baudouin, empereur de Constantinople, pour

---

[12] Nangius in *Historiá Ludovici*.

une très-grosse somme d'argent. Ces précieuses reliques furent apportées en France et reçues au bois de Vincennes par le roi, qui les conduisit de là à Paris, marchant nu-pieds, aussi bien que les princes ses frères, tout le clergé et un nombre infini de peuple. Ces reliques furent ensuite placées dans la Sainte-Chapelle, où on les conserva comme un des plus précieux trésors qu'il y eût dans le monde.

Ce qui contribua beaucoup à entretenir la paix dans le royaume, fut la résolution que prirent quelques-uns des vassaux du roi, les plus difficiles à gouverner, d'accomplir le voeu qu'ils avaient fait d'aller à la Terre-Sainte. Le roi de Navarre, le comte de Bretagne, Henri, comte de Bar, le duc de Bourgogne, Amauri de Montfort, connétable de France, et quantité d'autres seigneurs, passèrent en Palestine, où plusieurs d'entre eux périrent sans avoir rien fait de mémorable, ni de fort avantageux pour la religion.

Pendant que ces seigneurs étaient occupés dans la Palestine à faire la guerre aux infidèles, les états de Louis étaient dans la plus grande tranquillité. Ce prince, occupé tout entier de la religion et du bonheur de ses peuples, partageait également ses soins entre l'une et les autres. Les mariages des grands étaient alors l'objet le plus important de la politique de nos souverains. Mathilde, veuve de Philippe, comte de Boulogne, oncle du roi, avait promis par écrit de ne marier sa fille unique, que de l'agrément de Louis. Elle fut fidèle à sa promesse. Le monarque qui, peu de temps auparavant, s'était opposé à l'union de la mère avec le comte de Leicester, seigneur anglais d'une ambition démesurée, consentit que la fille épousât Gaucher IV, chef de la maison de Châtillon, seigneur français, aussi distingué par sa fidélité que par sa haute naissance. Ce fut aussi par le même principe qu'après avoir forcé la comtesse de Flandre à renoncer à l'alliance du même Leicester, il lui permit de s'unir au comte Thomas, cadet de la maison de Savoie, oncle de la reine Marguerite, le cavalier le mieux fait de son temps, plus estimable encore par les qualités de l'esprit et du coeur, mais peu avantagé des biens de la fortune.

Mariages des princes Robert et Alphonse, frères du roi

Mais de tous ces mariages, les plus célèbres furent ceux des princes Robert et Alphonse, frères du roi. Le premier avait été accordé avec la fille unique du feu comte de Flandre. La mort prématurée de cette riche héritière inspira d'autres vues. Louis choisit, pour la remplacer, Mathilde ou Mahaut, soeur aînée du duc de Brabant, princesse en grande réputation de sagesse. Alphonse, par le traité qui mit fin aux croisades contre les Albigeois, avait été promis à la princesse Jeanne, fille unique du comte de Toulouse ; mais, comme ils n'étaient alors l'un et l'autre que dans la neuvième année de leur âge, la célébration de leurs noces avait été différée jusqu'à ce moment.

Quelques jours après, le monarque, qui eut toujours pour ses frères la plus tendre affection, arma ces deux princes chevaliers, l'un à Compiègne, l'autre à Saumur. Alors il donna à Robert pour son apanage le comté d'Artois, et à Alphonse le Poitou et l'Auvergne ; et, pour me servir du terme qui était alors en usage, il les *investit* de ces provinces, c'est-à-dire, qu'il les en mit en possession. On observe que la cérémonie de leur chevalerie se fit avec une magnificence qui avait peu d'exemples. Ce fut, dit Joinville, *la nonpareille chose qu'on eût oncques vue*. Il y eut toutes sortes de courses et de combats de barrière. C'est ce qu'on appelait tournois.

DÉMÊLÉS DE L'EMPEREUR FRÉDÉRIC AVEC LES PAPES

Pendant que la paix dont la France jouissait, donnait à Louis le temps de s'occuper de ces fêtes utiles et agréables ; pendant qu'il vivait en bonne intelligence avec les princes ses voisins, il s'était élevé dans l'Europe une guerre entre le pape Grégoire IX et l'empereur Frédéric II, qui causa beaucoup de scandale dans la chrétienté. Les deux princes firent tous leurs efforts, chacun de leur côté, pour engager Louis dans leurs intérêts. Ils voulurent même le prendre pour médiateur. Ce prince essaya tous les moyens pour les concilier ; n'ayant pu y réussir, il se conduisit dans cette affaire avec tant de prudence et de désintéressement ; il fit paraître tant de zèle pour la religion et le bien de l'Eglise, tant de générosité et de modération, qu'il fut regardé comme le prince le plus sage de l'Europe. On en verra la preuve dans l'extrait que je vais donner de cette grande affaire.

Frédéric II, profitant du malheur d'Othon, son concurrent à l'empire, qui mourut après la célèbre victoire remportée sur lui à Bouvines, en l'année 1214 par Philippe-Auguste, roi de France, aïeul de Louis, fut couronné empereur à Aix-la-Chapelle, et ensuite à Rome par le pape Honoré III.

Frédéric était un prince d'un génie et d'un courage au-dessus du commun. Son ambition lui fit d'abord tout promettre au pape Honoré III, pour parvenir à l'empire. Mais ensuite jaloux à l'excès de son autorité, et toujours attentif à n'y laisser donner aucune atteinte par les papes, il eut de grands démêlés avec eux, parce que leurs intérêts se trouvaient presque toujours opposés aux siens.

Mais ce fut sous le pontificat de Grégoire IX, que se firent les grands éclats. L'occasion et le fondement de ces divisions fut l'engagement que Frédéric avait pris avec les papes Innocent III et Honoré III, de passer la mer avec une armée, pour aller combattre les infidèles dans la Palestine. C'était par cette promesse qu'il avait gagné ces deux pontifes, et ce fut en manquant à sa parole qu'il excita contre lui Grégoire IX, leur successeur. Ce pape excommunia Frédéric, conformément au traité fait entre lui et le pape Honoré III, par lequel il se soumettait à l'excommunication, si, dans le temps marqué, il n'accomplissait pas son voeu.

Frédéric, outré de la rigueur dont Grégoire usait à son égard, ne pensa plus qu'à satisfaire son ressentiment. Outre les manifestes qu'il répandit dans toute l'Europe pour justifier sa conduite, par les nécessités pressantes de son état, qui l'obligeaient à différer son voyage, il mit plusieurs seigneurs romains dans son parti, en achetant toutes leurs terres argent comptant, et les leur rendant ensuite. Il les fit par ce moyen ses feudataires et princes de l'empire, avec obligation de le servir envers tous et contre tous. Le premier service qu'ils lui rendirent, fut d'exciter dans Rome une sédition contre le pape, qui, ayant été contraint d'en sortir, fut obligé de se retirer à Pérouse.

Cependant Frédéric, pour convaincre toute l'Europe de la sincérité de ses intentions, se prépara pour le voyage de la Terre-Sainte, et partit en effet en l'année 1228, avec vingt galères seulement et peu de troupes, mais suffisantes pour sa sûreté, ayant confié au duc de Spolette la plus grande partie de celles qu'il laissait en Europe, avec ordre de continuer en son absence la guerre contre le pape.

Je n'entrerai pas dans le détail de l'expédition de Frédéric dans la Palestine ; elle est étrangère à l'histoire du règne de saint Louis. Je dirai seulement que Frédéric, ayant fait une trêve avec le soudan d'Egypte, alla à Jérusalem avec son armée, qu'il fit ses dévotions dans l'église du Saint Sépulcre, et que, prétendant avoir accompli son voeu, il revint en Europe. Etant arrivé en Italie, il continua à faire la guerre au pape. Après différens événemens, toutes ces dissensions furent terminées par une paix que ces deux princes firent entre eux, suivie de l'absolution que le pape donna à Frédéric de l'excommunication qu'il avait fulminée contre lui.

Plusieurs années se passèrent sans aucune rupture éclatante jusque vers l'année 1239. Frédéric, après avoir soumis plusieurs villes confédérées de la Lombardie, s'empara de l'île de Sardaigne, que les papes depuis long-temps regardaient comme un fief relevant de l'église de Rome. Il en investit Henri son fils naturel, et érigea en royaume feudataire de l'empire cette île, qu'il prétendait en avoir été injustement démembrée. A cette occasion, le pape fulmina une nouvelle excommunication contre Frédéric, et envoya la formule à tous les princes et tous les évêques de la chrétienté, avec ordre de la faire publier les dimanches et fêtes pendant l'office divin ; et il déclara tous les sujets de Frédéric relevés du serment de fidélité qu'ils lui avaient fait.

Ce prince *accoutumé depuis long-temps au bruit de tous ces foudres*,[13] s'en mettait fort peu en peine, et s'en vengeait en toute occasion sur les partisans du pape. Mais Grégoire prévoyant que les armes spirituelles produiraient peu d'effet contre un pareil ennemi, écrivit à plusieurs souverains, et leur envoya des légats pour demander des secours temporels. Le pape ne trouva pas beaucoup de princes disposés à lui en procurer, car dans ce temps-là il y avait des personnes instruites et sensées, qui ne pensaient pas que les papes pussent

---

[13] Ce sont les termes dont se sert le P. Daniel, pag. 209 du 3e vol. de son Histoire de France, édition de 1722.

excommunier les princes, ou les particuliers, pour des intérêts civils, parce que Jésus-Christ avait dit, que *son royaume n'était pas de ce monde.*

Le pape écrivit d'Anagnie une lettre au roi de France dans laquelle, après de grands éloges des rois ses prédécesseurs dont il relevait surtout la piété et le zèle à défendre la sainte église contre ses persécuteurs, il priait le roi de ne le pas abandonner, et de l'assister de ses troupes dans la nécessité fâcheuse où il était de prendre les armes contre l'empereur.

Afin de l'y engager plus fortement, il lui fit présenter une autre lettre[14] pour être lue dans l'assemblée des seigneurs de France, parce qu'elle leur était adressée aussi bien qu'au roi : elle était conçue en ces termes :

« L'illustre roi de France, fils spirituel, bien-aimé de l'église, et tout le corps de la noblesse française, apprendront par cette lettre que du conseil de nos frères, et après une mûre délibération, nous avons condamné Frédéric, soi disant empereur, et lui avons ôté l'empire, et que nous avons élu en sa place le comte Robert, frère du roi de France, que nous le soutiendrons de toutes nos forces, et le maintiendrons par toutes sortes de moyens, dans la dignité que nous lui avons conférée. Faites-nous donc connaître promptement que vous acceptez l'offre avantageuse que nous vous faisons, par laquelle nous punissons les crimes innombrables de Frédéric, que toute la terre condamne avec nous, sans lui laisser aucune espérance de pardon. »

Le pape se flattait que sa lettre serait reçue favorablement en France, à cause de l'offre de l'empire qu'il faisait au frère du roi : néanmoins la proposition du pape fut rejetée d'une

---

[14] Matthieu Paris, *Henric. III, ad ann. 1239.*

manière très-dure, si la réponse, rapportée par l'historien d'Angleterre fut telle qu'il le dit : car cet auteur, indisposé contre les papes, ne doit pas toujours être cru sur ce qui les regarde.

Les termes de cette réponse sont très-offensans, et nullement du style du roi, qui, plein de respect pour le chef de l'Eglise, n'aurait jamais usé de ces expressions outrageantes dont elle est remplie. Il est vrai qu'il supportait, beaucoup plus impatiemment que ses prédécesseurs, l'extension de la puissance spirituelle sur la juridiction temporelle ; mais on voit par tous les actes de lui sur ce sujet qu'il ne s'emportait jamais contre les papes, ni contre les évêques.

Ainsi cette lettre pourrait bien, au lieu d'être la réponse du roi, avoir été celle des seigneurs de l'assemblée, irrités la plupart contre les évêques pour leurs entreprises continuelles, et que la déposition d'un empereur aurait indisposés contre le pape. Telles sont les expressions de cette lettre[15] : « Qu'on était surpris de la téméraire entreprise du pape, de déposer un empereur qui s'était exposé à tant de périls dans la guerre et sur la mer pour le service de Jésus-Christ ; qu'il s'en fallait bien qu'ils eussent reconnu tant de religion dans la conduite du pape même, qui, au lieu de seconder les bons desseins de ce prince, s'était servi de son absence pour lui enlever ses états ; que les seigneurs français n'avaient garde de s'engager dans une guerre dangereuse contre un si puissant prince, soutenu des forces de tant d'états, auxquels il commandait, et surtout de la justice de sa cause ; que les Romains ne se mettaient guère en peine de l'effusion du sang français, pourvu qu'ils satisfissent leur

---

[15] Daniel, tom. III, édition de 1722, p. 210.

vengeance, et que la ruine de l'empereur entraînerait celle des autres souverains, qu'on foulerait aux pieds.

« Ils ajoutaient néanmoins que, pour montrer qu'ils avaient quelque égard aux demandes du pape, quoiqu'ils vissent bien que l'offre qu'il faisait, était plus l'effet de sa haine contre l'empereur, que d'une singulière affection pour la France, on enverrait vers Frédéric pour s'informer de lui s'il était sincèrement catholique. Que s'il l'est en effet, continuent-ils, pourquoi lui ferions-nous la guerre? Que s'il ne l'est pas, nous la lui ferons à outrance, comme nous la ferions au pape même, et à tout autre mortel, s'ils avaient des sentimens contraires à Dieu et à la véritable religion. »

En effet ils envoyèrent des ambassadeurs à l'empereur, qui, levant les mains au ciel avec des pleurs et des sanglots, protesta qu'il n'avait que des sentimens chrétiens et catholiques. Il fit ses remerciemens aux envoyés, de la conduite qu'on avait tenue en France à son égard. Ce qui est très-certain, c'est que le roi refusa de prendre les armes contre l'empereur, ainsi qu'on le voit par une lettre qu'il écrivit à ce prince quelque temps après.

Le roi néanmoins, pour contenter le pape, laissa publier en France l'excommunication de l'empereur, selon que les évêques en avaient reçu l'ordre de Rome. Le roi d'Angleterre en fit autant ; et, dans l'un et l'autre royaume, on permit des levées d'argent pour le pape sur les bénéfices : mais si nous en croyons l'historien anglais, ces levées furent beaucoup moins fortes en France qu'en Angleterre. Louis refusa même de laisser sortir de son royaume l'argent qu'on y avait levé, pour empêcher qu'il ne servît à continuer une guerre si funeste au christianisme. Le pape en fut très-mécontent, et parut vouloir s'en venger, quelque temps après, par l'opposition qu'il fit à l'élection de Pierre-Charlot, fils naturel de Philippe-Auguste, à l'évêché de Noyon, sous prétexte qu'il n'était pas légitime, et que les canons excluaient les bâtards de l'épiscopat. Le roi sentit l'injustice de ce procédé ; il déclara que nul autre que son oncle ne posséderait cet évêché : Pierre en fut effectivement mis en possession sous le pontificat d'Innocent IV.

Tant de maux qui affligeaient l'Eglise, auraient dû toucher le pape et l'empereur ; mais ni l'un ni l'autre ne voulaient se relâcher. Leurs prétentions étaient si contraires, qu'il n'y avait pas d'apparence de les rapprocher par la négociation, et il n'était guère possible d'imaginer une voie dont ils pussent convenir. Les lettres de l'empereur aux rois de France et d'Angleterre prouvent manifestement que ces deux princes s'intéressaient vivement à la réunion du pape et de l'empereur, et que ce furent les deux rois qui, pour y parvenir, proposèrent la convocation d'un concile général, au jugement duquel les deux parties se rapporteraient. Le pape y consentit, et l'empereur fit de vives instances pour qu'il s'assemblât au plus tôt.

Le pape fit donc expédier des lettres circulaires pour la convocation du concile. Il en envoya à l'empereur de Constantinople, aux rois de France et d'Angleterre, et généralement à tous les princes chrétiens, aux patriarches, aux évêques et aux abbés, et il leur marqua le temps auquel ils devaient se rendre à Rome pour l'ouverture du concile, qui fut fixée au jour de Pâque 1241. On proposa même une trêve jusqu'à ce temps-là : mais, ou elle ne se fit pas, ou elle dura peu. Les uns en attribuent la faute au pape, les autres à l'empereur. Nonobstant la guerre, le pape ne laissa pas de presser l'assemblée du concile. L'empereur écrivit au roi pour le prier de défendre aux évêques de France d'aller à Rome, déclarant qu'il ne leur donnerait point de sauf-conduit, ni par mer, ni par terre, et qu'il ne serait point responsable des malheurs qui pourraient leur arriver sur le chemin.

Cependant le cardinal de Palestine assembla à Meaux un grand nombre d'évêques et d'abbés et leur commanda, en vertu de l'obéissance qu'ils devaient au pape, de quitter toutes autres affaires et de le suivre à Rome, afin d'y arriver au temps marqué pour le concile. Il les assura qu'ils trouveraient à l'embouchure du Rhône des vaisseaux tout équipés pour les transporter par mer, le chemin par terre étant impraticable, parce que l'empereur était maître de tous les passages.

Le roi, après avoir mûrement délibéré s'il déférerait aux prières de l'empereur, ou aux instances du légat, résolut de demeurer neutre. Il se détermina à laisser aux évêques la liberté de prendre le parti qu'ils voudraient. La plupart de ceux qui s'étaient trouvés à Meaux, prirent la résolution d'obéir au pape. Ils se rendirent à Vienne avec le légat ; mais, lorsqu'ils y furent arrivés, ils ne trouvèrent pas ce qu'on leur avait promis. Il y avait bien à la vérité quelques vaisseaux préparés, mais en si petit nombre et si mal armés, que de s'y embarquer, c'était s'exposer au danger d'être pris par les armateurs de l'empereur, qui couraient toute la Méditerranée.

Sur cela les archevêques de Tours et de Bourges, l'évêque de Chartres, et les députés de plusieurs autres évêques, qui ne voulaient assister au concile que par procureur, quittèrent le légat et s'en retournèrent chez eux ; d'autres hasardèrent le passage, mais pour leur malheur : car Henri, fils naturel de l'empereur, les ayant rencontrés, les attaqua à la hauteur de la ville de Pise. Après quelque résistance, il les obligea de se rendre, et les envoya dans différentes forteresses de la Pouille pour y être étroitement gardés. Quelques prélats d'Angleterre et d'Italie, qui s'étaient joints aux Français à Gênes, ne furent pas mieux traités. Cet accident et la mort de Grégoire IX, arrivée sur ces entrefaites, rompirent toutes les mesures prises pour le concile.

La nouvelle qu'on reçut alors de l'emprisonnement des prélats français par les armateurs de l'empereur, pensa le brouiller avec la France. Le roi, ayant appris le traitement qu'on leur avait fait, écrivit à Frédéric pour se plaindre et demander leur délivrance. « Il lui disait dans sa lettre que, s'il voulait que la bonne intelligence subsistât entre les deux états, il fallait qu'il mît au plus tôt les évêques français en liberté ; qu'ils n'avaient eu aucun mauvais dessein contre lui, mais que l'obéissance qu'ils devaient au Saint-Siége ne leur avait pas permis de manquer d'aller au concile ; qu'il devait se souvenir de la conduite qu'on avait tenue en France à son égard, du refus qu'on avait fait au légat du pape du secours qu'il demandait, et des propositions avantageuses qu'on n'avait pas voulu écouter, pour ne rien faire à son préjudice. Qu'au reste, il lui déclarait qu'il regardait l'emprisonnement des évêques comme une injure faite à sa propre personne, et que si on ne les relâchait incessamment, il lui ferait connaître qu'on n'était point d'humeur en France à se voir impunément insulté. » C'étaient là les dernières paroles de sa lettre.

L'empereur répondit assez fièrement à cette lettre, et sans rien promettre au roi de ce qu'il lui demandait ; il terminait sa réponse en disant que ces prélats avaient conspiré contre lui avec le pape ; qu'il était en droit de les regarder comme ses ennemis, de les faire mettre en prison et de les y retenir. Les choses s'adoucirent néanmoins, et l'histoire, sans nous faire le détail des négociations qu'il y eut sur ce sujet, nous apprend que les évêques furent délivrés, l'empereur, après de plus sérieuses réflexions, ayant appréhendé que le roi ne se liguât avec le pape. Les choses étaient en cet état, lorsque Grégoire IX mourut. Célestin IV lui succéda, et ne vécut que dix-huit jours après son exaltation sur le siége pontifical, qui ne fut rempli que vingt mois après par l'élection d'Innocent IV.

Le roi, âgé de vingt-six ans, avait, par les conseils et la prudente conduite de la reine, sa mère, rétabli l'autorité royale à peu près au même état où la sagesse et la fermeté de son père et de son aïeul l'avaient portée. Les grands vassaux paraissaient soumis, et il avait pris la résolution de maintenir la tranquillité dans ses états, au point qu'il pût lui-même conduire dans quelque temps du secours aux chrétiens de l'Orient. Mais l'esprit d'indépendance, suite dangereuse du gouvernement féodal, n'était pas encore éteint. Il était difficile que le roi d'Angleterre, le comte de Toulouse et le comte de la Marche, regardassent tranquillement la prospérité de Louis. Le premier, par la félonie de ses ancêtres, avait trop perdu sous les règnes précédens, et le second, sous le règne présent. Le troisième était un esprit inquiet ; il avait une femme trop impérieuse, et fière de sa qualité de reine, qui le gouvernait, et souffrait très-impatiemment de voir son mari vassal du roi de France. Nul d'eux, séparément des autres, eût été fort à craindre ; mais, unis ensemble, ils pouvaient causer beaucoup de désordre. Jacques, roi d'Aragon, qui possédait Montpellier et d'autres fiefs, était aussi assez disposé à entrer dans leurs intrigues.

Il s'était tenu, l'année précédente, une conférence à Montpellier, entre lui, le comte de Toulouse et le comte de Provence, dans laquelle, entre autres résolutions qu'ils y avaient prises, ils avaient fait avec le roi d'Angleterre une ligue pour attaquer la France. La conduite du comte de Provence paraissait, en cette occasion, pleine d'ingratitude, vu qu'il était beau-père du roi, qu'il lui avait de grandes obligations, et même de toutes récentes pour avoir garanti la Provence, que l'empereur avait voulu faire envahir par le comte de Toulouse. Le roi d'Angleterre avait signé vers l'an 1238, une prolongation de trève, pour quelques années avec la France : mais cherchant un prétexte plausible pour la rompre, il le trouva dans le dessein que le roi avait d'investir incessamment Alphonse, son frère, du comté de Poitou, parce qu'Henri lui-même, plusieurs années auparavant, avait donné l'investiture de ce comté qu'il prétendait lui appartenir, à Richard son frère. Ce traité demeura secret jusqu'à ce qu'on se crût en état de l'exécuter : ce fut le comte de la Marche qui, le premier, leva le masque à l'occasion suivante.

Le roi, en exécution du testament du roi son père, donnait à ses frères, dès qu'ils avaient atteint l'âge de vingt et un ans, les apanages qui leur étaient destinés. En 1238 il avait fait Robert, son frère, chevalier à Compiègne ; il l'avait en même temps investi du comté d'Artois, et lui avait fait épouser Mathilde, fille du duc de Brabant. Il voulut alors faire aussi chevalier Alphonse, son troisième frère. La cérémonie s'en fit le jour de Saint-Jean, à Saumur, où il avait convoqué toute la noblesse de France avec un grand nombre d'évêques et d'abbés ; et, quelques jours après, il le mit en possession des comtés de Poitou et d'Auvergne. Entre ceux qui s'y trouvèrent, les plus considérables furent : Pierre, comte de Bretagne ; Thibault, roi de Navarre, l'un et l'autre revenus depuis quelque temps de la Palestine ; Robert, comte d'Artois ; le jeune comte de Bretagne ; le comte de la Marche ; le comte de Soissons ; Imbert de Beaujeu, connétable de France ; Enguerrand de Coucy, et Archambaud de Bourbon. Chacun affecta de s'y distinguer par la magnificence des habits et des équipages, et par une nombreuse suite de gentilshommes.

Tout se passa, au moins en apparence, avec une satisfaction universelle, et le roi, au sortir de Saumur, mena le nouveau comte de Poitou dans la capitale de son comté. Le jeune prince y reçut les hommages de ses vassaux, et le roi commanda au comte de la Marche de faire le sien comme les autres. Il obéit avec beaucoup de répugnance. Il fit hommage pour son comté de la Marche, et pour les autres domaines qu'il possédait en Poitou, en Saintonge et en Gâtinais.

A cette occasion, la reine Isabelle, sa femme, qui lui inspirait sans cesse des sentimens de révolte, le fit ressouvenir des engagemens qu'il avait pris avec le roi d'Angleterre et avec le comte de Toulouse. « Ce serait une lâcheté honteuse, disait-elle sans cesse à son mari, que de se reconnaître vassal du comte de Poitiers. Le trône n'est pas tellement affermi dans la maison de Louis, qu'il ne puisse être ébranlé. L'Angleterre n'attend que le moment favorable pour se faire justice des usurpations de Philippe-Auguste. L'empereur lui-même, malgré les obligations qu'il a aux Français, les comtes d'Armagnac, de Foix, les vicomtes de Lomagne et de Narbonne, tout est prêt à se déclarer contre *le fils de Blanche*. » C'est le nom qu'elle affectait de donner au monarque. Elle lui persuada enfin de réparer, au moins par quelque marque de mécontentement, la honteuse démarche qu'il venait de faire.

Après toutes ces cérémonies, le roi était parti pour se rendre à Paris, et avait laissé à Poitiers le comte son frère, qui, n'ignorant pas les menées du comte de la Marche, dont toute l'application tendait à soulever la noblesse d'au-delà de la Loire, voulut qu'il lui renouvelât son hommage. Il l'envoya prier de venir à Poitiers aux fêtes de Noël. Le comte s'y étant rendu, Alphonse lui déclara ses intentions. Il répondit qu'il était prêt à lui donner cette satisfaction, et que dès le lendemain il lui ferait son hommage. Mais ayant rendu compte à sa femme de ce qu'on lui avait proposé, et de ce qu'il avait promis, elle se moqua de lui, lui disant qu'ayant donné dans un piége qu'il devait avoir prévu, il n'eût pas dû avoir la faiblesse d'engager ainsi sa parole, et lui ajouta qu'il était temps de se déclarer, et de rompre ouvertement avec le comte de Poitiers. Ils concertèrent ensemble la manière de le faire, et voici comme ils s'y prirent.

LE COMTE DE LA MARCHE SE RÉVOLTE CONTRE LE COMTE DE POITIERS

Le comte de la Marche, s'étant fait escorter par un grand nombre de gens armés, vint trouver le prince qui l'attendait à dîner, et lui parla de la manière la plus audacieuse. « Vous m'avez surpris et trompé, lui dit-il, pour m'engager malgré moi à vous faire hommage ; mais je vous déclare et je jure que jamais je ne le ferai. Vous êtes un injuste qui avez envahi le comté et le titre de comte sur le comte Richard, fils de la reine mon épouse, tandis qu'il était occupé à combattre dans la Palestine pour la foi, et à tirer de la captivité et de la tyrannie des infidèles la noblesse française qui, sans lui, y serait encore. » Il ajouta plusieurs menaces en se retirant, monta aussitôt sur un cheval qu'on lui tenait tout prêt, et sortit de Poitiers, après avoir mis le feu à la maison où il avait logé. Il traversa avec grand bruit toute la ville, qu'il laissa dans un grand étonnement d'une si prodigieuse audace. Le prince, surpris de cette incartade, n'aurait pas manqué de le faire arrêter, s'il avait eu le temps de se reconnaître ; mais le comte avait pris toutes ses sûretés, et fut en un moment hors de la ville, avec sa femme et toute sa famille.

Alphonse ne tarda pas à informer la cour de ce qui s'était passé, et le roi comprit qu'il en fallait venir à la guerre. Le comte de la Marche s'y était bien attendu ; il ne pensa plus qu'à mettre ses forteresses en état de défense, et à lever des troupes. Il envoya en Angleterre demander au roi l'exécution de la parole qu'il lui avait donnée de passer incessamment en France. Il lui manda qu'il devait moins se mettre en peine d'amener des troupes, que d'apporter beaucoup d'argent ; qu'en arrivant il trouverait une armée prête à lui obéir ; qu'il était assuré du comte de Toulouse, du roi d'Aragon, du roi de Navarre, de toute la noblesse de Poitou et de Gascogne, qui n'attendait que son arrivée pour se déclarer contre la France, et pour le remettre en possession des provinces que les rois ses prédécesseurs avaient perdues sous les derniers règnes.

Le roi d'Angleterre, qui attendait avec impatience quelque coup d'éclat de la part du comte, apprit cette nouvelle avec joie. Il promit à l'envoyé tout ce que son maître demandait, et lui dit qu'il assemblerait incessamment son parlement pour se mettre en état de passer la mer aux fêtes de Pâques. En effet, il fit expédier des lettres circulaires à tous ceux qui avaient droit d'y assister, par lesquelles il leur ordonnait de se rendre à Londres, afin de lui donner leurs avis sur des affaires de la dernière importance pour le bien de l'état.

Tandis que les membres du parlement se disposaient à s'assembler à Londres, le comte Richard, frère du roi, arriva de son voyage de la Palestine, où il avait acquis beaucoup plus de gloire que le roi de Navarre et les autres seigneurs français qui s'y étaient trouvés en même temps que lui, et dont plusieurs lui étaient redevables de leur salut et de leur liberté.

Lorsque le roi d'Angleterre eut communiqué son dessein au prince son frère, voyant qu'il avait son approbation, il résolut de surmonter tous les obstacles qu'on pourrait y apporter. Il avait bien prévu que le parlement n'approuverait pas cette guerre : il en fut encore plus convaincu lorsqu'il apprit que la plupart des membres, étant arrivés à Londres, s'étaient mutuellement donné parole, avec serment, de ne consentir à aucune levée d'argent, quelques instances que le roi pût faire.

Ils tinrent leur parole ; car, sur l'exposition que le roi leur fit de son dessein dans la première assemblée, en leur représentant fortement la gloire et l'avantage que la nation retirerait de cette guerre, où elle réparerait les pertes que la couronne avait faites depuis plusieurs années, ils répondirent tous d'une voix que cette entreprise n'était point de saison, qu'elle ne pouvait réussir sans d'excessives dépenses, que le royaume était épuisé par les levées que le roi avait faites depuis long-temps sur le peuple, et qu'on était dans l'impuissance d'en supporter de nouvelles.

Le roi, voyant cette opposition universelle, n'insista pas davantage pour le moment ; il les pria seulement de faire attention à ce qu'il leur avait proposé, de ne pas oublier le zèle qu'ils devaient avoir pour la gloire de la nation, qu'il les rassemblerait le lendemain, et qu'il espérait de les revoir dans de meilleures dispositions. Cependant il vit en particulier chacun des plus accrédités du parlement ; il les conjura de ne point s'opposer à un si glorieux dessein, les assurant que plusieurs d'entre eux, quoi qu'ils eussent dit dans l'assemblée, lui avaient promis secrètement de l'aider. Il leur montrait même une liste de leurs noms, et des sommes qu'ils s'étaient engagés de lui fournir. Quoique ce fût un pur artifice de la part du roi, quelques-uns s'y laissèrent surprendre, mais le plus grand nombre s'en tint à la résolution prise le jour précédent. Le parlement s'étant rassemblé, et le roi ayant réitéré ses représentations, plusieurs lui répétèrent ce qu'ils lui avaient déjà dit touchant l'épuisement du royaume, en ajoutant qu'il s'était engagé dans la ligue contre la France sans les consulter, et qu'il pouvait, s'il voulait soutenir cet engagement, le faire à ses frais ; qu'il n'était ni de son honneur, ni de sa conscience, de faire la guerre à la France avant la fin de la trève, qui subsistait encore, et que les Français avaient religieusement observée ; qu'il avait traité avec des rebelles et des perfides qui le trahiraient lui-même après avoir violé, comme ils avaient déjà fait, les droits les plus sacrés de l'obéissance et de la soumission envers leur souverain ; qu'ils n'en voulaient qu'à l'argent de l'Angleterre, comme ils le faisaient assez connaître, en ne demandant rien autre chose, et qu'il n'était nullement à propos de l'employer à un pareil usage ; enfin que les rois ses prédécesseurs étaient un exemple pour lui, qu'il ne devait point oublier ; que la plupart de leurs expéditions en France avaient échoué ; que la noblesse française était invincible dans son pays ; que ce que les rois d'Angleterre y avaient acquis par des alliances et des mariages, ils n'avaient non-seulement pu l'augmenter par la guerre, mais qu'ils n'avaient pu le conserver que par la paix.

Ces remontrances mirent Henri dans une colère qu'il ne put contenir. Il répliqua dans des termes pleins d'aigreur et d'amertume, et conclut, en jurant par tous les Saints, qu'il exécuterait son projet, malgré la lâcheté de ceux qui l'abandonnaient, et qu'il passerait la mer avec une flotte aux fêtes de Pâques. Il congédia le parlement, qui néanmoins, avant de se séparer, fit mettre par écrit ce qu'il avait représenté au roi, à quoi on ajouta le dénombrement des sommes qu'il avait levées depuis plusieurs années, dont on n'avait vu aucun emploi.

Sitôt qu'on eut appris à la cour de France la résolution du roi d'Angleterre, Louis convoqua un parlement à Paris, pour demander conseil sur le châtiment que méritait un vassal qui ne voulait point reconnaître son seigneur. Toute l'assemblée répondit d'une voix, que le vassal était déchu de ses fiefs, et que le seigneur devait les confisquer, comme un bien qui lui appartenait. En conséquence le roi fit, de son côté, tous les préparatifs nécessaires : il assembla les troupes des communes et de ses vassaux, et fit faire un très-grand nombre de machines alors en usage pour les siéges. Tout fut prêt pour la fin d'avril, temps marqué pour se réunir en Poitou, où le roi fit la revue de son armée près de Chinon.

Elle se trouva composée de quatre mille chevaliers avec leur suite, ce qui faisait un très-grand nombre d'hommes, et de vingt mille autres soldats très-bien armés. Le roi, profitant du temps et du retardement du roi d'Angleterre, que les vents contraires retenaient à Portsmouth, entra sur les terres du comte de la Marche, où il se vengea des courses que ce comte avait commencé de faire sur les terres de France : il s'empara de plusieurs places ou forteresses, telles que Montreuil en Gastine, la Tour-de-Bergue, Montcontour, Fontenay-le-Comte et Vouvant.

Hugues, trop faible contre un tel ennemi, n'osait tenir la campagne ; mais, pour arrêter l'impétuosité française, en attendant le secours d'Angleterre, il jeta ses troupes dans ses places, fit le dégât partout, brûla les fourrages et les vivres, arracha les vignes, boucha les puits, et empoisonna ceux qu'il laissa ouverts. La comtesse Reine, sa femme, cette furie que l'historien de son fils[16] traite d'empoisonneuse et de sorcière, et dont on avait changé le nom d'Isabelle en celui de Jézabel, porta la fureur encore plus loin. Désespérée du malheureux succès d'une guerre dont elle était l'unique cause, elle résolut d'employer plutôt les voies les plus lâches et les plus honteuses, que de voir retomber sur son mari le juste châtiment de l'insolence qu'elle lui avait fait faire. Pour cet effet, elle prépara de ses propres mains un poison dont elle avait le secret, et envoya quelques-uns de ses gens aussi scélérats qu'elle pour le répandre sur les viandes du roi. Déjà ces malheureux s'étaient glissés dans les cuisines ; mais leurs visages inconnus les firent remarquer : certain air inquiet, embarrassé, acheva de les rendre suspects. On les arrêta ; ils avouèrent leur crime : la corde fut la seule punition d'un attentat qui méritait qu'on inventât de nouveaux supplices.[17]

---

[16] Matthieu Paris.

[17] Annales de France.

On redoubla depuis la garde du roi, et personne d'inconnu ne l'approcha plus sans être auparavant visité.

Sur ces entrefaites le roi d'Angleterre arriva au port de Royan, avec beaucoup d'argent : ce qui fâchait beaucoup les Anglais, et ce que les Poitevins, gens dont la foi était fort décriée, souhaitaient avec le plus de passion. Henri était accompagné de Richard, son frère, de Simon de Montfort, comte de Leicester, à la tête de trois cents chevaliers, et de plusieurs autres seigneurs anglais, que Henri avait engagés à le suivre par ses caresses et par ses présens. La comtesse de la Marche, sa mère, *l'attendait au port*, et, selon la chronique de France, *lui alla à l'encontre, le baisa moult doucement, et lui dit : Biau cher fils, vous êtes de bonne nature, qui venés secourir votre mère et vos frères, que les fils de Blanche d'Espagne veulent trop malement défouler et tenir sous pieds*. Il fut accueilli en Saintonge avec beaucoup de joie, par les seigneurs ligués ; et, dès qu'il fut débarqué, il envoya des ambassadeurs au roi, qui faisait le siége de Fontenoi, place alors très-forte. La garnison, commandée par un fils naturel du comte de la Marche, se défendait avec beaucoup de valeur, et le comte de Poitiers venait d'y être blessé. Le roi reçut les ambassadeurs avec bonté, les fit manger à sa table, et ensuite leur donna audience. Ils lui exposèrent le sujet de leur mission, qui se réduisit à dire que le roi leur maître était fort surpris qu'on rompît si hautement la trève faite entre les deux états, et qui ne devait finir que dans deux ans.

Le roi les écouta avec modération, et répondit qu'il n'avait rien plus à coeur que de garder la trève, et même de la prolonger, ou faire la paix à des conditions raisonnables, sans demander aucun dédommagement ; que c'était le roi leur maître qui la rompait manifestement, en venant avec une flotte soutenir la rébellion des vassaux de la couronne de France ; qu'il n'appartenait pas au roi d'Angleterre de se mêler des différends qu'ils avaient avec leur souverain ; que le comte de Toulouse et le comte de la Marche n'étaient en aucune manière compris dans le traité de trève ; que c'était leur félonie qui leur avait attiré sa juste indignation et le châtiment qu'il allait leur faire subir, comme à des traîtres et à des parjures. Les ambassadeurs étant retournés vers leur prince, il rejeta toute proposition de paix, animé par les agens du comte et de la comtesse de la Marche, qui l'assurèrent que la guerre lui procurerait bientôt de plus grands avantages que ceux qu'on lui offrait, et que la conduite du roi de France, en cette occasion, n'était qu'un effet de la crainte que la présence de Henri et la puissance de la ligue lui inspiraient. Dans cette persuasion, il envoya sur-le-champ deux chevaliers de l'Hôpital-de-Jérusalem déclarer la guerre au roi.

LE ROI D'ANGLETERRE DÉCLARE LA GUERRE AU ROI DE FRANCE

Louis, sur cette dernière dénonciation, protesta, en présence de toute sa cour, que c'était avec beaucoup de regret qu'il entrait en guerre avec le roi d'Angleterre, dont il aurait voulu acheter l'amitié aux dépens de ses propres intérêts. On pressa donc plus vivement qu'on n'avait fait jusqu'alors le siége de Fontenoi, et la ville fut prise au bout de quinze jours, au grand étonnement des ennemis, qui regardaient cette place comme imprenable. Le fils du comte de la Marche et toute la garnison furent obligés de se rendre à discrétion. On conseilla au roi de les faire pendre pour donner de la terreur aux rebelles ; mais il n'y voulut pas consentir, disant que le fils du comte de la Marche était excusable, n'agissant que par les ordres de son père. Il se contenta de les envoyer dans les prisons de Paris.

La bonté du roi, jointe à la valeur avec laquelle il poussait son entreprise, fit plus d'effet que n'en auraient eu les conseils violens qu'on lui donnait : car, après cette conquête, plusieurs autres forteresses se rendirent à lui sans attendre qu'elles fussent attaquées. Il garda les plus fortes, et fit détruire les autres. Il y en eut quelques-unes qui résistèrent et qui furent forcées ; par ce moyen le roi s'ouvrit le chemin jusqu'à la Charente, et s'avança vers Taillebourg, place située sur cette rivière.

Le roi d'Angleterre s'étant mis en marche avec ses troupes, s'était rendu à Saintes, où il avait passé quelques jours pour y grossir son armée des troupes du comte de Toulouse, et des autres seigneurs ligués que le comte de la Marche lui avait fait espérer, et qui ne venaient qu'en petit nombre.

Cependant il sortit de cette ville, et marcha en descendant la Charente, pour en défendre le passage contre l'armée française. Il se campa sous Tonnay-Charente, et ayant appris que le roi prenait la route de Taillebourg, il vint se poster vis-à-vis cette place, qu'il trouva déjà rendue au roi : ce prince s'y était logé avec les principaux seigneurs, et avait fait camper son armée dans la prairie aux environs de la ville.

BATAILLE DE TAILLEBOURG, OÙ LE ROI EST VICTORIEUX

Les deux armées n'étaient séparées que par la rivière, qui en cet endroit est fort profonde, mais peu large. Le roi d'Angleterre avait vingt mille hommes de pied, six cents arbalétriers, et seize cents chevaliers, qui, en comptant leur suite, faisaient un corps très-considérable de cavalerie. Le roi, en commençant la campagne, avait autant d'infanterie, et presque le double de cavalerie, mais il en avait perdu une partie par les siéges et par les maladies que les grandes chaleurs avaient causées.

Son dessein était de passer la Charente, et celui du roi d'Angleterre de l'en empêcher. La profondeur de la rivière était un grand obstacle pour les Français.

Il y avait devant Taillebourg un pont de pierre, mais si étroit qu'il y pouvait à peine passer quatre hommes de front. Henri s'en était emparé, aussi bien que d'un fort qui était de son côté à la tête du pont. Louis cependant pensait à forcer ce passage. Il avait fait préparer sur la rivière quantité de bateaux, pour s'en servir à faire passer le plus qu'il pourrait de ses troupes, dans le même temps qu'il ferait attaquer le pont.

L'ardeur du soldat ne lui permit pas de délibérer plus longtemps, et un mouvement que le roi d'Angleterre fit faire à son armée pour l'éloigner du bord de la rivière, de deux portées d'arc, engagea l'affaire lorsque le roi y pensait le moins.

Quelques officiers de l'armée française prirent ce mouvement pour une retraite. Dans cette pensée, cinq cents hommes, sans en avoir reçu l'ordre, se détachent, et attaquent le pont. L'exemple de ceux-ci en entraîna d'autres, plusieurs se jetèrent dans les bateaux et gagnèrent l'autre bord.

Les Anglais soutinrent vaillamment l'attaque du pont, et on se battit dans ce défilé avec beaucoup de valeur de part et d'autre. Les assaillans n'ayant pu d'abord emporter ce poste, leur ardeur, comme il arrive dans ces attaques brusques, se ralentit par la résistance des ennemis. Le roi, qui était accouru au bruit, les ranima par sa présence, et encore plus par son exemple. Il s'avança le sabre à la main, et, se jetant au plus fort de la mêlée, suivi de plusieurs seigneurs, il poussa les Anglais hors du pont et s'en rendit maître.

Le péril ne fit qu'augmenter par cet avantage : car le roi ayant très-peu de terrain, et ses soldats n'arrivant qu'à la file par le pont, et peu pouvant passer en même temps dans les bateaux, il se trouva exposé à toute l'armée ennemie, avec une fort petite troupe ; mais l'ardeur qu'inspire un premier succès suppléant au nombre, on fit reculer les Anglais, on gagna du terrain ; la plupart des troupes passèrent, et se rangèrent en bataille à mesure qu'elles arrivaient. Les Anglais auxquels on ne donna pas le temps de revenir de leur première frayeur, reculèrent et ensuite tournèrent le dos : on les poursuivit l'épée dans les reins jusqu'à Saintes où plusieurs Français, emportés par leur ardeur et par la foule, entrèrent mêlés avec eux, et furent faits prisonniers. Cette action se passa la veille de la Magdelaine de l'année 1242.

Après cette déroute, le roi d'Angleterre, qui n'avait que très-peu de troupes réunies, les autres étant dispersées par leur fuite, était au moment d'être enveloppé dans la campagne, et d'être fait prisonnier. Le comte Richard voyant le péril auquel le roi son frère était exposé, trouva le moyen de l'en garantir. Il savait que le roi de France l'estimait, qu'il avait de l'amitié pour lui, et que les grands services qu'il avait rendus dans la Palestine à plusieurs seigneurs français, en les tirant des mains des Infidèles, lui avaient acquis une grande considération à la cour de France. Il quitta son casque et sa cuirasse ; il s'avança vers l'armée française, n'ayant qu'une canne à la main, et demanda à parler au comte d'Artois, frère du roi. Le comte s'étant avancé, et l'ayant reçu avec beaucoup de civilité, Richard le pria de le conduire au roi. Ce prince, que la modération n'abandonna jamais, même au sein de la victoire, fit beaucoup de caresses à Richard, et l'assura de la disposition où il était de lui donner toute satisfaction. Richard le supplia de lui accorder une suspension d'armes pour le reste de la journée et jusqu'au lendemain. Le roi, toujours porté à la paix, lui accorda sa demande, et lui dit ces paroles en le congédiant : « Monsieur le comte, la nuit porte avis, donnez-en un salutaire au roi d'Angleterre, et faites en sorte qu'il le suive. » Le roi voulait lui faire entendre qu'il devait conseiller à Henri de faire une bonne paix avec la France, et de se départir de la protection qu'il donnait à des rebelles contre leur souverain. Mais Richard pensa d'abord à mettre la personne du roi son frère en sûreté. Il piqua vers le lieu où il était, et lui ayant appris qu'il avait obtenu une suspension d'armes pour le reste du jour et pour la nuit, il le pressa de partir, et de se retirer dans la ville de Saintes : ce qu'il fit sans tarder, avec ce qu'il avait pu recueillir de ses troupes. Il y trouva le comte de la Marche, qui était aussi affligé que lui de cette malheureuse journée. Il lui parla avec beaucoup d'aigreur, lui fit de grands reproches de l'avoir engagé mal à propos dans cette guerre, sans lui tenir les paroles qu'il lui avait données. Où sont, lui demanda-t-il en colère, le comte de Toulouse, le roi d'Aragon, les rois de

Castille et de Navarre, et toutes ces nombreuses troupes qui devaient accabler le roi de France?

Le comte en rejeta toute la faute sur la comtesse reine, sa femme. C'est votre mère, lui répondit-il, dont la rage contre la France, l'ambition insatiable, et le zèle aveugle qu'elle a pour votre agrandissement, ont lié toute cette partie, et lui ont fait regarder comme immanquables des desseins chimériques. J'y perds, et elle aussi, plus que vous.

Cependant le roi, pendant la nuit, fit passer le pont de Taillebourg à toute son armée, et établit son camp au même lieu où le roi d'Angleterre avait eu le sien le jour précédent. Dès le matin il envoya faire un grand fourrage jusque sous les murailles de Saintes, et l'on en ravagea tous les environs.

Le comte de la Marche espérant avoir sa revanche, fit, sans consulter le roi d'Angleterre, une grande sortie sur les fourrageurs qui s'étaient débandés, et les chargea vigoureusement, suivi de ses trois fils et d'un corps considérable de Gascons et d'Anglais, outrés de leur défaite du jour précédent, et de cette nouvelle hardiesse des Français. Ceux-ci se défendirent avec la même vigueur qu'ils étaient attaqués, et quoiqu'en nombre beaucoup inférieur, ils firent ferme et se battirent en retraite, mais avec grande perte.

Trois cents hommes de la commune de Tournai furent taillés en pièces, et le reste était dans un danger évident d'être enveloppé ; car le roi d'Angleterre, dissimulant sagement son ressentiment, envoyait sans cesse de nouvelles troupes au comte de la Marche, et sortit même pour le soutenir. L'officier qui commandait le fourrage des Français, se voyant en cette extrémité, envoya promptement demander du secours au camp. Le comte de Boulogne, dont le quartier était le plus avancé, ayant reçu cet avis, courut aussitôt le porter au roi, et fit en même temps prendre les armes à toutes les troupes. Chacun se rangea sous ses drapeaux, et le roi fit avancer à grands pas les escadrons et les bataillons qui se trouvèrent le plus tôt en état de marcher. Ces premières troupes arrêtèrent la furie de l'ennemi. Le comte de Boulogne tua de sa main le châtelain de Saintes, qui portait la bannière du comte de la Marche, et insensiblement les deux armées s'étant rassemblées, l'action devint générale. Sitôt que les deux rois parurent, on entendit crier : *Montjoye! Saint-Denis!* de la part des Français ; et *Réalistes!* de celle des Anglais. On combattit de part et d'autre avec un acharnement extraordinaire, et tel qu'on devait l'attendre de deux partis animés, l'un par la victoire du jour précédent, et l'autre par le désir de réparer sa perte. On se battait dans un pays fort peu propre à une bataille, embarrassé de vignobles et plein de défilés, où il était impossible de s'étendre ; de sorte que c'était plutôt une infinité de petits combats qui se donnaient, qu'une bataille régulière. La victoire fut long-temps douteuse, par l'opiniâtre résistance des Anglais, parmi lesquels Simon de Montfort, comte de Leicester, se distingua beaucoup. Mais Louis qui se trouvait partout, secondé par la noblesse de France, presque toujours invincible lorsqu'elle est d'intelligence avec son souverain, combattit avec tant de valeur et de conduite, que l'ennemi plia de tous côtés, et fut repoussé jusque sous les murailles de Saintes, où le roi d'Angleterre se sauva, laissant la victoire et le champ de bataille aux Français.

Le nombre des morts n'est pas connu ; mais il dut être grand, à en juger par la manière dont les historiens parlent de l'ardeur et de l'opiniâtreté des combattans. Le seigneur Henri de Hastinges, vingt autres seigneurs anglais et une grande partie de l'infanterie ennemie, furent fait prisonniers par les Français. Le seigneur Jean Desbarres avec six chevaliers, et quelques autres, furent pris par les Anglais.

Cette seconde victoire, remportée par le roi en personne, réduisit les ennemis à la dernière extrémité, et força le comte de la Marche à songer à la paix. Il envoya secrètement un de ses confidens à Pierre, comte de Bretagne, l'ancien complice de ses premières révoltes, qui était dans le camp du roi. Il le pria de ménager son accommodement tel qu'il plairait à sa majesté de lui accorder, et lui donna ses pleins pouvoirs à cet effet. Le comte de Bretagne, sans rien demander en particulier, obtint le pardon du comte de la Marche, aux conditions qu'il plut au roi de prescrire. Elles furent fâcheuses ; mais en même temps l'effet d'une grande clémence du roi, qui était en pouvoir et en droit de dépouiller ce seigneur rebelle de tous ses états. Ces conditions étaient que toutes les places que le roi avait prises sur le comte et la comtesse de la Marche lui demeureraient et au comte de Poitou à perpétuité ; que le roi serait quitte de la somme de cinquante mille livres tournois qu'il leur payait tous les ans ; qu'il pourrait faire paix ou trêve avec le roi d'Angleterre, comme bon lui semblerait, sans leur consentement, et sans qu'ils y fussent compris ; que le comte de la Marche ferait au roi hommage pour le comté d'Angoulême, pour Castres, pour la châtellenie de Jarnac, pour tout ce que le roi lui laissait, et pour tout ce qui en dépendait ; qu'il ferait pareillement hommage-lige au comte de Poitiers pour Lusignan, pour le comté de la Marche et toutes leurs dépendances, et cela, contre tous hommes et femmes qui pourraient vivre et mourir.[18]

Cependant le roi d'Angleterre était demeuré à Saintes, afin d'y délibérer sur le parti qu'il avait à prendre pour le reste de la campagne, lorsqu'il fut instruit par le comte Richard son frère, du traité que le comte de la Marche avait fait. Ce prince en avait appris le détail par un de ces seigneurs français qu'il avait tirés de la captivité des Turcs ; lequel, par

---

[18] M. Ducange a rapporté cet acte tout au long dans ses Observations sur l'Histoire de saint Louis, pag. 42.

reconnaissance pour son bienfaiteur, et par une générosité très-mal entendue, crut pouvoir en cette occasion trahir le secret de son souverain. Il fit savoir de plus au comte Richard que le roi, dont l'armée augmentait tous les jours par l'arrivée de quantité de nouvelles troupes de tous les coins du royaume, avait résolu d'investir Saintes incessamment, de la prendre par force ou par famine, et d'obliger le roi d'Angleterre, et tous ceux qui se trouveraient dans la place de se rendre à discrétion. Ce fut le 28 juillet que cet avis fut donné.

Henri eut peine à croire cette nouvelle ; mais il reçut un pareil avis presqu'en même temps de la part de Guy et de Geoffroi de Lusignan, deux des fils du comte de la Marche. Ils l'assuraient que, dès la nuit suivante, Saintes serait investie ; que même les habitans étaient d'intelligence avec le roi de France, et qu'il n'y avait pas un moment à perdre pour sortir de cette ville. Henri était sur le point de se mettre à table, mais l'affaire était si pressante qu'il monta sur-le-champ à cheval. Il fut suivi de ceux qui étaient les plus prêts à partir. Le reste des seigneurs prit après lui le chemin de Blaye, où il leur fit savoir qu'il se rendrait. Cette route, qui était de treize à quatorze lieues, se fit presque toute d'une traite. L'armée se mit à la débandade sans vivres et sans provisions. Les bagages furent abandonnés et pillés ; le roi d'Angleterre y perdit sa chapelle, qui était fort riche, et plusieurs autres meubles précieux, dont les Français profitèrent.

Le roi, averti de la fuite du roi d'Angleterre, se consola de l'avoir manqué, par la reddition de Saintes, où il fut reçu avec une extrême joie du peuple et du clergé. Il en sortit aussitôt pour suivre l'armée anglaise dont plusieurs soldats furent faits prisonniers. Il cessa de la poursuivre, s'étant trouvé incommodé après quelques lieues de chemin ; et le roi d'Angleterre, ne se croyant pas encore assez en sûreté à

Blaye, gagna Bordeaux, et mit la Garonne entre les Français et lui.

Pour revenir au comte de la Marche, lorsque Pierre de Bretagne alla lui annoncer les conditions auxquelles le roi lui pardonnait, elles lui parurent si dures qu'il en demeura tout consterné, et fut quelque temps sans parler, tant il était pénétré de douleur.

Mais le comte de Bretagne lui fit comprendre qu'il valait mieux conserver une partie de ses états, que de perdre le tout. Il faut observer que, lorsqu'un seigneur vassal faisait la guerre à son souverain, ce qui s'appelait tomber en félonie, le seigneur avait droit de confisquer tous les biens de son vassal ; et c'était pour punir le roi d'Angleterre de cette félonie, que Philippe-Auguste s'était mis en possession de la plus grande partie des fiefs que les prédécesseurs de Henri possédaient en France.

Le comte de la Marche prit enfin son parti, et apporta lui-même au roi le traité signé. Il se jeta à ses pieds pour lui demander pardon. La reine, sa femme, dont l'orgueil ne fut jamais plus humilié qu'en cette occasion, parut aussi en posture de suppliante. Le roi fit promettre au comte sur-le-champ, qu'en vertu de son hommage et de sa qualité de vassal, il accompagnerait au plus tôt avec ses troupes, le comte de Bretagne contre le comte de Toulouse qu'on avait pareillement résolu de châtier.

La fuite du roi d'Angleterre causa la ruine de tout son parti en Poitou et en Saintonge. Renaud de Pons employa le crédit de tous les amis qu'il avait à la cour pour faire sa paix : il l'obtint avec beaucoup de peine, en se livrant lui-même et sa ville de Pons à la miséricorde du roi. Guillaume, l'archevêque, seigneur de Partenay, en fit autant. Le vicomte de Thouars, et tous les autres, rachetèrent de même leur ruine prochaine par une entière soumission. Les autres places qui appartenaient au roi d'Angleterre en ces quartiers-là, ouvrirent leurs portes, et se rendirent au roi sans résistance, excepté Montauban et quelques châteaux des environs qui furent assiégés et pris.

On n'était encore qu'au mois d'août, et la consternation était si grande parmi les Anglais, que Henri appréhenda pour la Gascogne. Il fut informé que Louis était sur le point de marcher vers cette province ; et de plus, quoiqu'on ne fît pas alors sur mer des armemens pareils à ceux qu'on a vus depuis, cependant les armateurs des deux nations se faisaient une cruelle guerre, où les Anglais avaient du dessous pour l'ordinaire. Tant de mauvais succès obligèrent le roi d'Angleterre à demander la paix. Le roi, tout porté qu'il était à la douceur, ne voulut rien décider sans l'avis de son conseil. Les conjonctures étaient des plus favorables pour chasser de France les Anglais ; mais on était à la fin de la campagne. Les chaleurs excessives avaient causé tant de maladies et de morts dans l'armée, qu'elle en était fort affaiblie : le roi lui-même ne se portait pas bien ; et ce fut principalement cette dernière raison qui obligea le conseil de ce prince à écouter les propositions du roi d'Angleterre, auquel on accorda, non pas la paix, mais une trêve de cinq ans.

Rien ne pouvait arriver de plus heureux pour les seigneurs de la suite de Henri : tous étaient réduits à la dernière misère. Ils quittèrent l'armée sans congé pour regagner leur pays ; mais n'osant s'embarquer en Gascogne, parce que l'ancien comte de Bretagne, feignant d'ignorer la trêve, infestait la Manche, ils demandèrent la permission de passer par la France. Le roi leur fit donner tous les passeports nécessaires. C'est une sorte de grâce, disait-il, que je ne refuserai jamais à mes ennemis. Ils traversèrent donc tout le royaume pour se rendre à Calais, et en furent quittes pour des railleries qu'il leur fallut essuyer.

Quelques courtisans voulurent aussi mêler Henri dans leurs plaisanteries ; mais Louis leur imposa silence d'un ton très-sérieux. *Quand ce ne serait pas, leur dit-il, fournir au roi mon frère un prétexte de me haïr, sa dignité mérite bien qu'on en parle avec respect ; il faut espérer que les aumônes et les bonnes oeuvres qu'on lui voit faire, le tireront du mauvais pas où les méchans l'ont jeté par leurs conseils imprudens.* Sentimens vraiment dignes d'un héros qui trouve toujours des motifs de faire grâce à un ennemi malheureux ; sentimens aussi dans un coeur tel que celui de saint Louis, conformes aux préceptes de l'Evangile qui nous ordonne de pardonner à nos ennemis. Le saint monarque fit plus encore, il usa des plus rudes menaces pour obliger le comte de Bretagne à laisser la mer libre. Le roi d'Angleterre en profita pour se retirer dans son royaume, où les réflexions qu'il fit sur sa malheureuse expédition lui ôtèrent le désir de revenir désormais soutenir en France les rebelles à leur souverain.

Ainsi finit l'année 1242 qui termina, à la gloire de saint Louis, une guerre dangereuse qui paraissait devoir ruiner la France : guerre civile allumée par des vassaux également redoutables par leurs qualités personnelles, par leurs alliances, par l'étendue, les richesses et la puissance de leurs domaines ; guerre étrangère projetée par les rois de Navarre, de Castille et d'Aragon ; conseillée par un grand empereur, entreprise et soutenue par un monarque puissant en hommes et en richesses. Louis, presque seul, trouva dans sa prudence et son courage les moyens de résister à tant d'ennemis réunis ; et, seul contre tous, les réduisit à recourir à sa clémence et à ses bontés. Les rois de Navarre, de Castille et d'Aragon, n'osèrent se joindre au roi d'Angleterre qui, vaincu deux fois, fut forcé de rentrer dans son île, et d'y paraître dans l'état le plus déplorable ; enfin les vassaux rebelles à la France, humiliés et domptés, contraints de rentrer dans leur devoir, sans pouvoir en sortir.

Quand on réfléchit que Louis n'avait que vingt huit ans lorsqu'il exécuta de si grandes choses, et que son caractère était encore fort au-dessus de sa fortune, on ne peut s'empêcher de reconnaître qu'un tel prince, par ses grandes qualités et ses vertus, était né pour commander à l'univers, et pour en faire le bonheur.

Louis, après avoir pourvu à la tranquillité des pays qu'il venait de soumettre, revint à Paris, et fut reçu des habitans avec ces transports de joie qu'ils ont coutume de faire éclater lorsqu'ils revoient leur prince couvert de gloire, surtout lorsqu'il les a eux-mêmes préservés des malheurs de la guerre.

Leur joie augmenta encore par la naissance d'un prince auquel la reine Marguerite donna naissance dans le même temps. Il fut tenu sur les fonts par l'abbé de Saint-Denis, baptisé par l'évêque de Paris, et nommé Louis comme son père et son aïeul.

Après avoir dompté les Anglais et les rebelles, le roi avait encore à soumettre le comte de Toulouse. Il avait été un des principaux et des plus ardens chefs de la ligue. Il y avait fait entrer Roger, comte de Foix ; Amauri, vicomte de Narbonne ; Pons de Olargues, et quantité d'autres des plus puissans seigneurs du pays ; mais en trahissant son souverain, il était lui-même trahi par ses vassaux qui le haïssaient, et qui avaient moins dessein de le soutenir, que de l'engager à se perdre lui-même, en prenant le parti du roi d'Angleterre. En effet, Guillaume Arnaud, de l'ordre de Saint-Dominique, inquisiteur de la foi, et Etienne, de l'ordre de Saint-François, son collègue, ayant été assassinés par les Albigeois, dans le palais même du comte de Toulouse, à Avignon, et sans qu'il en eût fait faire les moindres perquisitions, le comte de Foix et les autres vassaux du comte prirent cette occasion pour dégager leur parole, protestant qu'ils ne reprendraient jamais les armes en faveur d'un fauteur d'hérétiques, et d'un persécuteur déclaré des catholiques. C'était cette conduite qui avait empêché le comte de Toulouse, abandonné par ses vassaux, de venir joindre, avec ses troupes, le comte de la Marche et le roi d'Angleterre ; de sorte que jamais diversion ne fut plus favorable au roi, et c'est ce qui lui facilita beaucoup ses victoires. Le comte de Foix en profita pour secouer la domination du comte de Toulouse, et pour rendre son comté un fief relevant immédiatement de la couronne de France. Le comte de Toulouse, dans cet embarras, ne pensa plus qu'à faire sa paix avec le roi. Tandis que l'évêque de Toulouse agissait pour lui à la cour de France, il écrivait au roi pour lui demander pardon de sa révolte, et le laissa maître des conditions qu'il voudrait lui imposer. Louis lui pardonna, et lui accorda la paix, conformément à ce qui avait été convenu à l'ancien traité de Paris. Le comte, pour sûreté de sa parole, livra encore quelques forteresses au roi ; il renonça à tout commerce avec les hérétiques, et fit punir de mort ceux qui avaient assassiné les inquisiteurs ; et, pour marquer au roi la sincérité de son retour à l'obéissance qu'il devait à son souverain, il lui remit entre les mains les lettres de l'empereur Frédéric II, par lesquelles ce prince l'exhortait à continuer dans sa révolte.

Il serait difficile de pénétrer les motifs de cette conduite étrange du monarque allemand. Louis, malgré les grands avantages qu'on lui offre, refuse constamment de prendre les armes contre Frédéric. Frédéric, sans autre espérance que d'exciter des troubles, soulève contre lui une partie de son royaume. Que de générosité d'un côté, que de duplicité de l'autre! Telle est la supériorité de la véritable vertu!

Au mois d'avril 1243, la trève faite entre la France et l'Angleterre l'année précédente, après les batailles de Taillebourg et de Saintes, fut confirmée à Bordeaux et entièrement exécutée. Jusque-là, en considérant la manière dont on s'était comporté de part et d'autre, depuis que les armées eurent quitté la campagne, il semble qu'on n'avait fait qu'un simple projet de traité : par celui de Bordeaux le roi demeura en possession de toutes ses conquêtes. Henri lui rendit les places qu'il avait prises depuis la dernière campagne, et s'obligea de lui payer cinq mille livres sterlings en cinq années.

Le fruit des victoires de Louis et de cette trève, en même temps si glorieuse et si avantageuse, fut la tranquillité de la France, qui ne s'était depuis long-temps trouvée jouir d'une si profonde paix. C'est ce qui donna lieu à ce prince de penser plus que jamais à procurer celle de l'Eglise.

Il y avait dix-huit mois que le Saint-Siége était vacant par le décès de Célestin IV : les cardinaux en rejetaient la faute sur Frédéric, et Frédéric sur les cardinaux. Ceux-ci ce plaignaient surtout que l'empereur retenait encore dans ses prisons ceux de leurs collègues qu'il avait pris sur la mer, lorsqu'ils allaient au concile convoqué par Grégoire IX, et protestaient qu'ils n'éliraient point de pape que les cardinaux prisonniers ne fussent remis en liberté, afin de procéder ensemble à la nouvelle élection. L'empereur se relâcha sur ce point et délivra les cardinaux ; mais voyant qu'il ne pouvaient encore s'accorder, que leurs divers intérêts les tenaient partagés, et qu'une affaire de cette importance n'était pas plus avancée qu'auparavant, il eut recours aux moyens les plus violens pour les contraindre à la finir : car il fit investir Rome par son armée, et ravager toutes les terres des cardinaux.

Le roi, animé d'un zèle sans doute beaucoup plus pur et moins violent, écrivit en même temps aux cardinaux une lettre fort vive sur le même sujet, dans laquelle il leur reprochait leur partialité, et leur insensibilité pour le bien général de l'Eglise, leur promettant néanmoins sa protection contre Frédéric, *dont nous ne craignons*, disait-il, *ni la haine, ni les artifices, et dont nous blâmons la conduite, parce qu'il semble qu'il voudrait être en même temps empereur et pape.*

Les cardinaux, pressés et sollicités ainsi de toutes parts, s'assemblèrent à Anagnie, et élurent enfin, le jour de Saint-Jean-Baptiste, le cardinal Sinibalde, Génois de la maison de Fiesque, qui prit le nom d'Innocent IV. C'était un homme de mérite, d'un grand sens, fort habile, et aimé de l'empereur, qui, connaissant la fermeté de Sinibalde, dit à un de ses confidens lorsqu'il apprit la nouvelle de cette élection : *Le cardinal était mon bon ami, mais le pape sera pour moi un dangereux ennemi.* L'empereur avait raison ; car les intérêts d'un cardinal sont bien differens de ceux d'un pape, qui se regarde comme le premier monarque de la chrétienté.

Cependant Frédéric témoigna beaucoup de joie en public, de l'élection de Sinibalde : il lui envoya une solennelle ambassade, dont était chef le fameux Pierre Desvignes, chancelier de l'empire, celui qui nous a conservé quantité de lettres sur les différends de l'empereur avec les papes.

Les ambassadeurs présentèrent à Innocent une lettre de ce prince, par laquelle il lui faisait offre de ses services et de toute sa puissance pour le bien de l'Eglise, en ajoutant toutefois à la fin du compliment, *sauf les droits et l'honneur de l'empire et des royaumes que nous possédons* : paroles dont la signification était bien différente à la cour de l'empereur et à celle des papes, et qui faisaient entre eux toute la difficulté des accommodemens.

Le pape répondit à l'empereur qu'il le verrait avec joie rentrer dans la communion des fidèles, et qu'il le recevrait à bras ouverts, pourvu qu'il satisfît l'Eglise sur les points pour lesquels Grégoire, son prédécesseur, l'avait excommunié ; que lui, de son côté, était prêt à le satisfaire sur ses plaintes ; qu'en cas qu'il pût prouver que le Saint-Siége lui eût fait quelque tort, il était dans la résolution de les réparer ; qu'il s'en rapporterait volontiers au jugement des rois et des évêques, dans un concile qu'il offrait de convoquer à ce sujet. Il lui fit demander aussi, avant toutes choses, par ses envoyés, la délivrance des autres personnes qui avaient été prises sur la mer avec les cardinaux qu'on avait déjà relâchés.

La négociation n'eut aucun succès, non plus que les sollicitations du roi qui avait cette paix fort à coeur. Frédéric recommença à mettre en usage les voies de fait. Il fit garder tous les passages des Alpes. Il mit en mer quantité d'armateurs pour empêcher que le pape pût avoir communication avec les autres princes ; et quelques pères cordeliers ayant été pris et trouvés saisis de lettres du pape pour diverses cours de l'Europe, Frédéric les fit pendre.

Pendant que cette rupture jetait de nouveau l'Italie dans la consternation, la France était dans la joie par la naissance d'un successeur à la couronne. C'était le troisième enfant que la reine avait mis au monde : les deux autres étaient deux filles qui furent nommées, l'une Blanche, et l'autre Isabelle. On donna au prince nouveau-né le nom de Louis.

Le roi, qui désirait, autant qu'il lui était possible, de maintenir la tranquillité dans son royaume, et s'assurer de la fidélité de ses sujets, fit cette année une chose qu'aucun de ses prédécesseurs n'avait osé entreprendre ; elle était contre un usage pratiqué de temps immémorial, dont la suppression devait faire de la peine à beaucoup de seigneurs ; mais, d'ailleurs, elle était d'une très-grande importance pour empêcher toutes les intrigues secrètes que les esprits factieux tâchaient toujours d'entretenir avec les ennemis de l'état.

Plusieurs seigneurs et gentilshommes français, et principalement les Normands, avaient des fiefs en Angleterre. La coutume était que, quand il y avait guerre entre les deux nations, ceux qui, en vertu de ces fiefs qu'ils possédaient dans l'un et dans l'autre royaume, étaient vassaux des deux rois, se déclarassent pour le parti de celui dont ils tenaient le plus considérable de leurs fiefs, étant par là censés être ses sujets naturels, tant que la guerre durait.

Alors le prince contre lequel ils servaient, saisissait les autres fiefs du seigneur, qui se trouvaient dans son royaume, sous la condition de les restituer après la guerre finie. Cette coutume ne s'observait pas seulement entre les rois de France et d'Angleterre, on en usait de même toutes les fois que l'empire était en guerre avec la France.

Le roi prit donc la résolution d'abolir cet usage à l'égard de l'Angleterre ; et, dans une assemblée qu'il fit de ces seigneurs qui avaient des fiefs dans les deux royaumes, il leur déclara qu'il leur laissait la liberté entière de le choisir lui, ou le roi d'Angleterre, pour leur seul et unique seigneur ; mais qu'il voulait qu'ils se déterminassent pour l'un ou pour l'autre, alléguant à propos ce passage de l'Evangile, *que personne ne peut servir deux maîtres en même temps*. Quelque intérêt qu'eussent ces seigneurs à ne pas subir cette nouvelle loi qui les privait, ou des biens qu'ils possédaient en Angleterre, ou de ceux qu'ils possédaient en France, ils s'y soumirent néanmoins, les uns par complaisance pour le roi, les autres parce qu'ils voyaient que leur résistance serait inutile. Quelques-uns passèrent au service d'Angleterre ; la plupart s'attachèrent à celui de France ; et le roi dédommagea ceux-ci de ce qu'ils perdaient, en leur donnant les terres de ceux qui le quittaient, ou d'autres récompenses. A cette nouvelle, le roi d'Angleterre, qui avait le talent de faire toujours mal ce qu'il aurait pu bien faire, se livra à toute l'impétuosité de son génie ; et, sans garder aucune mesure, ni proposer aucune option, comme avait fait le roi de France, il confisqua les terres que les seigneurs français, et principalement les Normands, possédaient dans ses états. Ceux-ci en furent tellement irrités, qu'ils firent tous leurs efforts pour engager le roi à déclarer la guerre à Henri ; mais il les adoucit par ses promesses et ses libéralités.

Tandis que Louis prenait les mesures les plus efficaces pour maintenir la tranquillité dans le royaume, l'Italie se trouvait livrée plus que jamais aux horreurs de la guerre civile, dont le pape rejetait toujours la faute sur l'empereur, et l'empereur sur le pape.

L'empereur écrivait aux princes de l'Europe qu'il était disposé à s'en rapporter aux rois de France et d'Angleterre pour ses intérêts les plus essentiels ; et le pape protestait au contraire qu'il ne demandait que l'exécution des paroles que l'empereur lui avait fait porter pour la paix, et que ce prince ne cherchait par ses feintes et ses artifices qu'à en imposer à toute l'Europe, et à réduire l'Eglise et le Saint-Siége en servitude. Il fulmina de nouveau l'excommunication contre lui. Il la fit publier partout, et même à Paris, dans les églises.

Ce fut à cette occasion qu'un curé de cette capitale fit une action aussi hardie qu'elle était peu convenable. Il monta en chaire et parla de cette sorte à ses auditeurs : « Vous saurez, mes frères, que j'ai reçu ordre de publier l'excommunication fulminée par le pape contre Frédéric, empereur, et de le faire au son des cloches, tous les cierges de mon église étant allumés. J'en ignore la cause, et je sais seulement qu'il y a entre ces deux puissances de grands différends, et une haine irréconciliable. Je sais aussi qu'un des deux a tort, mais j'ignore qui l'a des deux. C'est pourquoi, de toute ma puissance j'excommunie et je déclare excommunié celui qui fait injure à l'autre, et j'absous celui qui souffre l'injustice d'où naissent tant de maux dans la chrétienté. » Ce discours fit rire non-seulement dans l'auditoire et dans Paris, mais encore dans tous les pays étrangers. L'empereur, qui l'apprit des premiers, en fit faire au curé des complimens qu'il accompagna de présens considérables. Le pape ne goûta point la plaisanterie, et le curé, quelque temps après, fut mis en pénitence.

Cependant, l'empereur poussa si vivement le pape, qu'il fut obligé de s'enfuir d'Italie, et de venir chercher un asile en-deçà des Alpes. Il se sauva d'abord au travers de bien des dangers à Gênes, sa patrie ; mais ne se croyant pas encore en sûreté, il en partit sans trop savoir quel lieu il choisirait pour sa retraite. Son dessein était de venir en France ; mais il n'était pas sûr qu'on voulût l'y recevoir, et son incertitude n'était point sans fondement.

Soit qu'il eût déjà fait sonder le roi sur ce sujet, soit que les seigneurs de France ne fussent pas dans une disposition favorable pour lui, il ne s'adressa pas directement à ce prince, mais il prit une autre voie. Il savait que le roi avait une extrême considération pour l'ordre de Cîteaux, et qu'il devait honorer de sa présence le chapitre général qui devait s'y tenir au mois de septembre. Il engagea l'abbé et tout l'Ordre, à demander au roi son agrément pour sa retraite dans le royaume.

Le roi se rendit effectivement à Cîteaux avec la reine sa mère, les comtes d'Artois et de Poitiers, et quelques autres des principaux seigneurs de France. Comme c'était la première fois qu'il venait à cette célèbre abbaye, on l'y reçut avec les honneurs et les cérémonies dues à la majesté et à la vertu d'un si grand prince. L'abbé de Cîteaux, les abbés de l'Ordre et les religieux, au nombre de cinq cents, vinrent au-devant de lui. Le roi descendit de cheval, et reçut leurs complimens avec la plus grande bonté.

Ce prince entra dans le chapitre ; et s'y étant assis accompagné des seigneurs et de la reine sa mère, à qui, par respect pour elle, il fit prendre la première place, l'abbé de Cîteaux, à la tête de ce grand cortége d'abbés et de religieux, vint se jeter à ses pieds. Le roi, les voyant tous à genoux, se mit à genoux lui-même, les fit relever, et leur demanda ce qu'ils souhaitaient de lui. L'abbé fit un discours fort pathétique pour supplier Sa Majesté de prendre en main la cause du chef de l'Eglise, persécuté par l'empereur, et finit en le conjurant, les larmes aux yeux, de vouloir bien lui donner un asile dans son royaume. Les autres abbés et les religieux accompagnèrent le discours de l'abbé de leurs gémissemens et de leurs larmes, et firent connaître au roi que c'était une grâce que l'Ordre en général, pour lequel il avait tant de bontés, lui demandait.

Le roi leur répondit qu'il était très-édifié de l'attachement qu'ils faisaient paraître pour le père commun des Fidèles, qu'ils ne pouvaient pas douter que lui-même n'en eût aussi beaucoup, et qu'il ne fût très-sensible aux maux que souffrait le pape ; qu'il aurait égard à leur demande ; qu'il était disposé à soutenir les intérêts de l'Eglise et à la mettre à couvert de toutes sortes d'injures ; qu'il prendrait la protection du pape autant que son devoir et son honneur l'exigeaient de lui ; mais qu'il ne pouvait point recevoir le pape en France, qu'il n'eût consulté auparavant les seigneurs qui l'accompagnaient, et il ajouta qu'il ne tiendrait pas à lui que tout l'Ordre ne fût satisfait.

Mais les principaux seigneurs, consultés quelque temps après, ne furent pas d'avis que le pape vînt faire sa demeure en France. La jalousie qu'ils avaient conçue contre la puissance des ecclésiastiques dans le royaume, avec lesquels ils contestaient sans cesse sur les bornes de leur juridiction, leur fit appréhender la présence du pape, en qui cette puissance réside avec plus de plénitude. On le fit prier, comme il s'avançait vers Lyon, de ne pas passer outre. Le roi d'Angleterre et le roi d'Aragon lui refusèrent pareillement l'entrée de leurs états : de sorte qu'il fut obligé de demeurer à Lyon, qui n'était pas encore alors réuni au royaume de France. Cette ville relevait de l'empire, de manière néanmoins que l'archevêque en était le seigneur, et que les empereurs, depuis long-temps, n'y avaient aucune autorité.

Le souverain pontife ressentit vivement ce refus ; et lorsque le docteur Martin, envoyé du roi d'Angleterre, lui rapporta sa réponse, on dit que, dans sa colère, il laissa échapper ces paroles inconsidérées qui choquèrent extrêmement les souverains : *Il faut*, dit-il, *venir à bout de l'empereur, ou nous accommoder avec lui, et quand nous aurons écrasé ou adouci ce grand dragon, nous foulerons aux pieds sans crainte tous ces petits serpens.* Dès lors il résolut de faire son séjour à Lyon, et d'y assembler un concile pour y citer Frédéric, et l'y déposer, s'il refusait de s'accommoder avec le Saint-Siége.

Mais, sur ces entrefaites, il survint un accident qui jeta toute la France dans la plus extrême consternation. Le roi fut attaqué à Pontoise (Joinville dit à Paris) d'une dyssenterie cruelle, jointe à une fièvre ardente, qui fit en peu de jours désespérer de sa vie. Il se condamna lui-même ; et, après avoir donné quelques ordres sur des affaires importantes, il ne pensa plus qu'à paraître au jugement de Dieu, et sans attendre qu'on l'avertît de son devoir, il demanda et reçut avec les plus grands sentimens de piété les sacremens de l'Eglise.

C'est en ces tristes occasions que paraissent l'estime et l'amour que les peuples ont pour leur souverain, et jamais on n'en vit de plus sensibles et de plus sincères marques qu'en celle-ci. L'affliction était générale par toute la France. La noblesse, les ecclésiastiques, le peuple, prenaient également part à ce malheur public. Les églises ne désemplissaient point ; on faisait partout des prières et des processions ; on venait en foule de toutes les provinces, chacun voulant s'instruire par soi-même de l'état où ce prince se trouvait. Il tomba dans une si profonde léthargie, qu'on fut en doute s'il était mort : de sorte qu'une dame de la cour, qui l'avait toujours soigné pendant sa maladie, voulut lui couvrir le visage ; mais une autre s'y opposa, soutenant qu'il n'était pas encore mort : il fut un jour dans cet état, et le bruit de sa mort se répandit par toute l'Europe. La reine-mère ordonna qu'on exposât la châsse de Saint-Denis ; elle fit apporter le morceau de la vraie croix et les autres reliques qu'on avait eues de l'empereur Baudouin, et les fit mettre sur le lit du malade, en faisant hautement à Dieu cette fervente prière : *Seigneur, glorifiez, non pas nous, mais votre saint nom ; sauvez aujourd'hui le royaume de France que vous avez toujours protégé.* Le roi revint à l'instant de son assoupissement, ce qui fut regardé de tout le monde comme un effet miraculeux opéré par ces sacrés monumens de la passion du Sauveur du monde. Les premières paroles que ce prince proféra dans ce moment, furent pour demander à Guillaume d'Auvergne, évêque de Paris, homme célèbre par ses écrits et par la sainteté de sa vie, la croix, pour faire voeu, en la prenant, d'aller au secours des Chrétiens de la Terre-Sainte, avec résolution d'employer ses armes et la vie qui lui avait été rendue, à les délivrer de la tyrannie des infidèles. Ce fut en vain que le sage prélat lui représenta les suites d'un si grand engagement : il insista d'un air si touchant et si impérieux tout ensemble, que Guillaume lui donna cette croix si désirée. Il la reçut avec un profond respect, la baisa, et assura qu'il était guéri. En effet, son mal diminua considérablement. Dès que sa santé fut affermie, il vint à Paris goûter le plus grand plaisir qui puisse toucher un bon roi : il connut qu'il était tendrement aimé. L'empressement tumultueux du peuple, les transports inouïs d'allégresse, et la joie répandue sur tous les visages lui firent mieux sentir la place qu'il occupait dans tous les coeurs, que n'eussent pu faire des arcs de triomphe, des fêtes ou des harangues étudiées. Aussi s'appliqua-t-il plus que jamais au bonheur de ce même peuple, aux prières duquel il ne doutait pas qu'il eût été rendu.

Le voeu que le roi venait de faire diminua de beaucoup la joie que le retour de sa santé avait donné à toute la cour. La reine-mère qui prévoyait qu'il accomplirait infailliblement cette promesse, en parut presque aussi consternée qu'elle l'avait été du danger extrême où elle l'avait vu quelques momens auparant. Le roi, après deux mois de convalescence, se trouva parfaitement rétabli : il n'exécuta pas néanmoins sitôt son dessein. Les préparatifs pour une expédition si importante, et d'autres affaires, lui firent différer le voyage pendant deux ans et demi ; et, en attendant, il demanda au pape des missionnaires pour prêcher la croisade dans le royaume, et s'appliqua, durant cet intervalle, à mettre la France en état de se passer de sa présence.

Cependant toute l'Europe était attentive à ce qui se passait au concile convoqué à Lyon par le pape Innocent IV. Il avait commencé à la fin du mois de juin de l'année 1245.[19]

Le but de ce concile n'était pas seulement de terminer les différends de l'empereur Frédéric avec le Saint-Siége, et de rendre la paix à l'Eglise, mais encore d'unir tous les princes chrétiens entre eux pour la défense de la religion contre les Infidèles. L'engagement que le roi avait déjà pris par son voeu était un grand exemple, et l'on peut même assurer que, sans lui, tous les efforts et toutes les bonnes intentions du pape auraient eu peu d'effet.

La première de ces deux importantes affaires fut celle qui occupa d'abord le concile ; il ne s'agissait pas moins que de la déposition de l'empereur. Je n'entrerai point dans le détail de tout ce qui s'y passa : cela m'éloignerait trop de mon sujet. Je dirai seulement qu'après plusieurs sessions on alla aux suffrages, et la condamnation ainsi que la déposition de l'empereur furent résolues. Ensuite le pape prononça le jugement par lequel il déclara Frédéric déchu de l'empire et de ses états, défendant à tous les fidèles de le reconnaître désormais pour empereur ni pour roi ; il dispensait tous ses sujets du serment de fidelité qu'ils lui avaient fait, et ordonnait aux électeurs de l'empire de procéder à l'élection d'un nouvel empereur.

---

[19] Ce fut à ce concile que le pape donna le chapeau rouge aux cardinaux.

Frédéric était à Turin lorsqu'il apprit cette nouvelle. On peut s'imaginer les mouvemens qu'elle produisit dans le coeur d'un prince aussi violent que lui. S'étant un peu calmé, il se fit apporter la couronne impériale ; et, la mettant sur sa tête, il dit : *La voilà cette couronne qu'on veut m'enlever, et il y aura bien du sang répandu avant quelle m'échappe.*

Cette menace n'eut que trop d'effet ; mais, pour prévenir l'impression que pourrait faire dans l'Europe la publication de ce jugement du pape, Frédéric écrivit une lettre circulaire à tous les princes, pour leur faire comprendre les conséquences de cette entreprise ; qu'il s'agissait dans cette affaire, non pas de son intérêt particulier, mais de celui des rois, qui devaient tout appréhender d'un homme qui traitait si outrageusement le premier des souverains.

Outre cette lettre circulaire, Frédéric en écrivit une particulière au roi de France, où, répétant les principales choses qui regardaient l'intérêt commun que tous les souverains avaient de ne pas souffrir que les papes osassent attaquer ainsi les têtes couronnées ; il lui faisait remarquer que, quoique par l'usage le couronnement des empereurs appartînt au pape, il ne leur donnait nul droit sur leurs couronnes et sur leur puissance temporelle, et qu'en vertu de cette cérémonie il ne pouvait pas plus les en dépouiller qu'un évêque particulier du royaume ne pouvait détrôner le roi qu'il aurait couronné. Ensuite il lui représentait la nullité des procédures qu'on avait faites contre lui, le priant de se souvenir de l'étroite alliance qu'il y avait depuis si long-temps entre les empereurs de sa maison et les rois de France. On voit encore une lettre de Frédéric sur le même sujet, qui fut apportée par Pierre Desvignes, son chancelier, à saint Louis, où l'empereur le faisait juge, avec les pairs laïques et la noblesse de France, de la justice de sa cause.

On ne sait point en détail ce que le roi répondit à ces lettres ; mais on sait seulement, par le témoignage d'un auteur contemporain,[20] qu'il était fort mécontent de la conduite du pape en cette occasion ; et, comme il désapprouvait aussi beaucoup certains emportemens de Frédéric, il ne prit alors aucun parti dans cette affaire, et résolut de garder la neutralité. Il eut cependant au mois de novembre de cette année une conférence avec le pape, dans l'abbaye de Cluny, sur les moyens de rétablir la paix dans l'Eglise. La reine-mère fut seule admise à cette conférence, et le secret qu'on affecta de garder sur ce qui y avait été traité donna lieu à bien des conjectures. Ce qu'on sait seulement par une lettre de Frédéric au roi d'Angleterre, c'est que le pape ne put être fléchi par les prières du roi, et qu'il ne voulut entendre parler d'aucun accommodement, à moins que Frédéric ne se soumît absolument, et sans restriction, à ce qu'il plairait au pape de déterminer touchant les villes de Lombardie qui s'étaient depuis longtemps révoltées contre l'empereur.

Louis, de retour à Paris, et toujours occupé de la pensée de la croisade, fit, à cette occasion, un trait de plaisanterie à ses courtisans qui en engagea quelques-uns à se croiser, autant par respect humain, que par dévotion.

C'était la coutume que le roi, aux fêtes de Noël, fît présent aux seigneurs qui étaient à sa cour, de certaines capes, ou casaques, dont ils se revêtaient sur-le-champ : c'est ce qui, dans les anciens comtes de la maison du roi, est appelé du nom de livrée, parce que le roi donnait ou livrait lui-même ces habits aux seigneurs. Il en avait fait faire un plus grand nombre, et d'étoffes plus précieuses qu'à l'ordinaire. La veille de Noël, qu'il avait destinée à cette distribution, il fit savoir qu'il irait à la messe de grand matin.

---

[20] Chronicon Abbatiae Senonensis in Vosago, lib. 4.

Les seigneurs se rendirent de bonne heure dans sa chambre, où l'on avait affecté d'avoir peu de lumière. Le roi leur distribua ces capes ; et, après qu'ils les eurent prises, ils le suivirent à la messe. Quand il fut jour, ou bien à la clarté des cierges de l'Eglise, chacun remarqua à l'endroit de la cape qui répondait à l'épaule de ceux qui étaient devant lui, des croix en belle broderie d'or, et s'aperçurent qu'ils en avaient autant sur la leur. Ils comprirent la pensée du roi, et en rirent avec lui au sortir de la messe ; mais il n'y eut pas moyen de s'en défendre.

Au commencement de cette année, le roi fit épouser à Charles de France, son frère, Béatrix, quatrième fille du comte de Provence, soeur de la reine de France, de la reine d'Angleterre et de l'épouse de Richard, frère du roi d'Angleterre. Le comte de Provence étant mort dans les derniers jours de l'année précédente, le roi fit marcher des troupes du côté de la Provence pour s'en saisir comme d'un bien appartenant à la reine sa femme, fille aînée du comte, et par conséquent son héritière. Charles fut reconnu comte de Provence, et mis en possession de toutes les places. Par ce mariage, la Provence qui avait été usurpée sur la France, après la mort de Louis-le-Bègue, et en avait toujours été séparée depuis, rentra dans la maison royale de France, plus de trois cents ans après cette séparation.

Le roi, dans la même année y fit chevalier, à Melun, le nouveau comte de Provence, et l'investit des comtés d'Anjou et du Maine, lui assigna sur son épargne une pension considérable, et le rendit un prince très-puissant.

Ces differens soins, et le gouvernement de l'état, n'empêchèrent pas Louis de se préparer au voyage d'outre-mer, quelques efforts que la reine sa mère pût faire pour l'en détourner. Elle ne cessait de lui répéter qu'un voeu, fait dans l'extrémité où sa maladie l'avait réduit, c'est-à-dire dans un moment où la tête n'est pas bien libre, n'était en aucune façon capable de le lier ; que le seul intérêt du royaume, sans autre dispense, suffisait pour l'en dégager ; que tout demandait sa présence, tant au dedans qu'au dehors ; l'infidélité des Poitevins qui n'obéissaient qu'avec regret ; les mouvemens du Languedoc qui n'étaient qu'assoupis ; l'animosité de l'Angleterre ; l'irréconciliable inimitié du pape et de l'empereur, qui mettait l'Allemagne et l'Italie en combustion ; l'intérêt de ses peuples qui ne devaient pas lui être moins chers que les chrétiens de l'Orient ; sa tendresse pour sa famille, que son absence exposait peut être, par la suite, à toutes sortes de malheurs ; enfin les larmes d'une mère qui n'avait plus guère à vivre, et qui regardait cette séparation comme devant être à son égard sans retour. Blanche n'était pas seule de son opinion : la plupart des seigneurs pensaient comme elle. Ils vinrent avec elle trouver le roi, et lui firent les remontrances les plus vives sur le danger d'une pareille émigration. Ils lui représentèrent les difficultés extrêmes que l'on trouverait à y réussir ; l'éloignement des lieux où l'on allait porter la guerre ; le péril du transport des troupes au-delà des mers, ou de leur marche au travers des pays habités par des peuples barbares, ennemis ou suspects ; le mauvais succès de tant de semblables entreprises, où les plus belles et les plus nombreuses armées avaient péri, partie par le fer, partie par la famine ou par les maladies.

La reine avait attiré l'évêque de Paris dans son sentiment ; et, comme c'était lui qui avait donné la croix au roi dans sa maladie, il vint le trouver avec la reine. Ce sage prélat employa en vain tout ce que la raison a de plus convaincant, et l'éloquence de plus séduisant. Louis parut touché, mais il ne fut point ébranlé. « Eh bien! dit-il, la voilà, cette croix que j'ai prise dans une circonstance où, selon vous, je n'avais pas une entière liberté d'esprit. Je vous la remets ; mais en même temps, si vous êtes mes amis, et si j'ai quelque pouvoir sur vous, ne me refusez pas la grâce que je vous demande : c'est de recevoir le voeu que je fais de nouveau d'aller combattre les infidèles. Pouvez-vous douter que je n'aie actuellement toute la connaissance requise pour contracter un engagement ? Rendez-moi donc cette sainte croix ; il y va de ma vie. Je vous déclare que je ne prendrai aucune nourriture que je ne me revoie possesseur de cette précieuse marque de la milice du Seigneur. » Personne n'osa répliquer. Chacun se retira en versant des larmes, et l'on ne pensa plus qu'à seconder les soins que le monarque prenait de hâter l'exécution d'un dessein qui paraissait venir de Dieu.

Pour augmenter le trésor que le roi avait amassé dans cette vue, on imposa une taxe sur tout le clergé, tant séculier que régulier : elle était de la dîme de leur revenu, ce qui causa de grands murmures dans ce corps, qui avait jusque-là fort applaudi à la croisade, mais dont le zèle n'allait pas toujours jusqu'au parfait désintéressement.[21] Ils étaient encore fort choqués de ce que cette levée se faisait par les commissaires du pape, qui imposaient en même temps une autre taxe pour avoir de quoi se maintenir contre l'empereur. Mais le roi, sur les remontrances qu'on lui fit, empêcha cette seconde levée, ne voulant pas, disait-il, qu'on appauvrît les églises de son royaume, pour faire la guerre à des chrétiens : c'est-à-dire à l'empereur. En vain Innocent lui envoya plusieurs légats pour le supplier de lui permettre au moins de faire un emprunt sur les évêques ; il fut inflexible, et le bien de ses sujets l'emporta dans son coeur sur le respect qu'il eut toute sa vie pour le premier pontife de la religion.

Cependant Louis ayant formé le dessein de débarquer au royaume de Chypre, où Henri, de la maison de Lusignan, régnait alors, fit faire, avec l'agrément de ce prince, de prodigieux magasins dans cette île, et fréter partout des vaisseaux qui devaient se rendre à Aiguemortes, sur la

---

[21] Daniel, tom. III, édition de 1722, p. 145.

Méditerranée, où l'embarquement de l'armée française devait avoir lieu. L'empereur Frédéric le seconda généreusement, ayant donné ordre dans tous ses ports de fournir aux munitionnaires de France des blés, des vivres, des vaisseaux, et toutes les choses dont ils auraient besoin.

Comme le roi d'Angleterre était l'unique voisin que le roi eût à craindre pour son royaume, durant son absence, et que la trêve faite avec lui, après la journée de Taillebourg, était sur le point de finir, un de ses principaux soins fut d'en assurer la prolongation. Après plusieurs négociations la trêve fut faite, et le pape s'en rendit le garant.

Le roi menait avec lui le comte de la Marche et le comte Pierre de Bretagne, les deux plus grands brouillons de son état ; mais le comte de Toulouse, auquel il ne se fiait guère davantage, n'avait point encore pris, du moins de concert avec lui, la même résolution. Il fallut l'engager à accomplir son voeu dans une occasion si favorable, qu'il ne pouvait pas refuser avec honneur sans indisposer son souverain contre lui. Il promit au roi de le suivre, et ce prince lui prêta de l'argent pour faire ses préparatifs : néanmoins, n'ayant pu les achever lorsque le roi partit, le comte retarda son voyage jusqu'à l'année suivante.

En tout cela le roi agissait en prince sage, mais il paraissait encore dans toute sa conduite autant de piété que de prudence. Lorsqu'il fut proche de son départ, il se fit une loi qu'il garda toute sa vie, de ne plus se vêtir d'écarlate ni d'aucune autre étoffe précieuse. Il ne portait plus d'éperons dorés ; il affectait une extrême simplicité jusque dans ses armes, dans les harnais des chevaux qu'il montait, faisant donner exactement aux pauvres ce qu'il épargnait par cette pieuse modestie. On remarquait dans tout son extérieur un air de pénitence et d'humilité qui marquait parfaitement que le désir de la gloire n'avait aucune part dans l'expédition qu'il méditait.

Il juge un grand différend entre les comtés de Flandre et de Hainaut

Cependant, avant de partir, il termina un différend qui faisait alors beaucoup de bruit en Flandre, et qui aurait pu causer une guerre entre ses vassaux.

Jeanne, comtesse de Flandre, était morte sans laisser d'enfans, ni de Ferrand de Portugal, son premier mari, ni de Thomas de Savoie, son second ; celui-ci n'avait remporté de cette alliance d'autre avantage que le titre de comte et une pension de 6,000 livres.

Marguerite, soeur de la comtesse, lui succéda, paya le rachat de la pension, fit son hommage au roi de France, et se soumit au traité fait au commencement du règne de Louis, pour la liberté de Ferrand. Elle eut des enfans de deux maris, dont le premier vécut même long-temps après le second : c'est ce qui donna naissance à cette fameuse querelle dont il est ici question. Voici comme elle est rapportée dans les chroniques de Flandre[22] :

« Baudouin 1er, empereur de Constantinople, père des deux princesses, Jeanne et Marguerite de Flandre, les avait mises sous la tutelle de Philippe, comte de Namur, son frère ;

---

[22] *Chron. Flam.*, p. 26.

celui-ci les remit entre les mains de Philippe-Auguste, roi de France, qui lui-même les rendit aux Flamands. Jeanne, avec l'agrément du monarque, épousa Ferrand de Portugal. Marguerite, trop jeune encore, fut confiée à la garde de Bouchard d'Avesnes. C'était un seigneur bien fait, de beaucoup de mérite, à qui l'on ne pouvait reprocher autre chose que de s'être chargé d'un grand nombre de bénéfices qui l'obligèrent même d'entrer dans les ordres sacrés.

« Embarrassé de la multitude de ceux qui prétendaient à l'alliance de sa pupille, il consulta Mathilde, veuve de Philippe d'Alsace, oncle de la jeune princesse ; il en était fort estimé : elle lur fit entendre qu'il pouvait les accorder en se mettant lui-même sur les rangs. Il n'en fallut pas davantage pour lui faire oublier ce qu'il était. Il demande Marguerite ; il l'obtient sans aucune contradiction, et l'épouse clandestinement selon quelques auteurs, et publiquement selon quelques autres.

« La réflexion suit de près la faute : elle lui rappelle son sous-diaconat. Il part pour Rome, et court aux pieds du pape demander dispense et pardon. On veut bien lui faire grâce, à condition qu'il ira passer un an dans la Terre-Sainte ; qu'il remettra la princesse entre les mains de ses parens, et qu'il leur fera satisfaction d'un tel outrage. Il promit tout, et peut être de bonne foi ; mais un regard de Marguerite, et le tendre accueil qu'elle lui fit à son retour, firent évanouir ses belles résolutions : il proteste qu'il préférerait la mort au malheur d'être séparé d'elle. Aussitôt il se vit frappé de tous les foudres ecclésiastiques, qui n'empêchèrent pas néanmoins qu'il ne naquit trois enfans de ce mariage, illégitime. Cependant cette passion si tendre, qui avait résisté à toute la sévérité des lois, ne put tenir contre le temps, et s'éteignit tout-à-coup. Les deux époux se séparèrent, et Marguerite, devenue libre, accepta la main de Guillaume de Dampierre, fils de Guy, sire de Bourbon, dont elle eut cinq enfans. Alors la tendresse de Bouchard se ralluma plus vive que jamais. Il écrivit à la princesse, lui fit mille reproches ; mais il n'en tira d'autre réponse, sinon qu'il pouvait aller gagner les distributions de ses chanoines ; que pour elle il ne lui paraissait pas qu'il manquât rien à son bonheur.

« La mort de ce second mari mit toute la Flandre en combustion. Les d'Avesnes, enfans de Bouchard, et les Dampierre, nés de Guillaume, prétendirent, au préjudice les uns des autres, posséder les comtés de Flandre et de Hainaut, qui regardaient l'aîné des fils de Marguerite, après la mort de cette princesse. On courut aux armes : on ne voyait partout que ravages et désolation. On convint enfin de part et d'autre de s'en rapporter au jugement du roi de France et du légat Odon ; les princes intéressés, la comtesse leur mère, les seigneurs de toutes les villes des deux comtés, s'obligèrent par serment d'acquiescer entièrement à la décision du monarque. »

Louis, tout mûrement considéré, et la bonne foi de la mère, et le bien de la paix préférable à tout intérêt particulier, adjugea la Flandre à l'aîné des Dampierre, et le Hainaut au premier des d'Avesnes. Tout le monde applaudit à la sagesse du juge, et la tranquillité fut rétablie en Flandre, du moins pour quelques années.

Cependant le roi continuait ses préparatifs pour l'accomplissement de la croisade. Dès le mois d'août de l'année précédente, le pape, à sa prière, avait envoyé en France, en qualité de légat, le cardinal Eudes de Château-Roux, évêque de Toulouse, pour prêcher la croisade. Il était Français de nation, et avait été chancelier de l'Eglise de Paris. Peu de temps après son arrivée, au commencement d'octobre, le roi tint à Paris un parlement, c'est-à-dire, une grande assemblée d'évêques, d'abbés, de seigneurs et de la principale noblesse de France, où le légat commença à faire les fonctions de sa mission.

Comme il fut parfaitement secondé de l'autorité, de l'exemple et des discours du roi, son zèle eut tout le succès qu'il pouvait désirer ; chacun s'enrôla à l'envi pour le secours de la Terre-Sainte, et l'on vit renaître dans le coeur des Français l'ancienne ardeur de ces expéditions d'outre-mer, si coûteuses dans leurs préparatifs, toujours si malheureuses dans l'exécution. Les plus illustres d'entre ceux qui prirent la croix, à l'exemple du monarque, furent les trois princes ses frères, Robert, Alphonse et Charles ; Pierre, comte de Bretagne, et Jean son fils ; Hugues, duc de Bourgogne ; Guillaume de Dampierre, comte de Flandre ; le vaillant comte de Saint-Pol, et Gaucher de Châtillon, son neveu ; Hugues de Lusignan, comte de la Marche, et Hugues le Brun, son fils aîné ; les comtes de Dreux, de Bar, de Soissons, de Réthel, de Montfort et de Vendôme ; le sire Imbert de Beaujeu, connétable ; Jean de Beaumont, grand chambellan ; Philippe de Courtenay, Archambaud de Bourbon, Raoul de Courcy, Jean Desbarres, Gaubert d'Apremont et ses frères, Gilles de Mailly, Robert de Béthune, Hugues de Noailles, et Jean, sire de Joinville, dont l'histoire qu'il nous a donnée de cette croisade est d'un style si naïf qu'elle porte le sceau de la sincérité et de la vérité. On nomme, parmi les prélats qui se croisèrent, Juhel de Mayenne, archevêque de Reims ; Guillaume Berruyer, archevêque de Bourges ; Robert de Cressonsac, évêque de Beauvais ; Garnier, évêque de Laon ; Guillaume de Bussy, évêque d'Orléans ; Hugues de la Tour, évêque de Clermont, et Guy du Châtel ou de Châtillon, évêque de Soissons. Car on était persuadé, par l'usage de deux siècles, que, quoique l'Eglise défendît aux prêtres d'aller à la guerre, il en fallait excepter les expéditions contre les infidèles, parce que c'était courir au martyre.

On peut juger de l'effet que produisit sur la simple noblesse et sur le peuple l'exemple des princes, des premiers seigneurs de l'état, et des évêques. Partout où la croisade fut prêchée, on vint en foule prendre la croix, et le roi eut de quoi choisir parmi tous ceux qui se présentèrent, pour former une nombreuse et florissante armée.

Cette croisade produisait réellement de très-bons effets : ceux qui s'y enrôlaient satisfaisaient aux devoirs de chrétien, dont les moins scrupuleux et les moins exacts s'acquittaient d'ordinaire fidèlement. Les périls extrêmes qu'ils allaient courir, la résolution ou ils étaient de prodiguer leur vie et d'acquérir la couronne du martyre en combattant contre les infidèles, faisaient qu'ils se préparaient à ce voyage comme à la mort, ils mettaient ordre à leurs affaires domestiques, et plusieurs faisaient leur testament ; ils se réconciliaient avec leurs ennemis, mais surtout ils avaient grand soin de restituer le bien mal acquis, et d'examiner s'ils n'avaient rien à se reprocher en cette matière. Le sire de Joinville raconte de lui-même ce qu'il fit avant de partir, en ces termes :

« Je fus toute la semaine à faire fêtes et banquets avec mon frère de Vauquelour et tous les riches hommes du pays qui là étoient, et disoient après que avions bu et mangé chansons les uns après les autres, et demenoient grande joie chacun de sa part, et quand ce vint le vendredi, je leur dis : Seigneurs, saichés que je m'en vais outre-mer, je ne sçai si je reviendrai jamais ou non ; pourtant, s'il y a nul à qui j'aye jamais fait aucun tort, et qu'il veuille se plaindre de moi, se tire avant, car je le veux amander, ainsi que j'ai coutume de faire à ceux qui se plaignent de moi ne de mes gens, et ainsi le feys par commun dit des gens du pays et de ma terre. Et afin que je n'eusse point de support, leur conseil tenant, je me tirai à quartier, et en voulus croire tout ce qu'ils en rapporteroient sans contredict ; et le faisoye, parce que je ne vouloye emporter un seul denier à tort. Et pour faire mon cas, je engaigé à mes amis grande quantité de ma terre, tant qu'il ne me demoura point plus haut de douze cents livres de terre de rente : car madame ma mère vivoit encore qui tenoit la plupart de mes choses en douaire. »

Le religieux monarque donnait lui-même l'exemple de ces oeuvres de piété, moins pour se conformer à la coutume usitée dans ces sortes d'occasions, que par la disposition de son coeur à la plus exacte justice. Son principal soin fut de découvrir et de réparer les désordres commis par ses officiers. Il envoya des commissaires dans toutes les provinces pour s'informer s'il n'y avait rien de mal acquis dans ses domaines. On ne voit pas même qu'il s'en soit fié à ces premiers envoyés : il fit partir secrètement de saints ecclésiastiques et de bons religieux, pour aller faire les mêmes informations, afin de voir par leur rapport si ceux qu'il croyait gens de bien n'étaient pas eux-mêmes corrompus. Il y eut très-peu de plaintes, et, dans ce petit nombre, celles qui se trouvèrent fondées, obtinrent les satisfactions convenables.

Le roi, tout occupé qu'il était des préparatifs de son voyage, ne voyait qu'avec une extrême douleur les maux de l'Eglise se perpétuer par la guerre cruelle que le pape et l'empereur se faisaient l'un à l'autre, et qui produisirent même des deux côtés, des conjurations contre leurs propres personnes.

Henri, landgrave de Thuringe, après la déposition de Frédéric, avait été élu empereur en sa place par les archevêques de Cologne et de Mayence, et par quelques autres princes de l'empire. Depuis son élection, Henri avait remporté une victoire sur Conrad, fils de Frédéric, auquel, par cette circonstance, le pape était devenu plus redoutable qu'auparavant. Frédéric espéra que Louis, dans la conjoncture du grand service qu'il allait rendre à la religion, pourrait, par de nouvelles instances, gagner quelque chose sur l'esprit du souverain pontife. Il écrivit au roi pour lui demander de nouveau sa médiation. Il lui donna plein pouvoir d'offrir en son nom au pape toutes sortes de soumissions, et d'aller consacrer le reste de ses jours au service de Dieu dans la Palestine, à condition seulement que le pape lui donnât l'absolution, et qu'il fît empereur, à sa place, son fils Conrad.

Ces offres avaient de quoi toucher, ou du moins éblouir le pape, mais il ne craignait guère moins le fils que le père ; et, dans une entrevue qu'il eut avec le roi, à Cluny, il lui répondit que c'était là un des artifices ordinaires de Frédéric, auquel il était bien résolu de ne pas se laisser surprendre ; que les parjures de ce prince devaient lui avoir ôté toute créance, qu'au reste il s'agissait de la cause de l'Eglise, dans laquelle rien n'ébranlerait jamais sa fermeté.

Le roi lui répliqua que, quelque grandes que fussent les fautes que Frédéric avait commises contre l'Eglise, on ne devait point lui ôter toute espérance de pardon ; que Jésus-Christ, dont les papes étaient les vicaires sur la terre, avait ordonné de pardonner autant de fois que le pécheur se reconnaîtrait ; que la réconciliation de ce prince était de la dernière importance pour le bien de l'Eglise, et en particulier pour la guerre sainte ; que Frédéric était le maître de la Méditerranée, et qu'il était en état de beaucoup contribuer au succès de cette entreprise, ou de beaucoup y nuire. Ecoutez mes prières, lui dit le saint roi, celles de tant de milliers de pélerins qui attendent un passage favorable, celles enfin de toute l'Eglise qui vous demande par ma voix de ne pas rejeter des soumissions que Dieu ne rejette peut-être pas. Tout ce qu'il put dire fut inutile. Le pape fut inflexible ; il ne voulut rien écouter, et le roi sortit de cette conférence avec quelque indignation.

On ne saurait trop admirer, dans ces occurrences, la sagesse du roi. Il était assez puissant pour faire pencher la balance en faveur de celui dont il voudrait prendre le parti ; mais il voulut la laisser dans l'équilibre, par la crainte qu'il eut que la justice ne fût pas du côté de celui qu'il soutiendrait. Il ne faut pas douter que ses lumières et sa prudence ne lui eussent fait connaître que le pape et Frédéric avaient tort chacun de leur part, et qu'ils poussaient leurs prétentions au-delà des véritables bornes de la justice. C'est pourquoi il attendit avec résignation ce que la Providence en devait ordonner.

Après trois années de préparatifs, tous les vaisseaux destinés pour le voyage de la Terre-Sainte étant assemblés à Aiguemortes, où les croisés se rendaient de toutes parts, le roi, qui était alors âgé de trente-trois ans, se mit en état de partir. Il manda à Paris ses barons, leur fit faire hommage et serment de fidélité, et obligea ceux qui demeuraient en France de jurer qu'ils ne feraient rien contre son service, pendant son voyage, et garderaient fidélité et loyauté aux deux princes ses enfans, Louis et Philippe, qu'il laissait en France.

Il se rendit ensuite à Saint-Denis pour y prendre, selon la coutume, l'oriflamme, qui était l'étendard royal, le bourdon, et les autres marques de pélerin de la Terre-Sainte. Il les reçut par les mains d'Odon, cardinal-légat, qui devait l'accompagner pendant tout le voyage, et se mit en marche au mois de juin, le vendredi d'après la Pentecôte de l'année 1248. De là, conduit par le clergé, la cour et la ville, il alla monter à cheval à l'abbaye de Saint-Antoine, et prit le chemin de Corbeil, où les deux reines devaient se rendre le lendemain.

Etant arrivé à Corbeil, il y déclara régente la reine sa mère. La sagesse de cette princesse, ses lumières, sa prudence, une expérience de vingt-deux années dans le gouvernement, tout contribuait à persuader au roi qu'il ne pouvait mettre l'état en de meilleures mains. Il lui fit expédier des lettres-patentes par lesquelles il lui donnait le pouvoir de se former un conseil, d'y admettre ou d'en exclure ceux qu'elle jugerait à propos, d'établir et de révoquer les baillis, les châtelains, les forestiers par tout le royaume, de conférer les charges et les bénéfices vacans, de recevoir, en vertu de la régale, les sermens de fidélité des évêques et des abbés, en un mot tout l'exercice de l'autorité royale.

Quoique Alphonse, comte de Poitiers, frère du roi, eût pris la croix avec les autres princes et seigneurs, il jugea à propos qu'il différât d'un an son voyage, pour aider la reine-mère de ses conseils et de son autorité dans les commencemens de sa régence. La jeune reine Marguerite, oubliant la délicatesse de son sexe, voulut absolument suivre le roi son mari. La comtesse d'Anjou imita son exemple. La comtesse d'Artois prit la même résolution ; mais, étant enceinte, et se trouvant trop proche de son terme, on ne voulut pas lui permettre de s'embarquer en cet état. Elle retourna à Paris, et ne fit son voyage que l'année suivante, avec le comte de Poitiers.

Le roi continua sa route, par la Bourgogne, jusqu'à Cluny, où il eut encore diverses conférences avec le pape, principalement sur l'accommodement de Frédéric avec le Saint-Siége ; mais elles furent aussi inutiles que les précédentes, nonobstant la mort de Henri, landgrave de Hesse, qui fut une fâcheuse circonstance pour le pape. Il fit élire à sa place roi des Romains, Guillaume, comte de Hollande, qu'il opposa de nouveau à Frédéric. Il donna sa parole au roi d'employer toute son autorité pontificale pour empêcher que personne, et en particulier le roi d'Angleterre, ne fît aucune entreprise contre la France.

Le roi ayant reçu la bénédiction du pape, continua son voyage. Il fit forcer en chemin faisant la Roche-de-Gluy, qui était un château dont le seigneur, nommé Roger de Clorége,[23] faisait de grandes vexations aux passagers et aux pélerins de la Terre-Sainte, volait et pillait tous les marchands qui passaient sur ses terres. Le roi en fit une

---

[23] Guillaume de Nangis, p. 246.

sévère justice : une partie du château fut rasée, et le tyran forcé de restituer ce qu'il avait pris.

LE ROI PART POUR LA TERRE-SAINTE

Le roi étant arrivé à Aiguemortes, où tout était prêt, il s'embarqua le vingt-cinq d'août, et après avoir attendu deux jours à l'ancre un vent favorable, il fit voile avec une très-belle armée et une flotte parfaitement bien équipée.

Le trajet fut de trois semaines, et le roi arriva heureusement en Chypre vers le vingt de septembre, au port de Limesson, sur la côte orientale de l'île, où Henri de Lusignan, roi de Chypre, le reçut à la tête de la noblesse de son royaume. Ce prince avait aussi pris la croix, et il avait promis au roi de le suivre dans son expédition, dès qu'on aurait résolu de quel côté on porterait la guerre. Il conduisit le roi à Nicosie, capitale de son royaume, et le logea dans son palais. Toute l'armée mit pied à terre les jours suivans, et se reposa des fatigues de la mer. Les provisions de bouche s'y trouvèrent en abondance : on ne se lassait point, dit Joinville,[24] de voir et d'admirer les magasins que les pourvoyeurs français avaient faits : c'étaient, d'un côté, des milliers de tonneaux de vin posés les uns sur les autres avec tant d'ordre, qu'on eût pu les prendre pour de grandes maisons artistement étagées ; de l'autre, des amas prodigieux de blés qui formaient, au milieu des champs, comme autant de grosses montagnes couvertes d'une herbe verte, parce que les pluies en avaient fait germer la superficie, ce qui les conserva toujours beaux et frais jusqu'à ce qu'on voulût les transporter à la suite des troupes. Mais, quoiqu'on n'eût rien à souffrir de la disette, le

---

[24] Guillaume de Nangis, page 25.

changement d'air, les mauvaises eaux, la bonne chère peut-être, et la débauche, causèrent une espèce de peste qui emporta beaucoup de monde. Les comtes de Dreux, de Montfort et de Vendôme, Archambaud de Bourbon, Robert, évêque de Beauvais, Guillaume Desbarres, et près de deux cent cinquante chevaliers, en moururent. Le saint roi ne s'épargnait pas dans cette désolation publique : il allait lui-même visiter les malades, les consoler sans craindre de gagner leur mal ; il donnait de l'argent aux uns, des médicamens aux autres ; il les exhortait tous à profiter de leur état en l'offrant à Dieu, qui, content de leur bonne volonté, les voulait couronner avant même qu'ils eussent combattu.

C'était contre son inclination que le roi avait pris le parti de passer l'hiver en Chypre. Quoique la moitié des croisés ne fût pas encore arrivée, *si n'eussent été ses parens et ses proches*, dit Joinville, *il fût hardiment parti seul et avec peu de compagnie*. Mais il sut utilement employer ce délai qui coûtait tant à son coeur. Les fonds de la plupart des croisés se trouvaient considérablement diminués par ce long séjour que personne n'avait pu prévoir ; il profita de la circonstance pour se les attacher. Joinville n'avait plus que douze vingts livres tournois d'or : cependant il fallait faire subsister ses dix chevaliers ; plusieurs menaçaient de le quitter. *Lors*, dit-il, *je fus un peu ébahi en mon courage, mais toujours avois fiance en Dieu. Quand le bon roi sçut ma destinée, il m'envoya quérir, me retint à lui, et me donna huit cents tournois.*[25] Guillaume de Dampierre, Gaucher de Châtillon, Raoul de Coucy, et beaucoup d'autres seigneurs, se voyaient dans le même embarras que le sire de Joinville : le généreux monarque s'obligea pour eux à des

---

[25] Il faut observer que tous les seigneurs qui s'étaient croisés, et qui avaient suivi le roi, ne recevaient aucune paye : ils vivaient à leurs dépens, et entretenaient leurs chevaliers.

marchands italiens, parmi lesquels on compte des Spinola et des Doria, noms qui sont devenus depuis si célèbres.

Le mélange des Latins avec les Grecs avait fait naître de grands différends entre les insulaires. Les Grecs, par les soins du roi, revinrent de leur schisme, abjurèrent les erreurs qu'ils y avaient ajoutées, et leur archevêque y fut rétabli.

La division régnait entre la noblesse et leur archevêque ; il eut aussi le bonheur de les réconcilier : mais, ce qui était encore plus important, il fit la paix entre les Templiers et les Hospitaliers, en leur faisant comprendre qu'en vain ils s'étaient dévoués au service de Dieu, si par leurs inimitiés, conduites par leur intérêt particulier, ils effaçaient les belles actions qu'ils avaient faites contre les ennemis de la foi.

Aithon, roi d'Arménie, Bohémond V, prince d'Antioche et de Tripoli, se faisaient une guerre cruelle pour des intérêts fort embrouillés ; Louis leur représenta si vivement les suites funestes de leurs divisions, qu'il les engagea enfin à conclure une trève. *Ce Aithon*, dit Joinville, *étoit homme de grande renommée, et y eut beaucoup de gens qui passèrent en Arménie pour aller en sa bataille gagner et profiter, desquels puis n'en ouït-on nouvelles.*

La piété du roi, et la sagesse qui paraissait dans toutes les actions de sa vie, le rendaient puissant sur les esprits et sur les coeurs. On ne pouvait le voir prier Dieu d'une manière si persuadée, qu'on ne se sentît touché, et plusieurs Sarrasins, esclaves dans l'île de Chypre, après l'avoir vu, demandèrent le baptême, et voulurent être de la religion d'un prince qui était l'exemple de toutes les vertus.

On ne voyait parmi les croisés que d'éternelles querelles qu'il n'était pas aisé d'accommoder ; le monarque, obligé à beaucoup d'égards, agissait en ces occasions, moins par autorité que par douceur et par insinuation. Tous les grands seigneurs, fiers de leur naissance, et qui la plupart faisaient le voyage à leurs dépens, n'obéissaient qu'à demi : les traiter avec hauteur c'eût été les rebuter ; il fallait de grands ménagemens, et Louis possédait admirablement cet art précieux. Sans oublier qu'il était leur maître, il leur faisait sentir qu'il était leur ami : chacun croyait suivre son inclination, et ne suivait réellement que son devoir. Jamais il n'employa l'autorité, et toujours il trouva le moyen d'obtenir ce qu'il voulait.

Ce fut encore à sa sollicitation que les Génois et les Pisans, acharnés depuis long-temps les uns contre les autres, sacrifièrent enfin leurs intérêts à celui de la religion, et signèrent une suspension d'armes.

Telles étaient les occupations du saint monarque lorsqu'il reçut une ambassade de la part d'un prince tartare, nommé Ercalthai, qui se disait converti à la foi chrétienne, et faisait paraître le zèle le plus sincère pour son avancement. Le chef de cette députation était un certain David que des religieux de la suite de saint Louis reconnurent pour l'avoir vu en Tartarie, où le pape les avait envoyés quelques années auparavant. Il remit au roi une lettre pleine de traits de dévotion, où cependant l'affectation se remarquait encore plus que le style du pays, et l'assura que le grand kan s'était fait baptiser depuis trois ans ; que les chrétiens n'avaient pas un plus zélé protecteur ; et qu'il était prêt à favoriser de tout son pouvoir l'expédition des Français.

On croit aisément ce qu'on souhaite ; Louis, charmé de ces prétendues conversions, qui pouvaient être si utiles à la religion, fit tout l'accueil possible aux ambassadeurs, les traita magnifiquement, les mena au service de l'église pendant les fêtes de Noël, les renvoya comblés de ses bienfaits, et les fit accompagner de quelques religieux chargés de présens pour leur maître. C'était entre autres choses, dit Joinville, *une tente faite à la guise d'une chapelle, qui étoit moult riche et bien faite, car elle étoit de bonne écarlate fine, sur laquelle il fit entailler, et par image, l'Annonciation de la Vierge et tous les autres points de la foi.* Mais en vain nos ambassadeurs, Jacobins et Mineurs, cherchèrent le prétendu Ercalthai ; ils ne purent en avoir aucune nouvelle. La conversion du grand kan se trouva de même être imaginaire : loin de protéger les chrétiens, il se préparait à leur faire une guerre cruelle. Ce qu'on peut conjecturer de tout ceci, c'est que le prince Ercalthai pouvait être quelque petit seigneur tartare peu connu, et chrétien, tel qu'il y en avait dans ce pays-là. De là cette maxime énoncée dans sa lettre, « que Dieu veut que tous ceux qui adorent la croix, Latins, Grecs, Arméniens, Nestoriens, vivent en paix ensemble, sans aucun égard à la diversité des sentimens. » Peut-être aussi cette fourberie était-elle l'ouvrage des moines de ces contrées, gens corrompus pour la plupart, et qui ne cherchaient qu'à tirer quelque chose de la libéralité du roi, que son zèle pour la religion exposait plus qu'un autre à ces sortes de surprises.

Tel était l'état de la Palestine lorsque le roi prit les armes pour la secourir. Les chrétiens originaires de l'Europe y possédaient quatre principautés, savoir : celle d'Acre, ou Ptolémaïs, dans laquelle les Vénitiens, les Génois et les Pisans, avaient chacun un quartier qui leur appartenait ; celle de Tripoli ; celle de Tyr et celle d'Antioche ; sans parler de quelques autres seigneuries, mouvantes pour la plupart de ces quatre principales : mais elles se trouvaient investies et resserrées de tous côtés par les Mahométans, dont le plus puissant était Malech-Sala, soudan d'Egypte.

Le roi, pour commencer la guerre, avait deux partis à prendre : c'était de la porter en Palestine ou dans l'Egypte. Les efforts de la plupart des croisades avaient été en Palestine ; mais le succès que Jean de Brienne, roi de Jérusalem, avait eu quelques années auparavant en Egypte, où la prise de Damiette avait jeté les Sarrasins dans la dernière consternation, détermina le roi à tourner ses armes de ce côté-là. Les suites funestes de l'expédition de Jean de Brienne ne l'étonnèrent point : comme Louis en connaissait les causes, il espérait éviter les embarras où Jean de Brienne était tombé malgré lui, et qui l'avaient obligé de rendre Damiette aux infidèles. Ce fut donc dans les états de Malech-Sala, appelé dans nos histoires, tantôt soudan de Babylone, tantôt soudan d'Egypte, que le roi se décida à porter la guerre.

Quoique le bruit fût assez constant que le dessein du roi était d'aller en Egypte, néanmoins son séjour en Chypre tenait en échec les princes d'Orient, jusque-là que le soudan de Babylone se flatta pendant quelque temps que l'armement était en effet destiné contre la Palestine, et même que le roi, dans l'impatience de se mettre au plus tôt en possession de Jérusalem, se joindrait à lui contre les soudans avec lesquels il était en guerre, et surtout contre celui d'Alep.

Le soudan de Babylone assiégeait alors Ernesse, ville du domaine de celui d'Alep, qui, ayant trouvé le moyen de le faire empoisonner, le força de retourner en Egypte, où il ne fit plus que languir. Cependant le calife de Bagdad agit si prudemment auprès d'eux par ses envoyés, qu'il leur fit conclure une suspension d'armes, afin d'être en état de repousser l'armée chrétienne, qui était sur le point de les attaquer.

Cependant le roi se disposait sérieusement à partir : la perte qu'il avait faite de beaucoup de gens de sa brave noblesse et de soldats, par les maladies, était en plus grande partie réparée par l'arrivée d'un grand nombre de croisés qui n'avaient pu partir de France avec la grande flotte. Un renfort considérable fut amené par Guillaume de Salisbery, surnommé *Longue-Epée*, qui arriva en Chypre avec deux cents chevaliers anglais. Le roi leur fit le plus gracieux accueil ; il recommanda surtout aux Français d'user à l'égard du comte et de ses chevaliers de beaucoup de politesse et de complaisance, et il conjura les uns et les autres de suspendre, du moins pendant la guerre sainte, l'antipathie des deux nations, et de penser qu'ils combattaient sous les enseignes de Jésus-Christ, leur unique chef.

La saison s'avançait, et tout se préparait au départ. Dès l'arrivée du monarque en Chypre, il s'était tenu un conseil de guerre, dans lequel les avis avaient été fort partagés sur les projets de la campagne. Les uns voulaient qu'on allât droit à Ptolémaïs, ou Saint-Jean-d'Acre, persuadés qu'on reprendrait aisément le royaume de Jérusalem, dont toutes les places étaient démantelées. Le principal but des croisés, disaient-ils, était de recouvrer la sainte cité, et Louis acquérait une gloire immortelle s'il pouvait rétablir le culte du vrai Dieu dans ces mêmes lieux où le salut du monde avait été opéré.

Ainsi pensaient les Templiers et les Hospitaliers, soit que ce parti leur parût véritablement le meilleur, soit qu'il fût plus conforme à leurs intérêts particuliers.

Les autres, au contraire, ayant le roi de Chypre à leur tête, prétendaient que la conquête du royaume de Jérusalem, à la vérité facile, ne pouvait pas se soutenir contre la puissance du soudan d'Egypte ; qu'avant que toutes les places en fussent rétablies, la plupart des croisés seraient retournés en France ; qu'il fallait aller à la racine du mal, en attaquant Damiette ; qu'après que les soudans auraient été domptés, on irait prendre possession de la Palestine. Louis fut touché de ces raisons, et encore plus lorsqu'il vit le roi Henri, et tous les grands seigneurs de l'île, prendre la croix.

Il fut donc résolu de porter la guerre en Egypte ; mais parce que les lois de la religion, de l'honneur et de la chevalerie ne permettaient pas d'attaquer un ennemi sans aucune déclaration préliminaire, le monarque envoya défier le soudan qui régnait alors sur cette belle partie de l'Afrique. Le cartel annonçait en même temps un roi d'un courage intrépide, et un missionnaire plein de zèle pour la foi. Malech-Sala, c'est le nom du soudan, était sommé de rendre à la croix l'hommage que tous les hommes lui doivent, s'il ne voulait pas voir son pays ravagé par des gens qui ne craignaient rien lorsqu'il s'agissait d'étendre l'empire de Jésus-Christ. On dit que ce malheureux prince, soit qu'il sentît sa fin approcher (il était gangrené de la moitié du corps), soit qu'il craignît pour ses états, ne put lire cette lettre sans répandre beaucoup de larmes. Il répondit cependant avec fierté, « que les Français auraient moins de confiance en leur nombre et en leur valeur, s'ils avaient vu le tranchant de ses épées qui venaient d'enlever aux chrétiens leurs anciennes et leurs nouvelles conquêtes ; que jamais nation n'avait insulté l'Egypte, sans porter la juste peine de sa témérité ; que ceux qui venaient l'attaquer de gaieté de coeur reconnaîtraient bientôt ce que savaient faire des troupes jusque-là toujours victorieuses, dont la première journée serait la dernière des chrétiens ; que les enfans, comme dit le saint Alcoran, s'entretiendraient quelque jour de ce qui serait arrivé ; enfin que Dieu permet souvent que le petit nombre remporte l'avantage sur le plus grand, parce qu'il est toujours pour ceux qui sont humbles et patiens. » Ainsi, de part et d'autre, on ne pensa plus qu'à se préparer à l'attaque et à la défense.

Sur cette réponse, le roi se mit en état de partir. Grand nombre de vaisseaux plats propres à faire des descentes, qu'il avait fait construire en divers endroits de l'île, se rendirent au lieu marqué pour l'embarquement, aussi bien qu'un grand nombre de navires qu'il avait achetés des Génois et des Vénitiens.

Enfin le samedi d'après l'Ascension, l'armée monta sur la flotte, au port de Limesson, où elle attendit, pour faire voile, que le vent fût favorable.

Cette flotte était composée de dix-huit cents vaisseaux, tant grands que petits. Il y avait dans l'armée deux mille huit cents chevaliers français, anglais, cypriots. A en juger par cette multitude de chevaliers, il fallait que l'armée fût très-nombreuse ; car chaque chevalier avait d'ordinaire une assez grande suite, et les historiens de ce temps-là ne marquent guère la grandeur des armées que par le nombre des chevaliers qui s'y trouvaient, et dont les plus considérables avaient chacun leur *ost*, c'est-à-dire leur camp, leurs troupes, et leurs bannières séparés des autres corps.

Le roi, avant de quitter le port de Limesson, assembla les principaux seigneurs de l'armée, et après le conseil de guerre, déclara à tous les capitaines des vaisseaux qu'on allait à Damiette, et, qu'en cas que, dans la route, quelques-uns fussent séparés de la flotte, ils eussent à se rendre de ce côté-là. Le vent contraire les empêcha de sortir jusqu'au mercredi suivant. Ils en partirent ce jour-là ; mais ils n'étaient pas encore fort loin en mer, lorsqu'une furieuse tempête survint, et dissipa la flotte. Le roi fut obligé de relâcher à la pointe de Limesson, le jour de la Pentecôte 1249, avec une partie des vaisseaux. Le reste fut poussé du côté d'Acre, et en divers autres endroits ; de sorte qu'il ne se trouva avec le roi que sept cents chevaliers, de deux mille huit cents qui s'étaient embarqués avec lui, sans qu'il sût ce que le reste était devenu.

Il se remit en mer le jour de la Trinité. Il rencontra Guillaume de Ville-Hardouin, prince de Morée, avec le duc de Bourgogne qui, ayant passé l'hiver en Morée, avait joint son escadre à celle de Ville-Hardouin. Cette rencontre consola un peu le roi ; mais ne le tira pas de l'inquiétude où il était pour le reste de sa flotte. Il arriva, en quatre jours, à la vue de Damiette, et jeta l'ancre assez près du rivage, où les Sarrasins l'attendaient bien préparés.

Cette ville passait pour la plus belle, la plus riche, et la plus forte place de l'Egypte, dont elle était regardée comme la clef principale. Elle était à une demi-lieue de la mer, entre deux bras du Nil, dont le plus considérable formait un port capable de contenir les plus grands vaisseaux. C'est là qu'on voyait cette grosse tour que les chrétiens avaient prise, avec tant de fatigues, sous le roi Jean de Brienne. Elle servait de défense contre l'ennemi, et de barrière pour les vaisseaux qui arrivaient d'Ethiopie et des Indes. Une grande chaîne, qui aboutissait de cette forteresse à une des tours de la ville, fermait tellement l'issue, que rien ne pouvait entrer ni sortir sans la permission du sultan : ce qui lui procurait un tribut immense, parce que c'était alors le seul passage pour les marchandises qui devaient être distribuées sur toutes les côtes de la Méditerranée. Le corps de la place était fortifié d'une enceinte de murailles, doubles le long du Nil, triples du côté de la terre, avec des fossés très-larges et très-profonds. C'était dans la conservation de cette ville que le sultan avait mis toute son espérance, et c'était à la prise de cette place que tendaient tous les voeux de Louis, persuadé que cette conquête le rendrait maître de toute l'Egypte.

On ne fut pas plutôt à la vue de l'ennemi, que toute la flotte se rassembla autour du roi. Les principaux seigneurs montèrent sur son bord, et lui-même se présenta sur le tillac, avec un air qui inspirait de la confiance aux plus timides. Sa taille était avantageuse et bien proportionnée : *Et vous promets*, dit Joinville, *que oncques si bel homme armé ne vit ; car il paroissoit par-dessus tous, depuis les épaules en amont.* Et, quoiqu'il fût d'une complexion très-délicate, son courage le faisait paraître capable des plus grands travaux. Il avait les cheveux blonds, comme ceux de la maison de Hainaut, dont il était par sa grand'mère, et réunissait tous les autres agrémens qui accompagnent ordinairement cette couleur. Sa chevelure extrêmement courte, suivant la coutume de ce temps-là, n'en laissait que mieux voir les grâces naturelles répandues sur son visage. On y remarquait je ne sais quoi de si doux, et en même temps de si majestueux, qu'en le voyant on se sentait pénétré tout à la fois, et de l'amour le plus tendre, et du respect le plus profond. La simplicité même de ses habits et de ses armes, simplicité néanmoins qui admettait toute la propreté sans affectation, lui donnait un air guerrier encore plus que n'aurait pu faire la richesse qu'il négligeait.

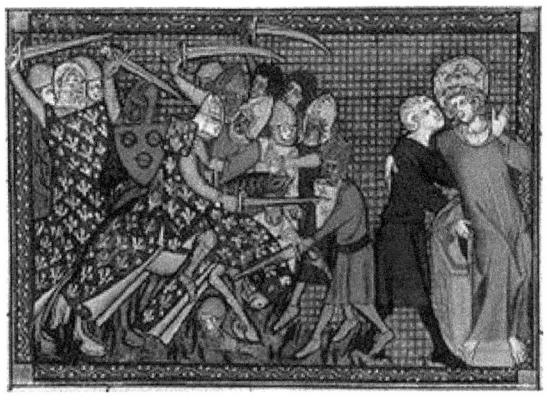

St. Louis à la bataille de la Massoure

« Mes amis, dit-il aux chefs de son armée, ce n'est pas sans dessein que Dieu nous a conduits à la vue de nos ennemis, lorsque nous nous en croyions encore fort éloignés. C'est sa puissance qu'il faut ici envisager, et non pas cette multitude de barbares qui défendent le royaume où nous portons la guerre. Ne me regardez point comme un prince en qui réside le salut de l'état et de l'Eglise ; vous êtes vous-mêmes l'état et l'Eglise, et vous n'avez en moi qu'un homme dont la vie, comme celle de tout autre, n'est qu'un souffle que l'Eternel peut dissiper quand il lui plaira. Marchons donc avec assurance dans une occasion où tout événement ne peut que nous être favorable. Si nous en sortons victorieux, nous acquérons au nom chrétien une gloire qui ne finira qu'avec l'univers ; si nous succombons, nous obtenons la couronne immortelle du martyre. Mais pourquoi douter du succès? N'est-ce pas la cause de Dieu que nous soutenons? Oui, sans doute, c'est par nous et pour nous que le Sauveur veut triompher de ces barbares. Commençons par en rendre gloire à son saint nom, et préparons-nous à celle d'en avoir été les instrumens. » On ne peut exprimer l'ardeur que ce discours inspira, et bientôt les Sarrasins en ressentirent l'effet.

Le sultan, averti par ses sentinelles qu'on découvrait sur la mer une forêt de mâts et de voiles, envoya quatre galères bien armées pour reconnaître ce que c'était. Elles parurent au moment même que Louis achevait de parler ; et, s'étant trop avancées, elles furent tout à coup investies par quelques bâtimens qu'on avait détachés contre elles.

Trois, accablées de pierres lancées par les machines que portaient les vaisseaux français, furent coulées à fond avec tous les équipages ; la quatrième eut le bonheur d'échapper, et alla porter la nouvelle que le roi de France arrivait, suivi de toute son armée. Aussitôt le monarque égyptien donna ses ordres pour se préparer à la défense : *Et dans peu*, dit Joinville, *il y eut grande compagnie à nous attendre*. Le spectacle, de part et d'autre, avait quelque chose d'agréable et de terrible tout ensemble. La côte se trouva, en un instant, bordée de toute la puissance du soudan. La plage était couverte de navires dont les pavillons de différentes couleurs faisaient une agréable peinture de la puissance des chrétiens. La flotte ennemie, composée d'un nombre infini de vaisseaux, était rangée dans une des embouchures du Nil par où l'on montait vers Damiette. Le sultan en personne, d'autres disent Facardin, son lieutenant, commandait l'armée de terre. Le rivage et la mer retentissaient du bruit de leurs cors recourbés et de leurs nacaires, espèce de timbales dont deux faisaient la charge d'un éléphant. C'était en affrontant ces deux armées ennemies, qu'il fallait hasarder la descente ; c'était aussi ce qu'on avait résolu de faire ; et il n'était question que de délibérer si on la tenterait avant l'arrivée du reste des troupes et de la flotte.

A peine le roi avait-il fait jeter l'ancre, qu'il manda les principaux chefs de l'armée pour tenir conseil de guerre. La plupart furent d'avis de différer la descente, et d'attendre que le reste des vaisseaux écartés par la tempête fût rassemblé, le roi n'ayant pas avec lui le tiers de ses troupes. Mais ce prince, guidé par son zèle, ne fut pas de ce sentiment : il représenta avec vivacité que le retardement ferait croire aux ennemis qu'on les craignait ; qu'il n'y avait point de sûreté de demeurer à l'ancre sur une côte fort sujette aux tempêtes ; qu'on n'avait aucun port pour se mettre à couvert de l'orage et des entreprises des Sarrasins ; qu'une seconde tourmente pourrait disperser le reste des vaisseaux, aussi bien que ceux que l'on voulait attendre ; que ce retard enfin pourrait ralentir cette première chaleur, qui pour l'ordinaire fait réussir les entreprises, et répandrait dans toute l'armée une impression de crainte dont on aurait peut-être de la peine à revenir. Tout le monde se rendit à des raisons si plausibles, et la descente fut résolue pour le lendemain à la pointe du jour.

On fit une garde exacte toute la nuit, et, dès le lever de l'aurore, on fit descendre les troupes dans les chaloupes et dans les bateaux plats que le roi avait fait construire en Chypre. Jean Dybelin, comte de Jaffe, eut son poste à la gauche, en tirant sur le bras du Nil, sur lequel était la ville de Damiette. Le roi, pour donner l'exemple, descendit le premier dans sa barque, et choisit la droite, accompagné des princes ses frères et du cardinal-légat, qui portait lui-même une croix fort haute pour animer les soldats par cette vue. Le comte Erard de Brienne, le sire de Joinville, et le seigneur Baudouin de Reims, furent placés au centre. On avait aussi disposé sur les ailes des barques chargées d'arbalétriers, pour écarter les ennemis qui bordaient la rive. Ensuite venait le reste des gens de guerre, qui faisait comme le corps de réserve.

Une multitude prodigieuse de Sarrasins, tant infanterie que cavalerie, était rangée en bataille le long des bords de la mer. Le soudan n'y était pas, parce que sa maladie ayant beaucoup augmenté, il s'était fait transporter en une maison de plaisance distante d'une lieue de Damiette.

Le signal ayant été donné, les vaisseaux chargés de troupes s'avancèrent au-devant des ennemis, qui, d'abord qu'on fut à portée, tirèrent un nombre prodigieux de flèches, à quoi l'on répondit de même pour tâcher de les écarter. Les bateaux du milieu, où était le sire de Joinville, voguèrent plus diligemment que les autres. Lui et ses gens débarquèrent vis-à-vis d'un corps d'environ six mille Sarrasins à cheval, vers lequel ils marchèrent. Cette cavalerie vint au galop pour les attaquer ; mais eux, sans s'étonner, se couvrant de leurs boucliers, s'arrêtèrent, et présentant les pointes de leurs lances qui étaient alors beaucoup plus longues qu'elles ne furent par la suite, firent une espèce de bataillon carré, derrière lequel les troupes qui arrivaient se rangeaient en ordre de bataille. Les Sarrasins, effrayés d'une telle contenance, n'osèrent entreprendre de les forcer, se contentant de caracoler sans en venir aux mains ; mais ils furent bien plus surpris, lorsque la plupart des troupes de ce corps étant descendues à terre, ils virent toute cette infanterie s'ébranler et marcher droit à eux. Alors ils tournèrent bride, et prirent la fuite. La chose se passa à peu près de même à la gauche, où le comte de Jaffe fit sa descente. Il marcha en avant pour gagner du terrain, et vint former une même ligne avec le sire de Joinville. Alors la cavalerie sarrasine vint encore vers eux pour les attaquer ; mais voyant qu'on ne s'épouvantait point, et qu'on les attendait de pied ferme, ils retournèrent joindre le gros de leur armée.

Les bateaux de la droite, où était le roi, abordèrent les derniers à une portée d'arbalète du corps de Joinville. Les soldats du bateau qui portait la bannière de Saint-Denis, autrement appelée l'oriflamme, sautèrent à terre. Un cavalier sarrasin, ou emporté par son cheval, ou se croyant suivi de ses gens, vint se jeter au milieu d'eux, le sabre à la main ; mais il fut au même instant percé de plusieurs coups, et resta sur la place.

Le roi, voyant la bannière de Saint-Denis arrivée, ne put se contenir, ni attendre que son bateau gagnât le bord ; il se jeta dans la mer, où il avait de l'eau jusqu'aux épaules, et, malgré les efforts que fit le légat pour l'arrêter, il marcha droit aux ennemis, *l'écu au cou, son héaume sur la tête, et son glaive au poing.* L'exemple du monarque fut un ordre bien pressant pour les Français. Les chevaliers qui l'accompagnaient en firent de même. Dès qu'il eut gagné la terre, il voulut aller attaquer les Sarrasins, quoiqu'il n'eût encore que très-peu de monde avec lui ; mais on l'engagea d'attendre que son bataillon fût formé. Ayant eu le temps de mettre ses troupes en ordre de bataille à mesure qu'elles abordaient, il se mit à leur tête, et marcha droit aux ennemis qui s'étaient renfermés dans leurs retranchemens ; mais en étant sortis, ils se présentèrent en ordre de bataille. L'action devint générale ; on se battit de part et d'autre avec beaucoup de courage : ces braves croisés se surpassèrent en quelque sorte eux-mêmes, à l'exemple de leur saint roi, qu'on voyait toujours le premier partout. Les Egyptiens, après une opiniâtre résistance, se virent enfin forcés de se retirer en désordre. Ceux qui échappèrent au glaive des vainqueurs prirent la fuite. Le carnage fut grand de leur côté : ils perdirent, entr'autres généraux, le commandant de Damiette et deux émirs très-distingués parmi eux. Ils ne furent pas plus heureux sur la mer. Leurs navires résistèrent quelque temps, et leurs machines firent beaucoup de fracas ; mais celles des Français lancèrent de grosses pierres et des feux d'artifice avec tant de promptitude, d'adresse et de bonheur, que les infidèles, maltraités partout, furent obligés de plier, après un combat de plusieurs heures. L'abordage acheva leur déroute ; une partie de leurs vaisseaux fut prise ou coulée à fond ; l'autre remonta le Nil, et les croisés demeurèrent maîtres de l'embouchure.

Pendant que les croisés étaient occupés à faire leur descente, les généraux sarrasins avaient envoyé trois fois au soudan pour lui rendre compte de ce qui se passait, et pour recevoir ses ordres : le troisième message était pour l'avertir que le roi de France était lui-même à terre ; mais ils n'en reçurent aucune réponse. La raison était que, dans cet intervalle, le bruit se répandit qu'il était mort ; cependant cette nouvelle était fausse.

PRISE DE LA VILLE DE DAMIETTE

Après cette victoire, le roi établit son camp sur le bord de la mer. Le lendemain il fit débarquer tous les chevaux et toutes les machines, sans que les Sarrasins parussent davantage. Pendant que l'on était occupé de ce travail, l'on vit Damiette tout en feu. Un moment après, quelques esclaves chrétiens en sortirent, et vinrent avertir le monarque que les ennemis, sur le bruit de la mort de leur soudan, avaient abandonné la ville, et l'avaient livrée aux flammes. Le roi, ayant reçu cet avis, et s'en étant fait assurer par ceux qu'il y envoya, fit avancer ses troupes. On trouva le pont sur lequel il fallait passer pour entrer dans la place, rompu en partie. Il fut bientôt réparé ; on éteignit le feu, et le roi se vit maître sans coup férir, et contre toute espérance, d'une des plus fortes villes de l'Orient, le premier dimanche d'après la Trinité.

La prise de cette place fut sans doute un de ces coups extraordinaires de la providence de Dieu, qui répandit la terreur dans le coeur de ses ennemis pour produire un effet si surprenant et aussi peu espéré que celui-là. On ne perdit presque personne à la descente, et nul seigneur de marque, excepté le comte de la Marche, qui mourut quelque temps après, de ses blessures.

Le saint roi ne manqua pas de reconnaître en cette occasion la visible protection de Dieu : il en donna de sensibles marques en entrant dans Damiette, non pas avec la pompe et le faste d'un conquérant, mais avec l'humilité d'un prince véritablement chrétien, qui fait un hommage humble et sincère de la victoire au Dieu qui la lui a procurée.

Il entra dans la ville en procession, pieds nus, avec la reine, les princes ses frères, le roi de Chypre et tous les seigneurs de l'armée, précédés par le légat, le patriarche de Jérusalem, les évêques, et tout le clergé du camp. On alla de cette manière jusqu'à la principale mosquée, que le légat purifia et réconcilia avec les cérémonies ordinaires de l'Eglise, à la mère de Dieu, à laquelle elle avait été dédiée par le roi Jean de Brienne, lorsqu'il avait pris Damiette, quelques années auparavant.

Il eût été à souhaiter que les sentimens de piété que tous les croisés témoignèrent en cette occasion, eussent été aussi constans qu'ils le furent toujours dans le coeur du roi même : la prospérité en eût sans doute été par la suite la récompense, au lieu des malheurs dont Dieu châtia leurs débauches et les autres excès auxquels ils s'abandonnèrent, malgré les ordres, les exhortations et l'exemple d'un prince qui n'était pas toujours aussi exactement obéi qu'il l'eût souhaité et qu'il le méritait.

On fut obligé de s'arrêter à Damiette, non-seulement pour attendre les vaisseaux dispersés par la tempête, et qui arrivèrent heureusement les uns après les autres, mais encore à cause de l'accroissement du Nil, qui se fait au mois de juin, où l'on se trouvait alors. L'exemple du roi Jean de Brienne, qui s'était malheureusement engagé au milieu de l'inondation, après la première prise de Damiette, fit prendre cette sage précaution.

Ce fut dans ce séjour et le repos si fatal à l'armée chrétienne, que la plupart des croisés ne pensèrent qu'à se divertir, ou plutôt à se livrer aux plus horribles désordres. Ces jeunes chevaliers, ne se voyant point d'ennemis en tête, s'abîmèrent dans les plaisirs : la passion du jeu leur fit perdre la raison avec leurs biens. Ils se consolèrent avec le vin de la perte de leur argent, de leurs chevaux et même de leurs armes : leur fureur alla jusqu'à violer les filles et les femmes, au mépris de toutes les lois divines et humaines. Les grands seigneurs consumaient tous leurs fonds en festins, dont la somptuosité était le moindre excès ; les simples soldats passaient les jours et les nuits à boire et à jouer. Tout était plein de lieux de débauche : *Il y en avoit*, dit Joinville,[26] *jusques à l'entour du pavillon royal, qui étoient tenus par les gens du roi.* On peut dire, avec un célèbre moderne,[27] *que toutes sortes de vices y régnoient, ceux que les pélerins avoient apportés de leur pays, et ceux qu'ils avoient pris dans les pays étrangers.* Il se commettait mille violences contre les gens du pays, et surtout envers les marchands ; de sorte que la plupart de ceux qui d'abord apportaient des vivres en abondance cessèrent d'y venir, et l'on vit bientôt la cherté causer la disette.

Le monarque faisait ce qu'il pouvait pour remédier à tant de désordres, mais le peu d'obéissance qu'il trouva rendit presque tous ses efforts inutiles. On doit dire néanmoins à la gloire de ce grand prince, que tous les étrangers se louaient hautement de sa justice, et publiaient partout qu'il leur donnait les mêmes marques de bonté qu'à ses propres sujets. Quant à ceux qui dépendaient plus particulièrement de lui, et à ses domestiques, ils furent châtiés très-sévèrement, chassés et renvoyés en France.

Cependant on apprit que le bruit qui avait couru de la mort du soudan, n'était pas véritable. Ce prince, quoiqu'il fût dangereusement malade, avait eu soin de cacher aux chrétiens l'état où il était. Il envoya défier le roi, pour décider, dans un seul combat, de la fortune de l'Egypte : il lui marqua le jour, et lui laissa le choix du lieu. La réponse du monarque fut « qu'il n'acceptait aucun jour fixe, parce que

---

[26] Joinville, pag. 32.

[27] L'abbé Fleury, *Moeurs des chrétiens*, pag. 399.

c'était excepter les autres ; qu'il défiait Malech-Sala pour le lendemain, comme pour tous les autres jours ; qu'en quelque endroit, et à quelque heure qu'ils se rencontrassent, il le traiterait en ennemi jusqu'à ce qu'il pût le regarder comme son frère. » Ce sage monarque, instruit que le soudan était attaqué d'un mal incurable, espérait profiter du trouble et des guerres civiles que sa mort causerait parmi les Sarrasins. Il se contenta donc de fortifier son camp, et de faire faire la garde la plus exacte. Cette bravade du sultan n'aboutit à rien : car il n'avait pas assez de force pour se tenir à cheval. Il envoya seulement un grand corps de troupes qui fit quelques mouvemens pour attaquer le camp du roi ; mais ce prince, sans vouloir accorder à plusieurs seigneurs qui l'en prièrent, la permission de faire une sortie sur les Sarrasins, se contenta de se mettre en état de pouvoir les repousser, s'ils osaient tenter l'attaque. Il n'y eut que le seigneur Gauthier d'Autrèche, châtelain de Bar, de la maison de Châtillon, qui, malgré les défenses du roi, sortit avec son écuyer pour voir s'il ne pourrait point enlever ou tuer quelques Mahométans. Il était monté sur un cheval entier fort en bouche, qui, l'emportant vers l'armée des ennemis, le jeta par terre. Aussitôt quatre Sarrasins vinrent fondre sur lui, et l'assommèrent à coups de massues. Il fut toutefois secouru par le connétable de Beaujeu, avant qu'ils eussent pu l'achever ; mais il mourut de ses blessures. Tout brave qu'il était, le roi ne le plaignit point, et dit sagement qu'il serait bien fâché d'avoir, dans son armée, beaucoup de ces faux braves sans obéissance ni subordination, capables d'y faire beaucoup plus de mal par leur sotte vanité et leur mauvais exemple, que de rendre aucun service.

Mais les Sarrasins, n'osant attaquer l'armée chrétienne à force ouverte, ne laissaient pas que de l'incommoder par des partis de cavalerie qui, rôdant tout autour du camp, tuaient tous ceux qui s'en écartaient. Comme le soudan avait promis un besant d'or à quiconque lui apporterait la tête d'un chrétien, des Arabes, appelés Bedouins, se coulaient toutes les nuits dans le camp, malgré la garde à cheval qui faisait la ronde, et entraient jusque dans les tentes, où ils coupaient la tête aux soldats qu'ils trouvaient seuls ; de sorte que le roi fut obligé de mettre des corps-de-garde au dehors du camp, si près les uns des autres, qu'il était impossible que quelqu'un y entrât sans être découvert.

Les eaux du Nil étant rentrées dans leur lit, à la fin de septembre, les seigneurs pressaient le roi de se mettre en campagne ; mais il avait résolu de n'en rien faire avant l'arrivée de son frère Alphonse, comte de Poitiers, qui était parti d'Aiguemortes, au mois d'août, avec la comtesse sa femme, la comtesse d'Artois, et l'arrière-ban de France. Leur retardement tenait le roi fort en peine ; mais enfin le comte débarqua heureusement à Damiette, sur la fin d'octobre.

Il apportait au roi une somme d'argent considérable. Le pape lui avait accordé un bref apostolique, par lequel tout ce qu'on pourrait recevoir des croisés qui voudraient racheter leur voeu, et toutes les sommes données par testament, dont l'objet ne serait pas déterminé, serait remis au roi. L'empereur lui-même lui envoya des vivres d'Italie, et lui fit présent de cinquante beaux chevaux : « Charmé, disait-il, de trouver l'occasion de s'acquitter d'une partie des obligations qu'il avait à ce prince pour les bons services qu'il en avait reçus dans ses malheurs. »

L'arrivée du comte de Poitiers répandit une grande joie dans toute l'armée. On délibéra sans tarder de quel côté on porterait la guerre. Il y eut sur cela deux sentimens. Les uns proposèrent d'aller assiéger Alexandrie, appelée Babylone dans les histoires de ce temps-là, quoique bien différente de l'ancienne Babylone qui était bâtie sur l'Euphrate, et de Bagdad, aussi appelée Babylone, qui est sur le Tigre, au lieu qu'Alexandrie est sur le Nil. Les autres proposèrent d'aller attaquer le Grand-Caire. C'était le sentiment du comte Pierre de Bretagne, fondé sur ce que cette ville avait un bon port où l'on pourrait mettre la flotte en sûreté, et tirer aisément des vivres par mer, soit de la Palestine, soit des autres endroits de la Méditerranée. Cet avis, qui était aussi celui du comte d'Artois, prévalut, parce que le Caire étant la ville capitale de l'Egypte, sa prise devait entraîner infailliblement celle de toutes les autres villes. Il y eut ordre de se tenir prêt à marcher au Caire. On laissa la reine et les autres princesses et dames à Damiette avec une forte garnison, et l'armée se mit ensuite en marche. L'armée du roi, augmentée des troupes que le comte de Poitiers avait amenées, et des autres renforts qu'il avait reçus de la Palestine, était de soixante mille hommes, parmi lesquels étaient vingt mille cavaliers.

De si nombreuses troupes, si la discipline et l'obéissance y avaient égalé la bravoure, étaient plus que suffisantes pour la conquête entière de l'Egypte. On fit remonter le Nil à la flotte que côtoyaient les troupes de terre, jusqu'à l'endroit où le bras le plus oriental du Nil se sépare de celui sur lequel était située Damiette.

Pendant qu'on était en marche, cinq cents cavaliers sarrasins des mieux montés, faisant semblant de déserter de l'armée du soudan, vinrent se rendre au roi, qui les crut trop légèrement, défendit de leur faire aucun mal, et leur permit de marcher en corps avec l'armée. Un jour qu'ils crurent avoir trouvé l'occasion favorable, ils attaquèrent les Templiers, dont la brigade marchait à la tête de l'armée ; ils renversèrent un de leurs chevaliers aux pieds du maréchal Renaut de Bichers : mais ceux-ci s'étant mis en défense, les chargèrent si vigoureusement que pas un seul de ces traîtres n'échappa. Ils furent tous pris, tués ou noyés en voulant traverser le fleuve. Les Sarrasins firent encore quelques tentatives, et il est parlé dans leurs histoires d'un combat où l'un de leurs émirs, appelé Magelas, fut tué, avec beaucoup de perte de leur part, et très-peu du côté des chrétiens.

Le roi étant arrivé à la pointe qui sépare les deux bras du Nil, s'y arrêta et y établit son camp, tant pour y faire reposer l'armée, que pour délibérer sur la manière dont on pourrait passer le bras oriental de la rivière, qu'on appelait alors le Thanis, parce que l'armée du soudan était campée fort proche de l'autre côté, à peu de distance d'une ville appelée Massoure.

L'armée du soudan était très-nombreuse, toutes les forces de l'Egypte s'y étant rassemblées, sur les nouvelles de l'approche de l'armée des croisés, qui avait répandu la terreur dans tout le pays ; de sorte que, dans la grande mosquée du Caire, on exhorta tous les Musulmans à prendre les armes pour la défense de la religion mahométane, qui n'avait jamais été dans un plus grand péril.

Les premiers exploits qu'on avait vu faire aux Français à leur débarquement, la perte de Damiette, la maladie du soudan qui augmentait tous les jours, étaient pour les Mahométans de terribles présages de ce qu'ils avaient a craindre d'une armée victorieuse, à laquelle rien ne paraissait impossible ; et ils voyaient bien que si elle passait une fois le Thanis, tout était perdu. Ces motifs obligèrent le soudan de faire des propositions de paix qui paraissaient si avantageuses, qu'il semblait qu'on ne pouvait les rejeter. Il envoya proposer au roi de le mettre en paisible possession de tout ce qu'avaient possédé autrefois les rois de Jérusalem, de donner la liberté à tous les chrétiens captifs dans son empire, et même de lui laisser Damiette avec ses environs.

Ces offres étaient en effet telles qu'on n'eût pas balancé pour les accepter, si l'on eût pu s'assurer de l'exécution ; mais cette incertitude, et les difficultés qu'on y prévoyait, les firent refuser ; et quand on les aurait acceptées, la mort du soudan, qui arriva dans ce temps-là, y aurait fait naître de nouveaux obstacles.

Cette mort, comme il l'avait fort recommandé, fut tenue secrète, pour donner le temps à son fils Almoadan, qui était en Mésopotamie, de venir prendre possession de ses états. Il mit même entre les mains de deux de ses ministres, auxquels il se fiait le plus, un grand nombre de blancs-signes, afin d'envoyer partout des ordres sous son nom jusqu'à l'arrivée de son fils. Il chargea du gouvernement Secedum Facardin, général de son armée. Cet homme passait pour le plus vaillant et le plus sage de l'Egypte, et l'empereur Frédéric, dans son voyage de Palestine, et après la trève qu'il conclut avec les Mahométans, l'avait fait chevalier ; honneur dont ce général faisait tant de cas, que dans ses bannières il portait les armoiries de Frédéric avec celles du soudan d'Alep et celles du soudan d'Egypte.

Facardin justifia, par sa conduite, le choix que son maître avait fait de lui dans des conjonctures si délicates. Il tenait sans cesse l'armée des chrétiens en haleine ; et tandis qu'avec le gros de ses troupes il demeurait toujours en état de s'opposer à leur passage, il envoyait continuellement des détachemens auxquels il faisait passer la rivière par de petites places dont il était le maître, pour insulter leur camp sur les derrières, et enlever les convois qui venaient de Damiette.

Un de ces détachemens s'étant avancé, le jour de Noël, jusque près du camp, enleva tout ce qui se trouva dehors, et força ensuite un quartier. Le sire de Joinville, qui en fut averti, monta promptement à cheval avec le seigneur Pierre d'Avalon, et, soutenu par des chevaliers du Temple, il repoussa les Sarrasins, et délivra les seigneurs Perron et Duval, deux frères, qu'ils emmenaient prisonniers.

Le roi, pour plus grande sûreté, fit rapprocher les quartiers les uns des autres, et donna moins d'étendue à son camp. Il se chargea lui-même, avec son frère le comte d'Anjou, de la garde des retranchemens opposés au camp des ennemis ; confia au comte de Poitiers et au sire de Joinville, celle des lignes du côté de Damiette : le comte d'Artois eut celle du parc des machines de guerre. Facardin, quelques jours après, s'étant mis à la tête d'un gros détachement, parut en bataille, entre Damiette et le camp des croisés, à dessein de l'insulter. Le comte d'Anjou, s'étant trouvé à cet endroit, sortit au-devant des ennemis, dont il fit un assez grand carnage dans la première ligne, et força les fuyards de se jeter dans le Nil, où la plupart se noyèrent ; mais il ne voulut pas attaquer la seconde ligne, à cause de la multitude des pierriers qui tiraient sans cesse au travers de ses bataillons, et blessaient beaucoup de monde. Ce prince fit paraître beaucoup de valeur en cette occasion, où il se mêla plusieurs fois avec les ennemis, et s'acquit une grande réputation parmi les troupes.

Lorsque le roi eut assuré l'assiette de son camp, il fit prendre les mesures nécessaires pour passer le Thanis. L'entreprise était très-difficile à exécuter : il était large et profond : tout ce que l'Egypte avait de plus brave était sur le rivage opposé, dans la résolution de défendre courageusement un passage de cette conséquence. Le saint roi vit bien que tant d'obstacles ne seraient point aisés à surmonter. Pour en venir à bout, on résolut de construire une digue, ou chaussée, dans la rivière, et de la pousser le plus près que l'on pourrait de l'autre bord ; ensuite, pour couvrir les travailleurs, on fit élever sur le bord de la rivière deux beffrois : c'étaient des espèces de tours à plusieurs étages, faites de charpentes semblables à celles dont on se servait dans les attaques des villes ; on y logeait des arbalétriers, ou des archers, pour écarter les ennemis à coups de flèches, et on les couvrait de cuir de boeuf ou de cheval, pour les garantir des feux d'artifice des ennemis. Derrière ces tours on avait fait deux chatz-chateils : c'est le nom que l'on donnait à des galeries pour aller à couvert dans les beffrois. Le comte d'Anjou commandait dans cet endroit pendant le jour, et le sire de Joinville pendant la nuit. Sitôt que les ennemis eurent deviné le projet des Français, ils firent transporter de ce côté-là seize grosses machines qui lançaient sans cesse des pierres contre les travailleurs et contre les tours. Le roi, pour démonter ces machines, et pour empêcher les ennemis d'approcher de si près, en fit faire dix-huit à peu près pareilles, de l'invention d'un ingénieur nommé Josselin de Courvant, homme très-habile, qu'il avait amené d'Europe. Les grands efforts, de part et d'autre, se firent en cet endroit : c'était une grêle continuelle de pierres et de flèches qui tuaient beaucoup de soldats. Malgré cet obstacle, la chaussée s'avançait toujours. Mais ce fut quelque chose de bien plus épouvantable, lorsque les ennemis eurent préparé leur feu grégeois, artifice tout particulier, inconnu aux Européens, et dont le secret s'est perdu. Ils le jetaient avec une espèce de mortier ou de pierrier, ou bien avec des arbalètes à tour, desquelles on le décochait, après les avoir fortement bandées par le moyen d'une manivelle qui avait beaucoup plus de force que les bras. Celui principalement qu'on lançait avec le mortier paraissait quelquefois en l'air de la grosseur d'un tonneau : on le soufflait aussi dans les combats avec de longs tuyaux de cuivre. « *Celui surtout qu'on lançoit avec le mortier*, dit Joinville,[28] sembloit à qui guettoit un dragon volant par l'air, et répandoit si grande clarté, qu'il faisoit aussi clair dedans notre *ost*, camp, comme le jour, tant y avoit grand flâme de feu. Un soir avint que les Turcs amenèrent cet engin terrible, engin à mal faire, par lequel ils nous jetèrent le feu grégeois a planté, qui étoit la plus terrible chose que oncques jamais je visse. A donc, s'écria messire Gauthier, mon compagnon, seigneur, nous sommes perdus à jamais sans nul remède ; car s'ils brûlent nos chatz-chateils, nous sommes ars et brûlés ; si nous laissons nos gardes, nous sommes ahontés. Parquoi, que chacun se jette à genoux, et crions mercy à notre Seigneur, *en qui est toute puissance.* » Ils le firent, et le redoutable feu ne leur causa aucun dommage. Le saint roi, de son côté, était toujours

---

[28] Joinville, p. 39.

prosterné en terre, et criait à haute voix : *Beau sire*, Dieu Jésus-Christ, garde-moi et toute ma gent, *et crois moi*, continue le sénéchal de Champagne, *que ses bonnes prières et oraisons nous eurent bon métier.* Nos Français savaient le secret d'éteindre ce feu, et ils y réussirent quelquefois. Les infidèles le jetaient plus souvent la nuit que le jour ; mais une fois, en plein jour, après avoir fait pendant quelque temps des décharges continuelles de leurs pierriers contre les beffrois et aux environs, pour écarter tous ceux qui étaient sur le bord de la rivière, ils jetèrent leur feu si juste et si heureusement, qu'il ne put être éteint, et qu'il consuma les beffrois et les galeries. Le comte d'Anjou était présent, et se désespérait de voir que ce malheur arrivait dans le temps de sa garde. On eut toutes les peines du monde à l'arrêter et à l'empêcher de se jeter lui-même au milieu du feu pour tâcher de l'éteindre.

Cet accident chagrina fort le roi, d'autant plus qu'en ce pays-là on ne trouvait point de bois propres à réparer ce dommage.

Il y avait près de trois mois qu'on était dans ce poste, et le travail n'était guère plus avancé qu'aux premiers jours, parce que les ennemis, avec leurs machines, ruinaient souvent en un jour ce qu'on avait fait en plusieurs. On commençait à manquer de vivres, et déjà l'on délibérait de reprendre le chemin de Damiette, lorsqu'un Bédouin, ou Arabe, abandonnant et sa religion et les Sarrasins, vint trouver le connétable de Beaujeu, et lui offrit, pour cinq cents besans d'or, de lui indiquer un gué où toute la cavalerie pouvait passer. La proposition fut acceptée avec joie ; on ne pensa plus qu'au choix des mesures les plus convenables à la circonstance. Le duc de Bourgogne fut chargé de la garde du camp avec les seigneurs et les troupes de la Palestine ; tout le reste eut ordre de se tenir prêt à franchir le fleuve. Le comte d'Artois, prince avide de gloire, demanda l'honneur de passer le premier à la tête de l'armée : le roi, qui connaissait son courage bouillant et emporté, lui représenta avec douceur que son extrême vivacité ne lui permettrait pas d'attendre les autres ; qu'infailliblement il s'attirerait quelque malheur, et que peut-être même sa trop grande précipitation exposerait l'armée à se perdre. « Monsieur, répondit le comte avec feu, je vous jure sur les saints Evangiles que je n'entreprendrai rien que vous ne soyez passé. » Le monarque se rendit à cette condition, et crut avoir pourvu à tout, soit en ordonnant que les Templiers feraient l'avant-garde quand on serait de l'autre côté, soit en prenant le serment de son frère, qu'il saurait se modérer ; serment qu'il ne devait pas tenir, et dont le violement fut la perte de toute la chrétienté d'Orient.

Le jour commençait à peine à paraître, lorsque le comte d'Artois entra dans le fleuve à la tête de l'avant-garde, et s'avança fièrement vers un corps de trois cents chevaux sarrasins qui semblèrent vouloir lui disputer le passage. Tout prit la fuite à son approche, et l'armée continua de passer sans aucun obstacle. On perdit néanmoins quelques hommes qui se noyèrent, le gué manquant en certains endroits. De ce nombre fut Jean d'Orgemont, chevalier très-estimé pour son mérite et sa valeur.

Rien n'égala la consternation des infidèles à la vue de l'intrépidité française. Le comte d'Artois, témoin de cette frayeur, oublie bientôt les sages remontrances du roi son frère. L'aspect d'un ennemi tremblant et fuyant de tous côtés, irrite son courage ; il aspirait à l'honneur de cette journée. Il part dès le matin, et se met à la poursuite des fuyards. En vain les Templiers lui crient qu'il trouble l'ordre, et que cette retraite des Egyptiens n'est peut-être qu'une ruse concertée : il n'écoute rien que son ardeur et la crainte que quelqu'un ne le devance. Malheureusement il avait auprès de lui un seigneur d'une grande considération, que les années avaient rendu si sourd, qu'il n'entendait point ce que disaient les Templiers : c'était Foucault de Melle, qui avait été son guverneur, et qui, par honneur, tenait la bride du cheval de son élève. Ce brave vieillard n'ayant rien tant à coeur que de voir le comte remporter le prix de cette journée, loin de l'arrêter, suivant l'ordre du roi qu'il ignorait, criait à pleine voix : *Or à eux! or à eux!* Quand les Templiers virent l'inutilité de leurs repésentations, *ils se pensèrent être ahontés*, dit Joinville, *s'ils laissoient aller le prince devant eux : lors tout d'un accord, vont serir des éperons tant qu'ils purent.* Cette troupe de *preux*, au nombre de quatorze cents chevaliers, d'autres disent deux mille, arrive dans cet état au camp des infidèles, passe les premières gardes au fil de l'épée, et porte partout la terreur et la mort. Ils ne s'attendaient pas à une attaque de cette espèce. Facardin était alors dans le bain : il monte à cheval, presque nu, court aussitôt vers le lieu de l'alarme, rallie quelques-uns de ses gardes, et soutient quelques momens l'impétuosité française. Enveloppé de toutes parts, il reçoit au travers du corps un coup de lance qui lui ôte la vie. Le bruit de sa mort assure la victoire aux Français. La déroute devint générale, et tous les Sarrasins prirent la fuite. Sitôt que l'avant-garde fut passée, elle entra dans le camp ennemi, fit main-basse sur tout ce qui s'y rencontra, le mit au pillage, et s'empara de toutes les machines de guerre.

Le comte d'Artois voyant les ennemis fuir de tous côtés, eut bientôt oublié son serment : accompagné de quelques-uns de ses chevaliers, il quitta la tête de l'avant-garde, et se mit à poursuivre les ennemis. Ce fut inutilement que Guillaume de Sonnac, grand-maître du Temple, essaya de lui représenter que leur petit nombre, déjà épuisé de fatigue, ne leur permettait pas de s'engager plus avant ; que, se montrer à découvert, c'était vouloir détromper les infidèles qui les avaient pris pour toute l'armée ; que, revenus de leur erreur, ils se rallieraient, suivant leur coutume, avec la même facilité qu'ils s'étaient dissipés ; qu'alors on courait risque d'être enveloppé, et de ne pouvoir être secouru qu'en affaiblissant l'armée, ou peut-être même en y mettant le désordre. *Voilà*, dit le comte, en regardant le grand-maître de travers, *voilà les actions ordinaires des Templiers ; ils ne veulent point que la guerre finisse, et leur intérêt marche toujours devant celui de la religion.* Les remontrances du comte de Salisbery ne furent pas reçues plus agréablement. L'intrépide comte court à bride abattue vers la ville de Massoure ; les Templiers le suivent : les Anglais, soit émulation, soit jalousie, veulent participer à la victoire. Tout cède à leur impétuosité. Les barbares, fuyant de tous côtés, se sauvent dans la ville avec tant de précipitation, qu'ils oublient d'en fermer les portes : les vainqueurs y entrent après eux, trouvent les rues désertes, pénètrent jusqu'au palais du sultan, et poursuivent les fuyards jusque dans la campagne qui conduit au Grand-Caire.

Si le comte d'Artois et les Templiers s'étaient contentés de la prise de cette ville, et si, agissant de concert et avec ordre, ils s'en fussent assurés, eussent fait reprendre haleine à leurs soldats, et attendu le roi avec le reste de l'armée, leur désobéissance aux ordres du prince eût été au moins réparée par un heureux succès.

Mais ce que le grand-maître du Temple avait prédit au comte d'Artois ne manqua pas d'arriver. Les infidèles s'étant ralliés en divers endroits, vinrent fondre sur lui. Il était peu accompagné ; une partie de ses gens s'était arrêtée dans la ville pour piller. Bondocdar, un des chefs des Mamelucks, ayant chargé avec beaucoup de vigueur le comte d'Artois, le força de rentrer dans Massoure, et l'y poursuivit. Le comte se jeta dans une maison, où il fut investi. Les habitants, et les soldats ennemis qui s'étaient cachés dans la première déroute, se voyant secourus, reprennent courage, et des fenêtres des maisons où ils s'étaient barricadés, ils lançaient des javelots, des flèches, des pierres, du feu grégeois, de l'eau bouillante, et tout ce qui leur venait sous les mains. L'infortuné comte d'Artois, désespéré de voir tant de braves gens périr par sa faute, fit des actions de valeur qui auraient mérité d'avoir toute la terre pour témoin. Mais que pouvait-il seul contre cette multitude d'ennemis ? Le comte de

Salisbery, Raoul de Coucy, Robert de Verd, et un grand nombre d'autres braves, venaient d'expirer sur des monceaux de morts et de mourans. Le prince lui-même, accablé par le nombre, tombe percé de mille coups. *Guerrier aussi courtois que vaillant*, dit un auteur du temps,[29] digne frère de Louis, par toutes les vertus dont il était orné, mais d'une hauteur de courage qui, dégénérant en témérité, causa bien des malheurs. La gloire et les circonstances de ses derniers momens effacent en quelque sorte cette tache. Il fut regretté de tout le monde, et il méritait de l'être. C'est la seule faute que l'histoire lui reproche. Le grand-maître du Temple, après avoir perdu un oeil dans ce combat, se fit jour au travers des ennemis, et se sauva de Massoure avec quelques-uns de ses gens, ayant laissé morts dans cette place deux cent quarante de ses chevaliers. Le comte Pierre de Bretagne, aussi dangereusement blessé, se sauva, quoique poursuivi par plusieurs infidèles qui n'osèrent jamais l'approcher, étonnés de l'intrépidité avec laquelle il s'arrêtait pour les attendre, et leur insultait même par des paroles de raillerie.

Tandis que cette sanglante scène se passait à Massoure, on vint avertir le roi du péril où était le comte d'Artois. Ce fut le connétable de Beaujeu qui lui porta cette triste nouvelle. « Connétable, s'écria le monarque, courez-y avec tout ce que vous pourrez rassembler de braves, et soyez sur que je vous suivrai de près. »

Mais le corps d'armée que Bondocdar avait posté entre celle du roi et la ville, et qui s'augmentait de moment en moment par le retour et le ralliement des fuyards, s'opposait à ce secours. Les ennemis même faisaient paraître une contenance plus assurée qu'à l'ordinaire, et semblaient vouloir réparer la honte de leur première fuite. Outre le

---

[29] Mouskes, évêque de Tournay, p. 93.

corps dont j'ai parlé, on voyait encore de tous côtés, sur les hauteurs et dans la campagne, diverses troupes qu'il était dangereux de laisser grossir davantage. C'est pourquoi le roi et le connétable firent avancer promptement les bataillons et les escadrons, pour se saisir de quelques postes avantageux, et charger les ennemis dans les endroits où ils ne paraissaient pas en ordre de bataille. Le sire de Joinville fut un des premiers qui donna sur une de ces troupes ; ayant devancé ceux qui le suivaient, il aperçut un Sarrasin d'une taille gigantesque qui mettait le pied à l'étrier pour monter à cheval : *Je lui donnai*, dit Joinville, *de mon épée sous l'aisselle, tant comme je pus la mettre en avant, et le tuai tout d'un coup*. Mais s'étant un peu trop abandonné à la poursuite des ennemis, il fut coupé par près de six mille Sarrasins qu'il aperçut trop tard, qui vinrent fondre sur son escadron. Le seigneur de Trichâteau, qui portait la bannière, fut tué. Raoul de Vainon fut pris, mais délivré aussitôt par Joinville. Ceux qui l'accompagnaient ayant serré leur escadron, se firent jour l'épée à la main pour gagner une maison voisine, et s'y défendre. Ils étaient la plupart démontés, et furent chargés dans leur retraite : un escadron entier passa sur le corps de Joinville, qui ne fut point pris, parce qu'on le crut mort ; il se releva, et gagna la maison avec ses chevaliers. Les infidèles revinrent pour les y forcer, et le combat recommença. Les seigneurs d'Escossé, Raoul de Vainon, l'Oppey et Sugerai y furent blessés : celui-ci fut envoyé par Joinville au comte d'Anjou, qui était le plus à portée de les secourir. Ce prince s'avança aussitôt vers eux et les délivra, après avoir dissipé les ennemis.

Cependant le roi parut en bataille sur le haut d'une colline, d'où il vint fondre, avec un grand bruit de trompettes, de tambours et de timbales, sur l'armée sarrasine, qu'il fit attaquer l'épée et la lance à la main : la charge fut terrible, mais elle fut courageusement soutenue. Ce vaillant prince, monté sur un grand cheval de bataille, était dans l'impatience de charger lui-même ; mais, par le conseil du seigneur Jean de Vallery, grand capitaine, et très-expérimenté, il s'avança vers la droite, pour s'approcher du Nil. Les Sarrasins dont les troupes grossissaient toujours, firent aussi approcher leur aile gauche de la rivière. Le choc fut rude en cet endroit ; quelques escadrons français plièrent. Ils abandonnèrent le roi, et s'enfuirent vers le camp du duc de Bourgogne ; mais, comme leurs chevaux étaient extrêmement fatigués, la plupart portèrent la peine de leur lâcheté, en se noyant dans la rivière qu'il fallait passer pour gagner le camp.

Bientôt tout retentit de la nouvelle du danger où était le roi. Le connétable de Beaujeu, qui était à la tête de six cents cavaliers, délibéra avec Joinville sur ce qu'il y avait à faire pour lui donner du secours ; mais s'apercevant que, pour aller droit à lui, il fallait percer un corps d'environ deux mille Sarrasins, qui était entre eux et le roi, et qu'il aurait été difficile de rompre, ils résolurent de prendre un détour pour les éviter. Ils trouvèrent sur leur route un ruisseau sur lequel il y avait un petit pont. Quand ils y furent arrivés, Joinville fit remarquer au connétable l'importance de garder ce passage, parce que si les ennemis s'en rendaient maîtres, ils pourraient, vu le grand nombre de leurs troupes, venir prendre l'armée en flanc, et envelopper le roi. Le connétable approuva la sagesse de ce conseil ; il laissa Joinville dans ce poste, avec le comte de Soissons, le seigneur Pierre de Noville, et environ cinquante gentilshommes, et alla joindre le roi.

Il le trouva faisant des choses si prodigieuses, qu'il aurait fallu en être témoin pour les croire. On le voyait partout, soit pour soutenir ses gens lorsqu'ils chancelaient, soit pour achever de rompre les ennemis lorsqu'ils commençaient à plier. Une fois son ardeur l'emporta si loin des siens, qu'il se vit tout à coup seul au milieu de six Sarrasins qui tenaient les rênes de son cheval, et s'efforçaient de l'emmener prisonnier ; mais il fit de si grands efforts de la masse et de l'épée, que les ayant tous tués ou mis hors de combat, il était déjà libre lorsqu'on arriva pour le dégager. *C'est à cette valeur plus qu'humaine, dit Joinville, que l'armée fut redevable de son salut, et je crois que la vertu et la puissance qu'il avoit lui doubla lors de moitié par le pouvoir de Dieu.*

Ce brave sénéchal, de son côté, campé sur son pont avec sa petite troupe, faisait si bonne contenance que les infidèles n'osèrent l'attaquer que de loin, et à coups de traits : il y reçut cinq blessures, et son cheval quinze. Telle était l'intrépidité de ces anciens preux, qu'au milieu de tant de périls, la bravoure de ces seigneurs leur permettait encore de se réjouir et de plaisanter. *Un jour, quand nous fûmes retournés, dit Joinville,*[30] *de courir après ces vilains, le bon comte de Soissons se railloit avec moi, et me disoit : Sénéchal, laissons crier et braire cette quenaille, et par la creffe Dieu, ainsi qu'il juroit, encore parlerons-nous, vous et moi, de cette journée, en chambre, devant les dames.* Quelque temps après, le connétable revint avec les arbalétriers, qu'il rangea le long du ruisseau, ce qui fit perdre aux ennemis toute espérance de forcer le passage : aussitôt ils s'enfuirent, et laissèrent les croisés en paix.

Alors Joinville, par ordre du connétable, alla joindre le roi, qui, vainqueur partout, se retirait dans son pavillon. Le fidèle sénéchal *lui ôta son casque, qui l'incommodait par sa pesanteur, et lui donna son chapel de fer, qui étoit beaucoup plus léger, afin qu'il eût vent.* Ils marchèrent ensemble, s'entretenant de cette malheureuse journée, lorsque le prieur de l'hôpital de Ronnay vint lui baiser la main toute armée, et lui demanda s'il savait des nouvelles du comte d'Artois, son frère. Tout ce que je sais, répondit le saint roi, c'est qu'il est maintenant au ciel. On regardait alors comme autant de martyrs ceux qui perdaient la vie dans ces guerres de religion. Le bon chevalier, pour lui ôter une si triste idée, voulut lui parler des

---

[30] Joinville, p. 17.

avantages qu'on venait de remporter. « Il faut louer Dieu de tout, dit Louis, en l'interrompant, et adorer ses profonds jugemens. » Aussitôt les larmes commencèrent à couler de ses yeux : spectacle qui attendrit tous les seigneurs de sa suite, *qui furent moult oppressés d'angoisse, de compassion et de pitié, de le voir ainsi.*[31]

La douleur, cependant, ne lui fit pas oublier les choses nécessaires : la prudence exigeait qu'on se mît en état de n'être point surpris par un ennemi repoussé à la vérité, mais qui regardait comme un grand avantage de n'avoir pas été entièrement battu par des hommes que, jusque-là, il croyait invincibles. Ainsi, au lieu de prendre un repos dont on avait grand besoin, on travailla toute la nuit à la construction d'un pont de communication avec le duc de Bourgogne. Telle fut l'ardeur du soldat, qu'en très-peu de temps l'ouvrage fut achevé ; dès le lendemain au matin, on fit passer une partie des troupes dans le camp du roi. On examina ensuite la perte qui se trouva très-considérable, tant pour le nombre que pour la qualité des personnes qui avaient été tuées en se défendant glorieusement. Celle des infidèles excédait de beaucoup ; mais ils étaient dans leur pays, et par conséquent plus à portée de la réparer : avantage qui manquait aux Français, auxquels il ne restait que très-peu de chevaux.

Les ennemis n'attendirent pas jusqu'au jour à inquiéter l'armée ; car, sur la fin de la nuit, le mercredi des Cendres, ils vinrent avec de la cavalerie et de l'infanterie insulter le camp. On sonna aussitôt l'alarme, et un homme de confiance, que Joinville avait envoyé pour savoir ce qui se passait, revint en grande hâte lui dire que les infidèles, après avoir taillé en pièces les gardes avancées, attaquaient le quartier du roi, pour se saisir des machines qu'on leur avait prises le jour

---

[31] Joinville, *loc. cit.*

précédent, et qu'on y avait placées. Joinville monta aussitôt à cheval avec sa brigade, armé à la légère, comme la plupart de ses autres chevaliers, leurs blessures ne leur permettant pas de se charger de toutes leurs armes ordinaires. Il repoussa les ennemis, et cependant le roi envoya Gaucher de Châtillon, avec ordre de se poster devant les machines, entre Joinville et les Sarrasins, car il avait appris que ce seigneur et ses chevaliers n'étaient pas assez armés.

Châtillon poussa de nouveau les ennemis jusqu'à leur principal corps de bataille, qui avait passé la nuit sous les armes hors de son camp, de peur qu'on ne vînt l'y forcer. Alors les infidèles commencèrent à travailler à un épaulement pour se couvrir contre les arbalétriers français, et tirèrent eux-mêmes sans cesse des flèches dans le camp du roi, où, quoique tirées au hasard, elles blessèrent et tuèrent beaucoup de monde.

Joinville ayant été reconnaître le retranchement des ennemis, et l'ayant trouvé assez faible, proposa à ses gendarmes d'aller, la nuit suivante, le ruiner. Ils promirent de le suivre ; mais la hardiesse d'un prêtre leur fournit l'occasion de le renverser plus tôt.

Ce prêtre, qui s'appelait messire Jean de Vaisy,[32] après qu'on se fut retiré de part et d'autre, vit six capitaines mahométans qui s'entretenaient devant leur retranchement ; il prend une cuirasse, met sur sa tête un casque et une épée à son côté, s'avance par un chemin détourné, vient le long du retranchement vers ces six capitaines, qui, le voyant seul, le prirent pour un homme de leur camp. Etant tout proche d'eux, il tire son épée, et les attaque au moment où ils ne s'y attendaient pas. Ils se sauvèrent presque tous blessés dans

---

[32] Il était aumônier du sire de Joinville.

leur camp. L'alarme s'y met aussitôt, et en même temps plusieurs cavaliers en sortent : ne voyant que le prêtre qui avait fait cette esclandre, ils piquèrent vers lui. On les aperçut du camp du roi, d'où cinquante gendarmes de Joinville sortirent, obligèrent les Sarrasins de s'arrêter, et donnèrent le temps au prêtre de se retirer. Les ennemis furent poursuivis par les cinquante gendarmes, et par d'autres qui se joignirent à eux, et qui, pour ne pas perdre leur peine, allèrent du même pas à l'épaulement. Comme il n'était fait que de pierres mises les unes sur les autres, il fut bientôt renversé, et l'on en fit même emporter les pierres. Tel fut l'unique exploit de cette journée, qui se fit le premier jour de carême.

Dès le lendemain, le roi fit travailler à une palissade, ou barrière, autour de son camp, contre les insultes de la cavalerie ennemie ; mais Bondocdar, chef des Mamelucks, auquel le commandement de l'armée avait été déféré pour les belles actions qu'il avait faites le jour précédent, ne demeurait pas oisif. Pour animer ses gens, il fit courir le bruit que le comte d'Artois, dont on avait démêlé le corps parmi ceux qui avaient été tués à Massoure, était le roi même. La cotte d'armes de ce prince, toute dorée et fleurdelisée, qu'il fit élever dans le camp pour être vue de tout le monde, lui servit à ce stratagème, et toute l'armée fut persuadée que c'était celle du roi. Bondocdar assembla tous ses officiers, leur exagéra la perte que les chrétiens avaient faite dans la dernière bataille, leur dit que, n'ayant plus de chef, c'étaient des gens perdus, qu'on n'aurait plus que la peine de les prendre, et fit résoudre, pour le vendredi suivant, l'attaque du camp.

Le roi fut averti de cette résolution par les espions qu'il avait dans l'armée ennemie. Il ne négligea aucune des précautions que la prudence peut suggérer ; et, dès le milieu de la nuit, toutes ses troupes se trouvèrent sous les armes, entre les tentes et la barrière. Elles étaient partagées en différens corps, la plupart d'infanterie : presque tous les chevaux ayant été tués dans le dernier combat, il n'en restait guère que pour les chefs.

Le comte d'Anjou avait la droite au bord du Nil ; à côté de lui étaient Guy et Baudouin d'Ybelin, deux frères, avec les troupes de la Palestine et de la Syrie, et Gaucher de Châtillon avec les siennes. Ces deux corps étaient les plus complets, les mieux montés et les mieux armés, parce que celui de Gaucher de Châtillon avait moins souffert à la bataille, et que les troupes de la Palestine étaient demeurées, durant le combat, dans l'ancien camp, au-delà du Nil. A côté de Châtillon était Guillaume de Sonnac, grand-maître des Templiers, avec le peu qui lui était resté de chevaliers de la défaite de Massoure ; et, comme ce corps était très-faible, il avait devant lui les machines qu'on avait prises sur les Sarrasins, pour s'en servir dans le combat.

A la gauche des Templiers, était Guy de Mauvoisin, seigneur de Rosny, avec le comte de Flandre, jusqu'au bras occidental du Nil. Cette brigade était au dedans de la barrière du camp, et couvrait celle de Joinville, parce que la plupart de ceux qui la composaient ne pouvaient, à cause des blessures qu'ils avaient reçues à la dernière bataille, se charger de leurs armures.

Plus avant, en tirant toujours vers la gauche, était le comte de Poitiers qui n'avait que de l'infanterie, lui seul étant à cheval. Enfin le seigneur Jocerant de Brancion, oncle du sire de Joinville, fermait la ligne de ce côté-là. Lui et Henri, son fils, étaient seuls à cheval, tous les chevaliers qui avaient perdu leurs chevaux étant à pied. Le duc de Bourgogne était encore dans l'ancien camp, tant pour le défendre, en cas qu'on l'attaquât, que pour faire un corps de réserve, et pour envoyer, par le pont de communication, du secours où il en serait besoin.

Il s'en fallait bien que ces troupes fussent aussi nombreuses et aussi lestes que lorsqu'elles passèrent la rivière : la perte d'hommes et de chevaux qu'on avait faite à Massoure, et dans la dernière bataille, les avait extrêmement diminuées. Plusieurs étaient hors de combat ; et même, parmi ceux qui devaient combattre, il y en avait quantité de blessés, à qui le seul courage, et la nécessité de vaincre ou de périr, donnait assez de forces pour se tenir à cheval ou à pied. Telle était l'ordonnance de cette armée.

Celle des ennemis parut en bataille dès la pointe du jour. Bondocdar, qui fut étonné de se voir prévenu par des gens qu'il espérait lui-même surprendre, était à la tête de quatre mille hommes de cavalerie très-bien montés et très-bien armés. Il en fit une ligne parallèle au front de l'armée chrétienne, laissant, entre les escadrons d'assez grands espaces pour y faire passer des fantassins, selon qu'il le jugerait à propos durant la bataille. Il fit une seconde ligne d'une multitude infinie d'infanterie, à laquelle il donna plus de longueur, et qui, en se courbant sur la droite, pourrait investir tout le camp du roi jusqu'au bras occidental du Nil. Outre cela, il avait derrière ces deux lignes une autre armée, dont il faisait son corps de réserve, qui était encore aussi forte que celle des chrétiens.

Les troupes étant rangées dans cet ordre, Bondocdar, monté sur un petit cheval, s'approcha de l'armée chrétienne pour en voir mieux la disposition ; et, selon qu'il reconnut que les escadrons ou bataillons étaient plus ou moins forts, il renforça à proportion ceux de son armée qui leur étaient opposés. Il fit ensuite passer le bras occidental de la rivière à trois mille Bédouins, pour tenir en échec le duc de Bourgogne, et l'empêcher d'envoyer du renfort au roi pendant la bataille.

Sur le midi, il fit sonner la charge par les tambours, les trompettes et les timbales, avec un bruit effroyable, dans toute l'étendue de cette armée qui s'ébranla toute en même temps. Les barbares, embouchant de longs tuyaux de cuivre, répandaient partout le redoutable feu grégeois qui, s'attachant aux habits des soldats et aux caparaçons des chevaux, les embrasait depuis les pieds jusqu'à la tête. Quand par ce déluge de feu, que les Français n'avaient pas encore vu mettre en usage dans les combats, les ennemis avaient fait quelque ouverture dans les bataillons, leur cavalerie y donnait à toute bride, et tâchait de les enfoncer. C'est ainsi que l'ordre de bataille du comte d'Anjou fut rompu. Ce prince, désarçonné de son cheval, et à pied, allait être pris ou tué, lorsque le roi, averti du danger où il était, part comme un éclair, *l'épée au poing*, se précipite au travers des dards et des flammes, renverse tout ce qui s'oppose à son passage, perce jusqu'à l'endroit où son frère défendait courageusement sa vie, le fait remonter à cheval, le dégage, et rétablit les choses de ce côté-là.

On combattait partout avec une égale vigueur, mais avec des succès différens. Le preux et vaillant Châtillon, le brave Meauvoisin, et les seigneurs de la Palestine, firent des actions incroyables de valeur, et ne purent être entamés ni par le nombre, ni par l'ardeur des infidèles. *Il en alloit pauvrement*, dit Joinville, *à l'autre bataille* qui suivait, où le courage, quantité de machines, et d'assez bons retranchemens de bois, ne servirent de rien aux Templiers. Accablés par la multitude, ils furent presque tous taillés en pièces. *On trouva*, dit Joinville,[33] *au-delà de l'espace qu'ils avaient occupés, une superficie d'environ cent perches, si couvertes de piles de dards et d'autres traits, qu'on n'y voyoit point de terre. Leur grand-maître avoit perdu un oeil au combat de Massoure ; il y perdit l'autre à celui-ci : car il y fut tué et occis.*

---

[33] Joinville, p. 53.

Le comte de Flandre combattit plus heureusement, *et fit les plus grands faits d'armes*. Peu content d'avoir repoussé les ennemis, il les poursuivit l'épée dans les reins, en tua un grand nombre, et revint chargé de leurs dépouilles. Il n'en était pas de même à l'extrémité de l'aile gauche, où le comte de Poitiers fut enfoncé et pris. C'était un prince humain, débonnaire, bienfaisant. Il éprouva, dans cette occasion, combien il importe aux maîtres du monde de posséder les coeurs de leurs sujets. Déjà les Sarrasins l'emmenaient, lorsque les vivandiers, les valets qui gardaient le bagage, les femmes même, transportés d'un courage extraordinaire, coururent à son secours. Avec les instrumens de leurs métiers, et les armes qu'ils ramassèrent sur le champ de bataille, ils firent de si grands efforts, qu'ils l'arrachèrent des mains des barbares, et le mirent en état de rallier ses gens qui repoussèrent les infidèles loin du camp. L'intrépide Brancion, secondé de son fils, eut aussi la gloire, quoique sans cavalerie, de forcer les Egyptiens à se retirer en désordre ; mais le jour même il expira des blessures qu'il avait reçues, *s'estimant trop heureux*, dit Joinville, son neveu, *de mourir pour Jésus-Christ, faveur qui étoit depuis long-temps l'objet de ses voeux*. Partout enfin les Sarrasins attaquèrent avec furie, et partout ils furent repoussés avec grande perte. Les Français, dans cette occasion, se surpassèrent, pour ainsi dire eux-mêmes, et remportèrent tout l'honneur de la journée, sans cavalerie, presque sans armes, et contre une armée quatre fois plus forte que la leur.

C'est cet avantage si glorieux que le saint roi, qui joignait toujours la modestie au plus parfait héroïsme, exprime dans sa lettre sur sa prison et sur sa délivrance, par ces termes si simples, mais si énergiques : « Les infidèles, avec toutes leurs troupes, vinrent fondre sur notre camp ; Dieu se déclara pour nous : le carnage fut très-grand de leur côté. »

Pénétré des mêmes sentimens, aussitôt que les ennemis eurent fait sonner la retraite, il assembla les seigneurs de son armée pour les exhorter à rendre grace au Dieu tout-puissant qui les avait soutenus, et dont le secours leur était si nécessaire dans la conjoncture où ils se trouvaient.

Elle était des plus glorieuses ; mais il en aurait fallu profiter, ont dit ceux qui se mêlent de juger des événemens lorsqu'ils sont arrivés, et qui ont blâmé la conduite de saint Louis. L'armée chrétienne était diminuée de moitié : il semble qu'il n'y avait qu'à retourner à Damiette pour y attendre les secours de l'Europe. Cette ville était la plus forte de l'Egypte, et les troupes du roi étaient plus que suffisantes pour la défendre, si les Sarrasins osaient l'attaquer. On y aurait mis en sûreté les malades et les blessés, et l'on aurait tiré, par la Méditerranée, les vivres et les munitions nécessaires. Louis, ayant assemblé les seigneurs de l'armée, ils ne furent pas d'avis de décamper. Ils s'imaginèrent que les ennemis n'étaient pas en état de tenter une troisième attaque, et on ne voulut pas qu'une retraite leur donnât lieu de s'attribuer l'avantage du combat. Vanité ridicule ; l'honneur des Français étant assez à couvert par les actions courageuses qu'ils avaient faites. Ils déterminèrent donc le roi à consentir de rester dans le camp, après lui avoir encore représenté que, dans leur retraite, ils pourraient être attaqués par les Sarrasins. Cette résolution fut blâmée par beaucoup de personnes ; mais ce ne fut que dans la suite, lorsqu'on en jugea par l'événement, sans approfondir les raisons qui avaient obligé de la prendre. Elle aurait sans doute réussi, sans la funeste révolution qui arriva dans l'Egypte, quelques jours après, et causa les plus grands malheurs.

Pendant que le roi faisait reposer son armée, dont il adoucissait les peines par ses libéralités et par les exemples de patience qu'il lui donnait, on apprit l'arrivée d'Almoadan, fils du dernier soudan Melech-Sala. C'était un jeune prince de vingt-cinq ans, fort sage, instruit par l'adversité, qui avait déjà de l'expérience, et dont le mérite ayant donné de la jalousie à son père, le lui avait fait tenir toujours éloigné, et comme prisonnier au château de Caïfa, en Mésopotamie. Sa présence, les bonnes qualités qu'on remarquait en sa personne, l'armée qu'il conduisait, firent reprendre courage aux Egyptiens, et il paraissait, dans les soldats musulmans, un grand empressement pour aller, sous sa conduite, achever d'exterminer ce reste de chrétiens dont on n'ignorait pas la mauvaise situation.

Néanmoins ce jeune prince, ayant pris l'avis de son conseil, jugea que la voie d'un traité était plus sûre, et en fit faire la proposition au roi qui l'accepta. On convint d'un lieu où les députés s'assembleraient, et le roi y envoya, entr'autres, Geoffroi de Sargines.

On convint que le roi rendrait la ville de Damiette, et que le soudan le mettrait en possession de tout le royaume de Jérusalem ; que tous les malades et blessés de l'armée seraient transportés à Damiette ; qu'on y pourvoirait à leur sûreté jusqu'à ce qu'ils fussent rétablis, et en état de partir ; que le roi en retirerait toutes les machines de guerre qui lui appartenaient ; que les Sarrasins laisseraient emporter aux Français tous les magasins de chair salée qu'ils y avaient faits, et qu'ils pourraient, après avoir évacué la place, en tirer des provisions à un prix raisonnable.

Quand ce traité eut été conclu, le soudan demanda des otages pour assurance de l'exécution. On offrit de lui donner un des deux frères du roi, le comte d'Anjou ou le comte de Poitiers.

Les Mahométans le refusèrent : soit que le soudan n'eût commencé à traiter avec les chrétiens que pour les amuser, soit qu'il crût que l'extrémité où ils étaient réduits les amenerait aux plus dures conditions, il protesta qu'il n'accepterait d'autre otage que la personne du roi même. A ces mots, le bon chevalier Geoffroi de Sargines fut saisi d'une noble colère. « On doit assez connaître les Français, dit-il avec indignation, pour les croire prêts à souffrir mille morts, plutôt que de livrer leur prince entre les mains de ses ennemis. *Ils aimeroient beaucoup mieux que les Turcs les eussent tous tués, qu'il leur fût reproché qu'ils eussent baillé leur roi en otage.* » Peu s'en fallut que tout le conseil ne fît paraître autant de chaleur contre le monarque lui-même. Il voulait qu'on lui permît de se sacrifier pour le salut de son peuple. Tous, au contraire, demandaient à mourir pour lui : rare espèce de combat, aussi glorieux pour le souverain qui, cette fois, ne fut pas le maître, que pour les sujets qui, dans cette occasion, se firent un devoir de désobéir. Ainsi, toute négociation fut rompue.

Cependant on ne vit jamais d'armée accablée en même temps de plus de maux et de misères que l'était celle des chrétiens. Les maladies se mirent dans tous les quartiers, et principalement le scorbut et les fièvres malignes, causées par les extrêmes chaleurs. Mais ce qui augmenta la corruption de l'air, fut l'infection des corps qui avaient été jetés dans la rivière, après les deux batailles, et qui, au bout de neuf ou dix jours, revenant sur l'eau, s'arrêtèrent au pont de communication du camp du roi avec celui du duc de Bourgogne, répandant fort loin une odeur insupportable.

On eût remédié à ce mal, si on avait rompu le pont ; mais on n'avait garde de prendre cet expédient qui aurait séparé les deux camps. Le roi paya cent hommes pour faire passer les cadavres par-dessous le pont, et ce travail dura huit jours, parce que ce prince, par piété, voulut qu'on démêlât, pour les faire inhumer, les corps des chrétiens d'avec ceux des Mahométans. Cette peine qu'on se donna à remuer tous ces corps déjà pourris, et qui dura si long-temps, ne servit qu'à empester l'air davantage. Nul de ceux qui y furent occupés ou présens, ne manqua d'être frappé de maladie ; un très-grand nombre en mourut, et le camp ne fut plus qu'un hôpital ou un cimetière. Pour comble de malheur, la famine suivit de près toutes ces misères. Les Sarrasins enlevaient tous les convois que la reine faisait embarquer à Damiette.

Rien ne venait par terre. Les vivres, en peu de jours, furent à un prix excessif. Cette épreuve ne put vaincre la constance et la charité du saint roi ; il ne parut jamais plus grand que dans cette cruelle extrémité.

La bonne fortune n'avait point élevé son coeur, la mauvaise ne fut point capable de l'abattre. Il donnait ordre à tout ; il voyait tout par lui-même. En vain les seigneurs de sa suite lui représentèrent qu'il exposait sa vie, en visitant chaque jour des malheureux attaqués d'un mal pestilentiel ; ils n'en reçurent d'autre réponse, sinon qu'il n'en devait pas moins à ceux qui s'exposaient tous les jours pour lui. Il leur portait des médicamens, les soulageait de son argent, les consolait par ses exhortations. Guillaume de Chartres, l'un de ses chapelains, rapporte qu'étant allé exhorter à la mort un ancien valet-de-chambre du roi, nommé Gaugelme, fort homme de bien, serviteur fidèle et très-chéri : « J'attends mon saint maître, dit le moribond. Non, je ne mourrai point que je n'aie eu le bonheur de le voir. » Il arriva en effet dans le moment ; et, à peine fut-il sorti, que le malade expira dans les sentimens de la plus parfaite résignation.

Mais l'événement ne justifia que trop ce que tout le monde avait prévu. Le saint roi fut attaqué du même mal, avec une violente dyssenterie, et son courage, qui l'avait soutenu jusque-là contre tant de fatigues, céda enfin à la contagion de l'air et à la délicatesse de sa complexion ; il se vit réduit tout à coup à une extrême faiblesse.

Dans cette extrémité, on prit la résolution de quitter ce camp et de faire retraite vers Damiette. C'était une chose très-difficile. Les Sarrasins qui voyaient bien que l'armée chrétienne serait forcée de prendre ce parti, avaient une armée toute prête à charger l'arrière-garde durant la marche, et ce n'était pas là le plus grand danger.

Il y avait du camp à Damiette près de vingt lieues, et il fallait les faire à travers une multitude innombrable d'ennemis qui gardaient tous les passages ; mais c'était une nécessité, il fallut tout hasarder.

Avant que le roi se mît en marche, il fit passer tous les malades et tous les bagages ; il les suivit étant malade lui-même, et confia l'arrière-garde à Gaucher de Châtillon. Au premier mouvement que fit l'armée, les ennemis chargèrent l'arrière-garde, et prirent le seigneur Errart de Valery ; mais il fut repris par Jean son frère, et ils n'osèrent plus revenir. Dès que l'armée eut passé la rivière du Thanis, et que le roi se fut joint au camp du duc de Bourgogne, il fit embarquer sur ce qui lui restait de vaisseaux les malades et les blessés, avec ordre de descendre la rivière, et de regagner Damiette. Plusieurs compagnies d'archers furent commandées pour les escorter : il y avait un grand navire sur lequel se mit le légat avec quelques évêques. Tous les seigneurs conjurèrent le roi d'y monter aussi ; mais, quoique très-faible, et pouvant à peine se soutenir, « il protesta qu'il ne pouvait se résoudre à abandonner tant de braves gens qui avaient exposé si généreusement leur vie pour le service de Dieu et pour le sien ; qu'il voulait les ramener avec lui, ou mourir prisonnier avec eux. »

Il marcha donc à l'arrière-garde que commandait toujours l'intrépide Châtillon ; et, de tous ses gendarmes, Louis ne retint avec lui que le seul Geoffroi de Sargines. L'état où sa maladie l'avait réduit ne lui permit pas de se charger de tout l'attirail de la guerre, qui était alors en usage. Il était monté sur un cheval de petite taille, dont l'allure douce s'accommodait davantage à sa faiblesse, sans casque, sans cuirasse, sans autres armes que son épée. L'armée avait fait peu de chemin, lorsqu'elle se vit harcelée par les troupes sarrasines, qui tombaient de toutes parts sur elle, sans néanmoins s'engager au combat. Guy Duchâtel, évêque de Soissons, de la maison de Châtillon, ne pensant qu'à périr glorieusement, s'abandonna dans une de ces escarmouches au milieu des ennemis : et, après en avoir tué un grand nombre de sa main, il trouva enfin cette glorieuse mort qu'il cherchait en combattant pour Jésus-Christ. On croyait alors que les canons qui défendent aux ecclésiastiques de manier les armes, ne s'étendaient pas jusqu'aux guerres saintes, et que les pasteurs qui quittaient leur troupeau pour courir après les loups, étaient en droit de les tuer.

Châtillon et Sargines montrèrent plus de conduite sans faire paraître moins de valeur ; ils soutinrent, presque seuls, tout l'effort des barbares. Le saint roi ne cessait, depuis, de faire en toutes rencontres l'éloge de ces deux guerriers, et disait que jamais il n'avait vu de chevaliers faire tant et de si vaillans exploits pour le défendre dans cette fâcheuse extrémité. Ce fut ainsi que les deux intrépides chevaliers conduisirent le monarque jusqu'à une petite ville nommée par Joinville Casel,[34] et par d'autres Sarmosac, ou Charmasac. *Là*, dit Joinville, *il fut descendu au giron d'une bourgeoise de Paris.*[35] *Telle étoit sa foiblesse, que tous les cuidèrent voir passer, et n'espéroient point que jamais il pût passer celui jour sans mourir.*

Châtillon cependant qui veillait à la gloire et à la sûreté de ce prince, défendit long-temps seul l'entrée d'une rue étroite qui conduisait à la maison où était le roi. On voyait Châtillon tantôt fondre sur les infidèles, abattant et tuant tous ceux dont il avait pu prévenir la fuite par sa vitesse ; tantôt faisant retraite pour arracher de son écu, de sa cuirasse, et même de son corps, les flèches et les dards dont ils étaient hérisses. Il retournait ensuite avec plus de furie, et se dressant sur les

---

[34] Joinville, page 77.

[35] Il faut croire que c'était apparemment une femme de Paris, qui, par quelque aventure extraordinaire, était établie dans cette ville si éloignée de sa patrie.

étriers, il criait de toute sa force : *A Châtillon! chevaliers, à Châtillon! et où sont mes prud'hommes?* Mais, en vain ; personne ne paraissait. Accablé enfin par la foule, épuisé de fatigue, tout couvert de traits, et percé de coups, il tomba mort en défendant la religion et son roi. Ainsi périt Gaucher de Châtillon, jeune seigneur de vingt-huit ans. Heureux si, en s'immolant pour le bien public, il eût pu garantir des malheurs auxquels il fut exposé, un prince qui méritait de pareils sacrifices! Mais Dieu en avait autrement ordonné : il voulut que Louis donnât au monde le spectacle d'une autre sorte de gloire que les chrétiens seuls savent trouver dans les souffrances, l'opprobre et l'ignominie.

Cependant les restes de l'arrière-garde arrivèrent, toujours poursuivis, toujours faisant une vigoureuse résistance. Philippe de Montfort vint trouver le roi pour lui dire *qu'il venoit de voir l'émir avec lequel on avoit traité d'une trève quelques jours auparavant, et que si c'étoit son bon plaisir, que encore derechef il lui en iroit parler.* Le monarque y consentit, promettant de se soumettre aux conditions que le soudan avait d'abord demandées. Le Sarrasin ignorait l'état pitoyable où les croisés étaient réduits. Montfort connaissait l'impatience qu'avait le soudan de se voir en possession de Damiette. Tout ce qu'il avait vu faire aux Français lui donnait lieu de craindre que le courage, joint au désespoir, ne les portât à des choses plus grandes encore : il accepta donc la proposition, et voulut bien traiter de nouveau. La trève fut conclue à la satisfaction des deux parties. Montfort, pour assurance de la parole qu'il donnait, tira l'anneau qu'il avait au doigt, et le présenta à l'émir, qui le reçut. Déjà ils se touchaient dans la main, *lorsqu'un traître,*[36] *mauvais huissier,* dit Joinville, *nommé Marcel, commença à crier à haute voix : Seigneurs, chevaliers françois, rendez-vous tous, le roi vous le mande par moi, et ne le faites point tuer.* A ces

---

[36] Joinville, p. 62.

mots, la consternation fut générale : on crut que le monarque était en effet dans un grand danger ; *chacun rendit ses bâtons et harnois*. L'émir ne fut pas long-temps à s'apercevoir d'un changement si soudain ; et voyant que de tous côtés on emmenait prisonniers les gens du roi, il dit au malheureux Montfort qu'on ne faisait point de trêve avec un ennemi vaincu, et le força lui-même de rendre les armes.

En même temps l'un des principaux émirs, nommé Gemaledin, entra dans Charmasac avec un corps considérable de troupes ; et trouvant le roi environné de gens qui songeaient bien moins à le défendre qu'à l'empêcher d'expirer, il se saisit de sa personne et de tous ceux qui s'empressaient à la soulager : les deux princes ses frères, Alphonse et Charles, tombèrent aussi entre les mains des infidèles. Ce qu'il y a de certain, c'est que tous ceux qui se retiraient par terre, seigneurs ou simples soldats, subirent le même sort ; les uns plus tôt, les autres plus tard, tous furent tués ou pris. L'oriflamme, tous les autres drapeaux, tous les bagages, furent conduits en triomphe à Massoure avec les captifs, dont le nombre était si grand, qu'ils y furent entassés les uns sur les autres. Le destin de ceux qui étaient sur le Thanis ne fut pas plus heureux. Il n'y eut que le légat, le duc de Bourgogne, et quelques autres, montés sur de grands vaisseaux, qui eurent le bonheur d'échapper. Les autres bâtimens moins forts, investis de tous côtés, ou périrent par le feu grégeois, ou demeurèrent a la merci des barbares. Tout ce qu'il y avait de malades fut impitoyablement massacré : on ne fit grâce qu'aux gens de marque dont on espérait tirer une grosse rançon. Joinville, que son extrême faiblesse avait obligé de s'embarquer, eut aussi le malheur d'être enveloppé. Il fit jeter l'ancre au milieu du fleuve ; mais ayant vu dans le moment quatre grands vaisseaux ennemis qui venaient l'aborder, il délibéra avec ses chevaliers sur ce qu'il y avait à faire : tous convinrent qu'il fallait se rendre, excepté un sien clerc, qui disait que tous devaient se laisser tuer afin d'aller en paradis : *Ce que ne voulûmes croire*, dit-il avec sa naïveté ordinaire, *car la peur de la mort nous pressoit trop fort*. Il se rendit, de l'avis de ceux qui étaient en sa compagnie, après avoir jeté dans la rivière un petit coffre où il y avait toutes ses pierreries et ses reliques. Comme il était presque mourant, il courait risque d'être tué ; mais un de ses mariniers, pour lui sauver la vie, dit aux infidèles que ce chevalier était cousin du roi. Sur cela, un sarrasin qui voulait le faire son prisonnier, vint à lui, et lui dit qu'il était perdu s'il ne le suivait et n'entrait dans son vaisseau. Il y consentit, et s'étant fait attacher à une corde, il se jeta dans l'eau avec le Sarrasin même, qui se fit tirer avec lui dans le vaisseau. Il fut conduit à terre, où d'autres Sarrasins voulaient le tuer ; mais celui qui l'avait pris, le tenant embrassé, criait de toute sa force : *C'est le cousin du roi, ne le tuez pas!* Cela lui sauva la vie, et même le fit traiter avec assez d'humanité, jusque-là qu'un seigneur sarrasin lui fit prendre un breuvage qui le guérit en peu de jours de la maladie dont il était attaqué, et qui l'avait mis presqu'à l'extrémité.

Il fut conduit au commandant de la flotte, qui lui demanda s'il était cousin du roi : il répondit que non, et que c'était un de ses mariniers qui avait dit cela de lui-même. Il lui demanda s'il n'était pas allié de l'empereur Frédéric ; il répondit qu'il l'était par sa mère. Le général lui répartit qu'à la considération de ce prince qu'il estimait, il aurait des égards pour lui.

Il eut la douleur de voir égorger en sa présence un grand nombre de malades, et entr'autres ce brave prêtre messire Jean de Vaisy, son aumônier, dont j'ai parlé, qui avait attaqué et mis en fuite six Sarrasins. Ayant fait dire par le Sarrasin dont il était prisonnier, aux officiers qui présidaient à ce cruel massacre : *Qu'ils faisoient grand mal, et contre le commandement de leur grand Saladin, qui disoit qu'on ne devoit tuer ni faire mourir homme depuis qu'on lui avoit fait manger de son pain et de son sel*, ils répondirent qu'ils le faisaient ainsi par compassion pour leur misère, et pour leur épargner les douleurs que la maladie leur causait.

Louis, dans sa prison, parut aussi grand que sur le trône, sur le pont de Taillebourg et à la descente à Damiette. On ne lui avait laissé que son bréviaire ; il le prit de la main de son chapelain, et le récita avec autant de tranquillité que s'il eût été dans l'oratoire de son palais. Les barbares eux-mêmes admirèrent sa constance plus qu'héroïque. Il était si faible qu'il fallait le porter lorsqu'il voulait faire un pas : il manquait des choses les plus nécessaires ; au commencement il n'eut pour se couvrir la nuit, qu'une vieille casaque qu'un prisonnier lui donna ; il était dénué de presque tout secours ; jamais rien ne put l'ébranler. Un seul homme nommé Isambert, composait tout son domestique ; il lui préparait à manger, faisait son pain, et lui tenait lieu de toute cette foule d'officiers, si empressés pour le service des rois. Tout faible et tout malade qu'il était, il ne lui échappa jamais ni signe de chagrin, ni mouvement d'impatience. Il récitait tous les jours son bréviaire avec son chapelain, et se faisait lire toutes les paroles de la messe, excepté celles de la consécration.

La santé de Louis étant si affaiblie qu'il pouvait à peine se soutenir, le sultan Almoadan appréhenda enfin de le voir mourir, de perdre la grosse rançon qu'il en espérait, et de ne pouvoir rentrer en possession de la ville de Damiette. Cette crainte le fit changer tout-à-coup de conduite à l'égard de son prisonnier. Il lui permit de faire venir des étoffes, lui fit présent de deux vestes de taffetas noir, fourrées de vair, avec une garniture de boutons d'or ; lui donna ses gens pour le servir, avec ordre de lui fournir tout ce qu'il demanderait. Enfin il lui envoya ses médecins, qui lui firent prendre un breuvage qui le guérit en quatre jours. Le temps dont je parle était, chez les mahométans, un siècle de lumière ; ils cultivaient les sciences, et entre autres la médecine, avec succès.

Quelque temps après le lieutenant du sultan fit monter à cheval le sire de Joinville, et le faisant marcher à côté de lui, il le conduisit au lieu où était le roi avec les deux princes ses frères. Là étaient aussi plusieurs seigneurs, et plus de dix mille autres captifs de toute condition ; mais les prisonniers de marque séparés des autres, et ceux-ci renfermés dans une espèce de parc, clos de murailles.

Au bout de quelques jours, un des principaux officiers sarrasins y arriva avec des soldats, et, faisant sortir du parc les prisonniers les uns après les autres, on leur demandait s'ils voulaient renoncer Jésus-Christ : ceux qui répondaient que non avaient la tête tranchée dans le moment ; ceux qui renonçaient étaient mis à part.

Joinville et les autres seigneurs furent mis dans un quartier de réserve que les infidèles faisaient exactement garder, et le roi dans une tente, entourée pareillement d'une forte garde. Le dessein du soudan, en les faisant ainsi séparer, était de traiter en même temps avec le roi, d'une part, et de l'autre avec les seigneurs.

Almoadan leur envoya un de ses émirs, avec un truchement qui leur demanda s'ils voulaient traiter de leur délivrance, et leur dit de choisir quelqu'un d'entre eux pour convenir de leur rançon. Ils choisirent le comte Pierre de Bretagne, auquel on proposa d'abord de remettre entre les mains du soudan quelques-unes des forteresses que les chrétiens tenaient encore dans la Palestine. Le comte répondit que la chose n'était pas en leur disposition, mais en celle de l'empereur Frédéric, comme roi de Jérusalem, et que ce prince n'y consentirait pas. On lui proposa en second lieu de rendre au soudan quelques places qui dépendaient des chevaliers du Temple, ou de ceux de l'Hôpital. Le comte répondit que cela était impossible, parce que ceux à qui l'on en confiait la garde faisaient un serment particulier, en y entrant, de ne rendre aucunes places pour sauver la vie à qui que ce fût. L'officier mahométan répondit en colère, qu'il voyait bien qu'ils ne voulaient pas être délivrés, et que bientôt ils seraient traités comme ils venaient d'en voir traiter tant d'autres ; et ensuite il congédia le comte de Bretagne et les envoyés qui l'avaient accompagné.

On leur en donna la peur toute entière : un moment après ils virent venir vers eux un grand nombre de jeunes soldats, ayant à leur tête un vieillard musulman qui paraissait un homme de distinction ; il leur fit demander par un truchement s'il était vrai qu'ils crussent en un seul Dieu, qui fût né, crucifié et mort pour eux, et ensuite ressuscité. Ils répondirent tous avec fermeté qu'ils le croyaient ; mais la repartie qu'il leur fit les surprit beaucoup. « Si cela est, leur répondit-il, ne vous découragez point dans l'état malheureux où vous vous trouvez : vous souffrez, mais vous n'êtes pas encore morts pour lui comme il est mort pour vous ; et, s'il est ressuscité lui-même, il aura le pouvoir de vous délivrer bientôt de votre captivité. » Après avoir parlé de la sorte, il se retira. Comme on ne devait guère attendre une pareille morale de la part d'un mahométan, les prisonniers tirèrent de là un bon augure pour leur délivrance.

Traité du roi pour sa liberté avec Almoadan, Soudan d'Égypte

Almoadan, n'espérant plus rien obtenir des seigneurs français, se tourna du côté du roi, lui fit faire les mêmes demandes, et en reçut les mêmes réponses. Alors, transporté de colère, il le fit menacer, s'il persistait dans son obstination, de le faire mettre en bernicles, espèce de torture très-cruelle, dont Joinville a voulu nous faire la description ; mais il s'est si mal expliqué, qu'il est difficile d'y comprendre quelque chose.

Louis, toujours égal à lui-même, répondit avec modestie : *Je suis prisonnier du sultan ; il peut faire de moi à son vouloir.* Le soudan, convaincu qu'il ne gagnerait rien par cette voie, fit proposer au roi de donner pour sa rançon et pour celle des autres prisonniers, un million de besans d'or, et la ville de Damiette. Louis répondit avec une noble fierté, *qu'un roi de France n'étoit point tel, qu'il se voulût rédimer pour aucune finance de deniers ; mais qu'il donneroit la ville pour sa personne, et payerait le million de besans pour la délivrance de sa gent.* Le sultan, étonné de la générosité de son prisonnier, s'écria : *Par ma loi! franc et libéral est le français, qui n'a voulu barguigner, mais a octroyé de faire et payer ce qu'on lui a demandé. Or, lui allez dire que je lui remets le cinquième de la somme, et qu'il n'en payera que huit cent mille besans,* lesquels, selon quelques auteurs contemporains, réduits à la monnaie de France de ce temps-là, faisaient environ cent mille marcs d'argent.

Le traité fut conclu à ces conditions : « Qu'il y auroit trêve pour dix ans entre les deux nations ; que tous les prisonniers qu'on avoit faits de part et d'autre, non-seulement depuis l'arrivée des Français, mais encore depuis la suspension d'armes avec l'empereur Frédéric, seroient remis en liberté ; que les chrétiens posséderoient paisiblement toutes les places qu'ils tenoient dans la Palestine et dans la Syrie ; que le roi payeroit huit cent mille besans d'or pour la rançon de ses sujets captifs, et donneroit Damiette pour sa personne, que tous les meubles que le monarque, les princes, les seigneurs, et généralement tous les chrétiens, laisseroient dans cette ville, y seroient conservés sous la garde d'Almoadan, jusqu'à ce que l'on envoyât des vaisseaux pour les transporter où l'on jugeroit à propos ; que les malades et ceux dont la présence étoit encore nécessaire à Damiette, y seroient en sûreté tout le temps qu'ils seroient forcés d'y demeurer ; qu'ils pourroient se retirer par mer ou par terre, selon leur volonté, et que le soudan seroit obligé de donner des sauf-conduits à ceux qui prendroient cette dernière voie pour se rendre en quelque place de la domination des chrétiens. »

Les choses étant ainsi réglées, il n'était plus question que de se disposer à l'accomplissement du traité. Le soudan fit amener le roi dans un lieu de plaisance, nommé Pharescour, situé sur le bord du Nil, où il avait fait bâtir un palais assez vaste, mais construit de bois seulement, couvert de toiles peintes de diverses couleurs. Ce fut là que les deux princes se virent et conférèrent ensemble dans une tente qu'on avait préparée exprès. On ignore les particularités de leur entrevue ; tout ce qu'on sait, c'est que le traité y fut ratifié, et qu'on fit de part et d'autre les sermens convenus. Il n'était plus question que de se disposer au départ et à l'évacuation de Damiette. On fit monter le roi avec les principaux seigneurs de son armée sur quatre vaisseaux, pour descendre la rivière vers cette ville ; mais un événement imprévu jeta le roi en de plus grands embarras et de plus grands dangers que jamais : ce fut la mort d'Almoadan, contre lequel les Mamelucks avaient fait une conspiration qui éclata sur ces entrefaites, et dont voici les causes et les suites.

ALMOADAN EST ASSASSINÉ PAR LES MAMELUCKS

Ces Mamelucks étaient une espèce de milice à peu près semblable à celle des janissaires d'aujourd'hui, excepté qu'elle combattait d'ordinaire à cheval. Malech-Sala, père du nouveau soudan, l'avait formée. Elle était composée de soldats qui, dès leur enfance, avaient été achetés, soit en Europe, soit en Asie, par les ordres du soudan : ainsi, ne connaissant ni leurs pères, ni leurs mères, ni souvent même leur pays, ils ne pouvaient avoir d'attachement que pour le prince et pour son service. Il les faisait élever dans tous les exercices militaires, et les traitait comme un régiment de ses gardes, qu'il distinguait beaucoup de ses autres troupes : c'était parmi eux qu'il choisissait ceux qui avaient le plus de mérite et de talent, pour en faire ses émirs, et les autres officiers de ses armées.

Ce corps était fort nombreux et fort brave. Il devint redoutable au soudan même qui, sur le moindre soupçon, faisait couper la tête aux commandans, et confisquait leurs biens à son profit.

Almoadan, fils de Malech-Sala, suivit à contre-temps, et sans doute avec trop d'imprudence, ce rude despotisme. Lorsqu'il fut arrivé en Egypte, et eut été reconnu souverain, il déposa la plupart de ceux qui possédaient les charges de la cour et de l'armée, pour les donner à ceux qu'il avait amenés d'Orient. C'était des jeunes gens qui avaient toute sa confiance, et qui engloutissaient toutes les grâces.

Le sultan est assassiné par les Mamelucks

Ce fut pendant le temps qu'on négociait la trève avec le roi de France, que les émirs, qui étaient tous du corps des Mamelucks formèrent une conjuration contre Almoadan, dans laquelle entra la sultane Sajareldor, veuve du défunt soudan, qui avait été disgraciée. Ils s'imaginèrent que, lorsque Almoadan serait maître de Damiette, et que l'Egypte serait entièrement pacifiée, son caractère absolu disposerait de leurs biens et de leurs vies, suivant ses soupçons et ses caprices. C'est pourquoi ils résolurent d'exécuter leur dessein à Pharescour. Ils gagnèrent plusieurs officiers subalternes, et un grand nombre de soldats ; et, comme le soudan était sur le point de partir pour aller prendre possession de Damiette, suivant le traité fait avec le roi de France, il fit mettre son armée sous les armes, et marcher vers la ville. Pour la faire avancer plus promptement, les chefs des conjurés firent répandre le bruit que Damiette avait été prise sur les chrétiens, et qu'il fallait se hâter pour avoir part au butin. Le départ de l'armée n'avait laissé auprès du soudan, pour sa garde à Pharescour, qu'une partie des Mamelucks qui étaient de la conjuration, et ce prince infortuné, qui ne se défiait de rien, se trouva livré à leur discrétion. Il avait dîné à Pharescour, dans le palais de bois dont j'ai parlé, qui était d'une grandeur prodigieuse, et contenait différens appartemens. Après son repas, s'étant levé de table, comme il congédiait plusieurs émirs pour se retirer dans une chambre voisine, celui qui portait l'épée nue devant lui, selon la coutume, se tourna brusquement, et lui en déchargea un grand coup qui ne fit cependant que lui fendre la main depuis le doigt du milieu, jusque bien avant dans le bras. Le soudan, se voyant sans armes, prit la fuite, et se sauva vers le haut du bâtiment, où il se renfermât, sans qu'on se mît en peine de le poursuivre ; mais aussitôt le redoutable feu grégeois ayant été jeté en différens endroits de l'édifice, il fut en un moment tout en flammes. Le soudan, voyant qu'il fallait périr, aima mieux s'exposer à la fureur des conjurés, que de se voir brûler tout vif. Il descendit, et se jeta au milieu des soldats pour gagner la rivière. Il fut blessé dans le flanc, d'un poignard qui y resta, et avec lequel il se jeta dans le Nil pour le passer à la nage. Il y fut poursuivi par neuf assassins qui lui ôtèrent la vie. Un d'eux, nommé Octaï, l'ayant tiré à terre, lui ouvrit la poitrine, en arracha le coeur, et aussitôt, tenant ce coeur dans sa main toute ensanglantée, il monta sur le vaisseau où était le roi, et lui dit : « Que me donneras-tu pour t'avoir délivré d'un ennemi qui t'en eût fait autant s'il eût vécu? »

Louis ne répondit à cette brutale question que par un regard de mépris qui fit assez voir qu'il avait horreur d'une action si détestable. On ajoute qu'Octaï le pria de le faire chevalier de sa main ; que le roi lui répondit qu'il le ferait volontiers, s'il voulait se faire chrétien, et que l'infidèle se retira plein de respect pour ce prince, dont il ne pouvait assez admirer la fermeté et le courage.

Un moment après, trente de ces assassins entrèrent dans le vaisseau, et criant, *tue! tue!* Chacun en ce moment se crut mort. Plusieurs se jetèrent aux pieds d'un religieux de la Trinité, de la suite de Guillaume, comte de Flandre, pour lui demander l'absolution. Le seigneur Guy d'Ybelin, connétable de Chypre, se jeta à genoux devant Joinville, et se confessa à lui : *Et je lui donnai*, ajoute ce seigneur, *telle absolution comme Dieu m'en avoit donné le pouvoir ; mais de chose qu'il m'eût dite, quand je fus levé, oncque ne m'en recordai de mot ; mais en droit moi, ne me souvenois alors de mal ne péché que oncque j'eusse fait, et je m'agenouillai aux pieds de l'un d'eux, tendant le cou, et disant ces mots en faisant le signe de la croix : Ainsi mourut sainte Agnès.* Telle était la simplicité de ces bons chevaliers, qui avaient au moins beaucoup de foi. Ils en furent quittes pour la peur. Les trente assassins sortirent du vaisseau sans faire mal à personne. Une pareille scène se passait dans la tente du roi, où une troupe de ces scélérats entra avec confusion, l'épée nue, et teinte encore du sang de leur prince. Leur démarche, leurs cris, leur fureur enfin, qui paraissait peinte sur leurs visages, n'annonçaient rien que de funeste. Louis, sans rien diminuer de cet air majestueux qui inspirait le respect, même aux plus barbares, laissa tranquillement rugir ces bêtes féroces, ne montrant ni moins de sérénité, ni moins de dignité que s'il eût été à quelque cérémonie d'éclat au milieu de ses barons. Cette constance héroïque lui attira l'admiration de ces infâmes parricides ; ils s'adoucirent tout d'un coup, et se prosternant jusqu'à terre : *Ne craignez, rien, Seigneur*, lui dirent-ils, *vous êtes en sûreté ; il fallait que les choses se passassent comme elles viennent d'arriver : nous ne vous demandons que l'exécution du traité, et vous êtes libre*.

On dit même qu'ils furent si touchés de son intrépidité, qu'ils mirent en délibération de le choisir pour leur soudan ; mais le voyant si ferme dans ce qui regardait sa religion, ils appréhendèrent qu'il ne renversât bientôt toutes leurs mosquées. Un jour le saint monarque s'entretenant de cette aventure avec Joinville, lui demanda s'il croyait qu'il eût accepté la couronne d'Egypte. Le naïf sénéchal répondit,[37] *qu'il eût fait en vrai fol, vu qu'ils avoient ainsi occis leur seigneur. Or sçachez*, reprit Louis, *que je ne l'eusse mie refusée*. Tel était le zèle de ce prince véritablement chrétien, que dans l'espérance de convertir ces infidèles, il se fût exposé à une mort certaine.

Le lendemain, les émirs envoyèrent demander communication du traité fait avec le soudan. Le comte de Flandre, le comte de Soissons, et plusieurs seigneurs, allèrent leur parler à ce sujet. Les émirs leur répétèrent ce qu'ils avaient déjà dit au roi, que le dessein du soudan, sitôt qu'il eût été en possession de Damiette, était de lui faire couper la tête, et à tous les seigneurs français, et que, pour marque de

---

[37] Joinville, page 73.

sa perfidie, il en avait déjà envoyé quelques-uns au Grand-Caire, où il les avait fait massacrer.

Cependant le traité fut confirmé ; mais les émirs voulurent que la moitié de la rançon fût payée avant le départ du roi, et il y consentit. Il fut question de faire un nouveau serment de part et d'autre : les émirs le firent à leur manière, et le roi le reçut ; mais il voulurent lui prescrire la forme du sien. Ils en avaient fait composer la formule par quelques renégats, en cette manière : « Qu'au cas que le roi manquât à sa promesse, il consentait d'être à jamais séparé de la compagnie de Dieu et de la Vierge Marie, des douze apôtres, des saints et saintes du Paradis. » Le roi n'eut aucune peine sur ce point-là ; mais la seconde partie lui fit horreur. On voulait qu'il s'exprimât en ces termes : « Que, s'il violait son serment, il serait réputé parjure, comme un chrétien qui a renié Dieu, son baptême et sa loi, et qui, en dépit de Dieu, crache sur la croix et la foule aux pieds. » Il protesta que ces horribles paroles ne sortiraient jamais de sa bouche. Les émirs ayant appris la réponse du roi, en furent très-irrités, et assurèrent celui qui la leur porta, que, s'il ne faisait ce serment (comme eux avaient fait le leur de la manière qu'il avait voulu), ils lui couperaient la tête, et à tous les seigneurs de sa suite. Cette menace, rapportée au roi, ne l'ébranla pas plus que les instances que lui firent les deux princes ses frères, qui lui représentaient qu'il devait passer par-dessus ce scrupule, puisqu'il était en résolution d'exécuter sa promesse avec toute l'exactitude possible.

Les émirs pleins de rage vinrent à sa tente, comme pour lui ôter la vie ; mais l'avarice était un frein qui arrêtait leur fureur : ils craignaient de perdre la grosse rançon que le roi avait promise, et ils voulaient avoir Damiette. S'imaginant que le patriarche de Jérusalem était celui qui empêchait le roi de les satisfaire, un émir fut sur le point de lui couper la tête ; mais ils se contentèrent de le faire lier à un poteau, où ils lui firent serrer les mains avec tant de violence, qu'elles furent en un moment horriblement enflées, et que le sang en ruisselait. Ce pauvre vieillard qui avait quatre-vingts ans, pressé par la douleur, criait au roi de toute sa force : « Ah ! sire, jurez hardiment : j'en prends le péché sur moi et sur mon âme, puisque vous avez la volonté d'accomplir votre promesse. » Le roi tint ferme, et les émirs, voyant qu'il se mettait peu en peine de toutes leurs menaces furent contraints de se contenter de la première partie du serment qu'ils lui avaient prescrit, et que les seigneurs français firent aussi.

Les Sarrasins donnèrent la couronne à la sultane Sajareldor, lui firent serment de fidélité, et choisirent entre eux des généraux pour commander les armées sous son autorité. Ce fut avec eux que le roi arrêta définitivement les articles du traité.

Les vaisseaux qui portaient le roi et les prisonniers voguèrent vers Damiette, où l'on était dans la dernière consternation sur les différens bruits qui avaient couru touchant la personne du roi et celles des deux princes ses frères. La comtesse d'Artois y était dans la plus grande affliction de la mort de son mari. L'incertitude du sort du roi et des princes, et l'approche de l'armée ennemie, tenaient la reine et les comtesses d'Anjou et de Poitiers dans de mortelles alarmes. Le duc de Bourgogne et Olivier de Termes, qui commandaient la garnison, avaient toutes les peines du monde à les rassurer. Les Génois et les Pisans furent sur le point d'abandonner la ville et de s'enfuir sur leurs vaisseaux. Il fallut que la reine s'obligeât de leur fournir des vivres à ses dépens pour obtenir qu'ils demeurassent. Elle était accouchée avant terme d'un fils, qui fut nommé Jean, et surnommé Tristan, pour marquer la triste et fâcheuse conjoncture de sa naissance. Cette couche prématurée avait été l'effet de sa douleur et de son chagrin ; elle était dans de si terribles appréhensions, qu'il ne se passait pas de nuit que, troublée par des songes effrayans, elle ne crût voir les

Sarrasins en furie attenter à la vie du roi son mari, ou entrer en foule dans sa chambre pour l'enlever elle-même ; elle se tourmentait, s'agitait, et sans fin s'écriait : *A l'aide! à l'aide!* On fut obligé de faire veiller dans sa chambre un *chevalier vieil et ancien*, dit Joinville,[38] *âgé de quatre-vingts ans et plus, armé de toutes pièces*, qui, toutes les fois que ces tristes imaginations la réveillaient, lui prenait la main *et lui disait : Madame, je suis avec vous ; n'ayez peour*. Un jour, ayant fait retirer tout le monde, excepté ce brave vieillard, elle se jeta à genoux : *Jurez-moi*, lui dit-elle, *que vous m'accorderez ce que je vas vous demander*. Il le lui promit avec serment. *Eh bien, sire chevalier*, reprit-elle, *je vous requiers, sur la foi que vous m'avez donnée, que, si les Sarrasins prennent cette ville, vous me coupiez la tête avant qu'ils me puissent prendre*. Ce bon gentilhomme répondit *que très-volontiers il le feroit, et que jà l'avoit-il eu en pensée d'ainsi le faire si le cas y échéoit*.

---

[38] Joinville, pages 78 et 79.

RICHARD DE BURY

LE ROI EST MIS EN LIBERTÉ ET DAMIETTE EST RENDUE

L'arrivée du roi remit un peu les esprits : il n'entra pas dans la place, mais le seigneur Geoffroy de Sargines fut chargé de donner les ordres pour la reddition. La reine, les princesses et les autres dames furent transportées sur les vaisseaux. On laissa dans la ville les malades, les machines et les magasins, jusqu'à ce qu'on pût les retirer, suivant un des articles du traité.

On ne fut pas long-temps à connaître qu'on avait affaire à des gens sans foi et sans honneur, car ils firent main-basse sur tous les malades ; et ayant brisé les machines qu'ils s'étaient engagés de rendre, ils y mirent le feu, et les brûlèrent toutes. Ils n'en demeurèrent pas-là. Les généraux sarrasins mirent en délibération s'ils ne traiteraient pas le roi et les autres prisonniers comme ils avaient traité les malades. Un des émirs soutint qu'il ne fallait pas balancer, et que c'était l'Alcoran même qui ordonnait de ne point faire de quartier aux ennemis de leur loi. Il ajouta que, quand on se serait défait du roi de France, et de la fleur de la noblesse française, on n'aurait point de vengeance à craindre, parce que ce prince n'avait que des enfans en bas âge. Peu s'en fallut que cet émir n'entraînât tout le conseil dans son sentiment ; mais comme il se rencontre toujours quelque homme d'honneur dans les assemblées les plus dévouées au crime, un autre émir s'opposa à cette résolution. Il représenta l'infamie qui en retomberait sur toute la nation, ce qu'on dirait des Mamelucks dans toute la terre, quand on apprendrait qu'après avoir massacré leur soudan, et après un traité confirmé par les sermens les plus solennels, ils avaient encore trempé leurs mains dans le sang d'un prince et de tant de braves hommes alliés à toutes les puissances de l'Europe.

Un avis si raisonnable ne fit pas toutefois conclure en faveur des prisonniers, mais il suspendit au moins la fureur qui s'était emparée des esprits.

En attendant qu'on eût pris une dernière résolution, un des émirs, autorisé par le plus grand nombre, donna ordre aux mariniers sarrasins de remonter les vaisseaux vers le Grand-Caire : ce qui fut exécuté sur-le-champ, *dont fut mené entre nous un très-grand deuil,* ainsi que s'exprime le bon sénéchal,[39] *et maintes larmes en issirent des yeux ; car nous espérions tous qu'on dût nous faire mourir.*

Mais enfin la réflexion que firent les Mamelucks, qu'ils se rendraient par cette perfidie l'exécration de l'univers, la crainte d'attirer sur eux la vengeance de toute l'Europe, et, plus que tout cela, la crainte de perdre les huit cent mille besans d'or qu'on leur avait promis, les ramenèrent à un avis plus sage, et soutinrent en eux un reste de bonne foi prêt à s'échapper. *Ainsi, comme voulut Dieu qui n'oublie jamais ses serviteurs, il fut accordé que tous seroient délivrés, et les fit-on revenir vers Damiette.* On voulut même les régaler avant de les quitter : on leur apporta *des beignets de fromage rôtis au soleil, et des oeufs durs, que, pour l'honneur de leurs personnes, on avoit fait peindre par dehors de diverses couleurs.*

---

[39] Joinville, p. 74.

LE ROI EST MIS EN LIBERTÉ

On leur permit ensuite de sortir des vaisseaux qui leur tenaient encore lieu de prison, et d'aller trouver le roi qu'on avait laissé dans une tente sur le rivage. Il marchait alors vers le Nil, accompagné de vingt mille Sarrasins armés, qui le considéraient avec une grande curiosité, et lui rendaient le même honneur que s'il eût été leur prince.

Une galère l'attendait, sans autre équipage, en apparence, qu'un homme qui faisait le fou. Dès qu'il vit le monarque à portée d'être secouru, il donna un coup de sifflet, et à l'instant parurent quatre-vingts arbalétriers français bien équipés, leurs arbalètes tendues, et le trait dessus. *Les infidèles, à cette subite apparition, commencèrent à fuir comme des brebis, ne oncque avec le roi n'en demeura que deux ou trois.*

Aussitôt le maître du vaisseau lui fit jeter une planche pour l'aider à passer sur son bord : il y entra suivi du comte d'Anjou son frère, de Geoffroi de Sargines, de Philippe de Nemours, d'Albéric Clément, maréchal de France, du sire de Joinville, et de Nicolas, général de la Trinité.

Le roi, suivant le traité fait avec les émirs, devait, avant de partir d'Egypte, payer le quart de la rançon dont on était convenu. Il leur avait déjà fait payer la moitié de cette somme, et en attendant qu'on pût trouver le reste, le comte de Poitiers, son frère, était retenu en otage par les ennemis. Après qu'on eut ramassé tout ce qu'on put trouver d'argent, il se trouva qu'il manquait soixante mille livres pour compléter la somme. Joinville conseilla au roi de les emprunter des Templiers, ou de les prendre par force s'ils faisaient quelque difficulté. Leur grand-maréchal se piquant d'une fausse exactitude, refusa de les prêter dans l'occasion du monde la plus privilégiée. Il représenta qu'en recevant leurs commanderies, ils faisaient serment de ne point disposer des revenus de l'ordre sans la permission de leurs supérieurs. On fut outré d'un scrupule si mal fondé de la part de gens qui ne se dispensaient que trop souvent de leur règle en d'autres points bien plus essentiels, et de voir qu'ils avaient moins de confiance en la parole du roi que les infidèles.

Le sire de Joinville s'offrit, et partit avec la permission du monarque pour aller forcer leurs coffres prétendus sacrés. Il avait déjà la cognée levée pour les briser, lorsque le maréchal, qui l'avait suivi, jugea plus à propos, pour éviter l'indignation publique, de lui en remettre les clefs. Joinville y puisa sans façon tout l'argent dont on avait besoin, et l'apporta aux pieds de Louis, *qui fut*, dit Joinville, *moult joyeux de sa venue*. Ainsi le payement fut achevé, au contentement du religieux prince, et le comte de Poitiers fut remis en liberté.

Tout était prêt pour le départ, lorsque le comte de Montfort, qui avait été chargé de payer, croyant avoir fait un trait d'habile homme, vint dire au roi, en riant, que les Sarrasins s'étaient trompés de 20,000 besans d'or, et qu'il était bien aise d'avoir été plus fin que des traîtres qui n'avaient ni foi ni loi. *Mais le roi*, dit Joinville, *se courrouça très-âprement, et renvoya Montfort, au grand danger de sa vie, restituer cette somme à des barbares, dont l'infidélité ne devait point servir d'exemple pour un prince chrétien.*

Avant que cette affaire fût entièrement terminée, le comte Pierre de Bretagne, le comte de Flandre, le comte de Soissons et plusieurs autres seigneurs étaient venus prendre congé du roi, qui ne put obtenir d'eux d'attendre la délivrance du comte de Poitiers pour les accompagner. Ils mirent à la voile pour retourner en France ; mais le comte de Bretagne n'eut pas la satisfaction de revoir sa patrie : il mourut pendant le voyage.

Enfin, le roi ayant satisfait à tous les articles du traité avec une exactitude qui allait jusqu'au scrupule, le comte de Poitiers vint le joindre, et aussitôt on fit voile pour la Palestine.

L'embarquement s'était fait avec tant de précipitation, que *les gens du roi ne lui avoient rien appareillé, comme de robes, lit, couche, ne autre bien* ; à peine se trouva-t-il quelques matelas sur lesquels il pût reposer. *Il faisoit venir Joinville, lui permettait de se seoir emprès sa personne, pour ce qu'il étoit malade*. Après lui avoir détaillé tout ce qui s'était passé à sa prise, il lui ordonnait de raconter ses aventures particulières, trouvant toujours le moyen de rapporter tout à Dieu. Tant de malheurs qui lui étaient arrivés coup sur coup, n'avaient pu, dit l'ingénu sénéchal, lui faire oublier le comte d'Artois, son frère : *Il plaignoit à merveille sa mort*. Un jour il demanda où était le comte d'Anjou, qui, quoique sur le même vaisseau, *ne lui tenoit aucune compagnie*. On lui répondit qu'il jouait avec Gautier de Nemours.[40] Aussitôt il se leva, un peu échauffé, se fit conduire à la chambre où étaient les joueurs, *et, quand il fut sur eux, print les dez* « et les tables, les jeta en la mer, et se courrouça très-fort à son frère, de ce qu'il ne lui souvenoit plus de la mort d'un prince qui devoit lui être si cher, ni des périls desquels Notre-Seigneur les avoit délivrés. Mais le sire de Nemours en fut mieux payé, car le bon saint roi jeta tous ses deniers après les dez et les tables, en mer. »

LE ROI ARRIVE EN PALESTINE

La navigation fut des plus heureuses ; les vaisseaux, au bout de six jours, entrèrent dans le port de Saint-Jean-d'Acre. Toute la ville vint au-devant du roi en procession, et chacun

---

[40] Joinville, pag. 79 et 80.

mit pied à terre, dans l'espérance de trouver quelque repos après tant de fatigues.

Telle fut la fin d'une expédition dont les préparatifs alarmèrent tout l'Orient, dont les premiers succès firent trembler tous les Musulmans, dont les derniers malheurs remplirent toute l'Europe de deuil et de tristesse. Louis se montra véritablement grand dans les triomphes, plus grand encore dans les fers, très-grand par la tendre reconnaissance qu'il conserva toute sa vie pour les bontés d'un Dieu qui l'avait jugé digne de souffrir pour la gloire de son saint nom.

DÉSOLATION DE LA FRANCE ET DE L'EUROPE, À LA NOUVELLE DE LA PRISON DU ROI

Tandis que ces choses se passaient en Orient, on se repaissait en France de diverses nouvelles qui étaient de jour en jour plus avantageuses. Celles de l'heureuse descente qu'on avait faite en Egypte, de la prise de Damiette, dont on eut des avis certains, furent, comme c'est l'ordinaire, le fond sur lequel on en fabriqua plusieurs autres qui en tiraient toute leur vraisemblance, et que l'on croyait avec le plus grand plaisir. Selon ces bruits, la prise de Damiette avait été suivie de celle du Grand-Caire, et de la défaite entière de l'armée du soudan. La nouvelle en avait été confirmée par une lettre écrite à un commandeur de l'ordre des Hospitaliers ; la reine Blanche et tout le royaume le crut avec la même facilité. Ce n'était partout que réjouissances, et principalement en France, d'autant plus que, selon la même lettre, le roi et les princes ses frères étaient en parfaite santé ; mais lorsque l'illusion eut fait place à la vérité, la douleur fut universelle. Plus la joie avait été grande, plus on fut consterné par les assurances que l'on reçut quelque temps après de la captivité du roi, de tous les princes et seigneurs, des maladies contagieuses qui l'avaient précédée, et qui avaient fait périr la plus grande partie de l'armée. Tous les princes chrétiens firent paraître leur douleur d'un si funeste désastre : toute l'Europe prit part à cette perte, qui était commune à toute la chrétienté.

La reine Blanche y fut plus sensible que tous les autres ; cependant, loin de se laisser accabler par la douleur, elle s'occupa des moyens de remédier à un mal si pressant : elle n'omit ni exhortations, ni caresses, ni prières, pour engager les sujets du roi à faire les derniers efforts, afin de payer sa rançon, celle de tant de braves seigneurs, et pour envoyer du secours à Damiette, dont la conservation répondait en quelque sorte de la vie du roi son fils.

Mais tous les mouvemens que la captivité du roi causa dans l'Europe eurent peu d'effet, et en produisirent au contraire un très-fâcheux ; qui fut un exemple des illusions dont le peuple est susceptible, et qui le conduisent ordinairement aux plus grands excès de fanatisme.

MOUVEMENS DES PASTOUREAUX

Un Hongrois, nommé Jacob, âgé de soixante ans, apostat de l'ordre de Cîteaux et même de la religion chrétienne, car il avait secrètement embrassé celle de Mahomet, était en Europe l'espion du soudan d'Egypte. Une très-longue barbe qui lui descendait presque jusqu'à la ceinture, un visage pâle et décharné, des yeux enfoncés, mais étincelans, une grande abondance de larmes qu'il avait à commandement, un extérieur enfin pénitent et tout en Dieu, parlant d'ailleurs avec une espèce d'éloquence simple plusieurs langues de l'Europe, lui donnèrent un si grand crédit sur l'esprit de la populace, qu'elle crut qu'il était véritablement envoyé de Dieu. Ce scélérat, que l'usage des fourberies avait rendu habile à contrefaire le prophète, s'adressa aux gens de la campagne et surtout aux bergers, et entreprit de leur persuader que Dieu voulait se servir d'eux pour délivrer la Terre-Sainte et le roi de la tyrannie des Sarrasins ; que la divine Providence avait fait avorter tous les desseins de ces grands du monde qui se confiaient dans leur force, afin de se réserver la gloire d'exterminer les Mahométans par les mains des faibles ; que Jésus-Christ qui, étant sur la terre, s'était donné le nom de Pasteur et d'Agneau de Dieu, avait jeté les yeux, pour ce grand oeuvre, sur ceux qui menaient une vie simple dans la conduite des troupeaux. Il sut si bien faire valoir cette extravagance, à la faveur de quelques tours de charlatan, qui passaient pour des miracles aux yeux de ces bonnes gens, qu'il en assembla un grand nombre et les engagea à le suivre. Ce fut de ces gens-là qu'il commença à former sa milice à qui on donna pour cette raison le nom de *pastoureaux*. Elle fut bientôt grossie par une multitude infinie d'autres gens de la campagne, de la lie du peuple, de tous les vagabonds et de tous les voleurs du royaume.

La régente, qui avait besoin de soldats pour envoyer en Palestine au secours du roi, ne s'opposa pas d'abord à cette manie dont elle espérait tirer avantage ; mais ces pastoureaux commirent tant de désordres, ils s'abandonnèrent à tant d'excès, et portèrent leur insolence si loin contre les évêques, les ecclésiastiques, les religieux ; et leur chef, dans ses prédications, parla contre l'Eglise et le pape avec tant d'audace et d'impudence, que la régente, informée de ces désordres ouvrit enfin les yeux, et reconnut modestement sa faute et avoua qu'elle avait été trompé par la simplicité apparente de ces imposteurs ; aveu qui pourrait paraître humiliant de la part d'une reine consommée dans les affaires par une longue expérience, mais qui fait connaître réellement une grande ame, que l'amour-propre, si naturel aux grands, ne sait point aveugler.

Elle envoya partout des ordres aux magistrats et aux peuples de prendre les armes pour les dissiper. Bourges cependant ignorait cette proscription : on y reçut le prétendu prophète avec honneur. Jacob y fit entrer une partie de ses gens ; les autres se répandirent dans les environs. Le clergé, objet éternel de leur haine, s'était caché ou retiré. Il n'y eut personne de tué ; mais la synagogue des Juifs fut forcée, leurs livres brûlés, leurs maisons pillées. Le maître prêcha avec son impudence ordinaire ; il avait promis des miracles, mais il n'eut pas l'adresse d'en faire : le peuple se retira fort désabusé. Ce fut apparemment sur ces entrefaites qu'arrivèrent les ordres de la régente ; mais déjà les pastoureaux étaient sortis de la ville. Les habitans, honteux de leurs ménagemens pour cette bande de scélérats, courent aux armes, sortent en foule après eux, et les joignent entre Mortemer et Villeneuve sur le Cher. Le Hongrois Jacob, leur maître, atteint des premiers par un boucher, est assommé à coups de hache ; une grande partie de ses gens demeure sur la place. Plusieurs tombent entre les mains des magistrats et périssent par la corde : le reste se dissipe comme de la fumée.

Une autre troupe de ces fanatiques, sous la conduite d'un des lieutenans de Jacob, se présente aux portes de Bordeaux. Interrogés quelle était leur mission, ils répondent qu'ils agissaient par l'autorité de Dieu tout-puissant et de la Vierge sa mère. Le voile de la séduction était tombé, on leur signifia que, s'ils ne se retiraient promptement, on les poursuivrait avec toutes les troupes du pays : cette simple menace suffit pour les disperser. Leur chef se déroba secrètement, monta sur un vaisseau pour retourner chez les Sarrasins, d'où il était venu ; mais, reconnu par les mariniers pour l'un des compagnons du Hongrois, il fut jeté dans la Garonne, pieds et mains liés. On trouva dans son bagage beaucoup d'argent, des poudres empoisonnées, des lettres écrites en arabe, qui marquaient un engagement de livrer dans peu un grand nombre de chrétiens aux infidèles.

Un second lieutenant de l'imposteur était passé en Angleterre, où il avait rassemblé cinq ou six cents villageois ; mais lorsqu'on y fut instruit de la manière dont les disciples du Hongrois avaient été traités en France, ce lieutenant fut arrêté et mis en pièces par ceux mêmes qu'il avait séduits.

Telle fut la fin malheureuse des pastoureaux. La plus grande partie périt, ou par l'épée, ou par la main des bourreaux : on n'en excepta que ces trop simples paysans dont on avait surpris la bonne foi. Les uns, touchés d'un véritable repentir, allèrent expier leur égarement au service du roi dans la Terre-Sainte ; les autres, se voyant sans chef, regagnèrent comme ils purent leurs troupeaux et leurs charrues. Ainsi fut dissipée une illusion, dont on comprend aussi peu l'accroissement prodigieux que la fin si subite.

OCCUPATIONS DU ROI DANS LA PALESTINE

Cependant, dès que le roi fut arrivé à Saint-Jean-d'Acre dans la Palestine, il s'empressa d'envoyer les quatre cent mille besans d'or qui restaient à payer, tant pour retirer les malades et les effets qu'on avait dû garder à Damiette, que pour racheter les captifs qu'on avait transférés au Caire, contre la foi des traités. Mais ce voyage fut inutile : les ambassadeurs, après avoir essuyé toutes sortes de délais, rapportèrent une partie de l'argent, et ne ramenèrent avec eux que quatre cents prisonniers, de plus de douze mille qu'ils étaient. Les Sarrasins ne tardèrent pas à se repentir d'avoir délivré le roi à si bon marché. Ils avaient, comme on l'a dit, brûlé toutes ses machines, pillé ses meubles, égorgé les malades. Il ne fut pas plus tôt mis en liberté, qu'ils partagèrent entre eux les captifs qui furent traités avec la dernière barbarie. Cette conduite des Egyptiens fit changer de face aux affaires.

LOUIS DEMANDE L'AVIS DES SEIGNEURS SUR SON RETOUR EN FRANCE

Louis, vivement sollicité par les prières de la reine sa mère, avait résolu de retourner en France, où l'on n'avait ni paix, ni trève avec le roi d'Angleterre. On commençait à craindre qu'il ne voulût profiter de l'éloignement du monarque ; car on connaissait la jalousie, l'ambition, la cupidité et l'humeur inquiète de Henri ; mais, d'un autre côté, la retraite du saint roi entraînait celle de tous les croisés qui ne pouvaient manquer de le suivre, et désiraient, après tant de malheurs et de fatigues, de revoir encore leur patrie. Les Templiers même, et les Hospitaliers, menaçaient de s'embarquer avec lui, s'il prenait le parti de les abandonner. Ainsi la Palestine demeurait sans défense, ses habitans sans ressource, plus de dix mille prisonniers sans espérance d'être rachetés.

Dans cette position difficile, il assembla les comtes de Poitiers et d'Anjou, le comte de Flandre, et tous les seigneurs de l'armée.

« Madame la reine, ma mère, leur dit-il, me mande que mon royaume est dans un grand péril, et mon retour très-nécessaire. Les peuples de l'Orient, au contraire, me représentent que la Palestine est perdue si je la quitte, me conjurent de ne les point abandonner à la merci des infidèles, protestent enfin qu'ils me suivront tous, si je veux les laisser à eux-mêmes. Ainsi je vous prie de me donner votre avis sur ce qu'il convient de faire : je vous donne huit jours pour y penser. » Il ne lui échappa dans son discours aucune parole qui pût faire connaître son dessein ; mais la gloire de Dieu, l'intérêt de la religion, sa tendresse pour des sujets malheureux qui gémissaient dans un dur esclavage, ne lui permettaient pas de balancer sur le choix du parti qu'il avait à prendre.

Quand les huit jours furent expirés, l'assemblée se trouva encore plus nombreuse que la première fois. Alors le seigneur Guy de Mauvoisin lui dit, au nom de tous les seigneurs français : « Sire, messeigneurs vos frères et tous les chefs de votre armée sont d'avis que vous vous embarquiez au plus tôt. Votre royaume a un besoin pressant de votre présence. Vous ne pouvez demeurer ici avec honneur. Le séjour que vous y ferez ne sera d'aucune utilité. De deux mille huit cents chevaliers qui vous accompagnaient en partant de Chypre, il ne vous en reste pas cent, la plupart malades, n'ayant ni équipages, ni argent pour en avoir. Vous n'avez pas une seule place dont vous puissiez disposer.

Enfin, supposé que vous pensiez à continuer la guerre contre les infidèles, il faut pour cela même passer la mer, afin de faire un nouvel armement, et revenir avec de plus grandes forces ; au lieu que dans l'extrémité où vous vous trouvez, vous n'êtes point en état de rien entreprendre, mais dans un danger évident de périr sans honneur et sans tirer l'épée. »

Ce discours fit beaucoup d'impression sur l'esprit du roi ; et, quoique Mauvoisin, en commençant, eût dit qu'il parlait au nom de presque toute l'assemblée qui, par son silence, semblait approuver ses remontrances, cependant le roi voulut avoir les avis de tous en particulier. Il commença par les comtes de Poitiers et d'Anjou, ses frères ; après eux il fit parler le comte de Flandre et plusieurs autres seigneurs : tous répondirent qu'ils étaient entièrement du sentiment du seigneur Mauvoisin. Quand le roi demanda celui de Jean d'Ybelin, comte de Jaffe, il se défendit d'abord de le dire, parce que, possédant plusieurs places dans la Palestine, il paraîtrait parler pour ses propres intérêts, s'il était d'un sentiment contraire à celui de tant de braves chevaliers. Le roi l'obligea toutefois de parler, et il dit que, supposé que le roi ne fût pas dans une entière impuissance d'avoir des troupes capables de tenir la campagne, il était de la gloire d'un aussi grand prince que lui de demeurer en Palestine, avec l'espérance d'avoir quelques avantages sur les Sarrasins ; qu'il lui serait honteux de se retirer sur sa perte, et de paraître en Europe avec les débris de son armée et tout le mauvais équipage d'un prince vaincu, sans avoir fait quelques efforts pour réparer une disgrace, plus glorieuse peut être que bien des victoires, mais qu'une retraite précipitée pouvait néanmoins rendre honteuse.

Joinville, qui ne put parler que le quatorzième, embrassa ce dernier avis. « Le roi, ajouta-t-il, en employant une partie de son trésor, qui se trouve encore tout entier, lèvera aisément de bonnes troupes. Lorsqu'on saura qu'il paie largement, on viendra en foule se ranger sous ses étendards : la Morée et les pays voisins lui fourniront des chevaliers et des soldats en abondance. Ainsi l'exigent et la gloire de notre souverain, et le salut de nos compagnons captifs, qu'on met peut-être par milliers à la torture, au moment que nous délibérons, et qui se trouvent dans la nécessité, ou de souffrir mille morts, ou de renoncer à leur foi, ou au moins à leur liberté ; qu'il n'y avait personne dans l'assemblée qui n'eût parmi ces prisonniers des parens ou des amis, et qu'il était de leur générosité de ne les pas laisser périr malheureusement. » Il prononça ces dernières paroles d'une manière si touchante qu'il tira des larmes des yeux ; mais personne ne changea de sentiment ; et de tous ceux qui restaient à parler, le seul Guillaume de Beaumont, maréchal de France, appuya celui du sénéchal de Champagne. Le roi, touché de tant d'oppositions à ce qu'il avait résolu, ne voulut pas se déclarer et remit encore l'affaire à huitaine.

Les seigneurs sortirent de l'assemblée très-irrités contre Joinville, qui, jeune encore, avait osé combattre l'avis de tant de personnages vieillis dans les armes et dans le conseil. « Chacun commença aussitôt à l'assaillir, et lui disait par dépit ou par envie : Il est inutile de délibérer davantage, Joinville a opiné de demeurer, Joinville qui en sait plus que tout le royaume de France. » Le plus sage lui parut de se taire ; mais il eut peur d'avoir déplu au souverain. Deux ou trois jours après la tenue de ce conseil, le roi qui le faisait manger avec lui quand les princes ses frères n'y étaient pas, ne le regarda point pendant tout le dîner. Le sénéchal, effrayé d'un silence qui, trop souvent à la cour, annonce une disgrace prochaine, se retira dans l'embrasure d'une fenêtre qui donnait sur la mer. Là, tenant ses bras passés au travers des grilles, il se mit à rêver à sa mauvaise fortune. Déjà il *disait en son courage*,[41] qu'il laisserait partir le monarque, *et s'en*

---

[41] Joinville, p. 81.

irait vers le prince d'Antioche, son parent, lorsque tout-à-coup il sentit quelqu'un *s'appuyer sur ses épaules par derrière, et lui serrer la tête entre les deux mains.* Il crut que c'était le seigneur de Nemours qui l'avait tourmenté *cette journée.* De grace, lui dit-il avec chagrin, *laissés m'en paix, messire Philippe, en male aventure.* Aussitôt il tourne le visage ; mais l'inconnu *lui passe la main par-dessus. Alors il sçut que c'étoit le roi, à une émeraude qu'il avoit au doigt*, et voulut se retirer comme quelqu'un qui avait mal parlé. « Venez çà, sire de Joinville, dit le monarque en l'arrêtant : je vous trouve bien hardi, jeune comme vous êtes, de me conseiller sur tout le conseil des grands personnages de France, que je dois demeurer en cette terre. Si le conseil est bon, répondit le sénéchal, avec un petit reste d'humeur, votre majesté peut le suivre ; s'il est mauvais, elle est maîtresse de n'y pas croire. Mais si je demeure en Palestine, ajouta le prince, le sire de Joinville voudra-t-il rester avec moi? Oui, sire, reprit celui-ci avec vivacité, fût-ce à mes propres dépens. » Le roi, charmé de sa naïveté, lui découvrit enfin que son dessein n'était pas de retourner sitôt en France : néanmoins il lui recommanda le secret. Cette confidence rendit au sénéchal toute sa gaieté : *Nul mal*, dit-il, *ne le gravoit plus.*

LE ROI SE DÉTERMINE À RESTER EN SYRIE

Le dimanche suivant, le roi assembla de nouveau les seigneurs de son conseil et leur parla en ces termes : « Seigneurs, je suis également obligé, et à ceux qui me conseillent de repasser en France, et à ceux qui me conseillent de rester en Palestine, persuadé que je suis que tous n'ont en vue que mes intérêts et ceux de mon royaume. J'ai balancé les raisons des uns et des autres, et je me suis déterminé à ne pas quitter la Palestine. Je sais que ma présence serait utile en France, mais elle n'y est pas nécessaire. La reine ma mère l'a gouvernée jusqu'à présent avec tant de sagesse que je puis m'en rapporter à ses soins : elle ne manque ni d'hommes, ni d'argent ; et, en cas que les Anglais fassent quelque entreprise, elle est en état de s'y opposer. Au contraire, si je pars, le royaume de Jérusalem est perdu. Quelle honte si, étant venu pour le délivrer de la tyrannie des infidèles, je le laissais dans une position pire que celle où je l'ai trouvé! Je crois donc que le service de Dieu, et l'honneur de la nation française exigent que je demeure encore quelque temps à Ptolémaïs. Ainsi, seigneurs, je vous laisse le choix. Si vous voulez retourner dans votre patrie, *de par Dieu soit*[42] ; je ne prétends contraindre personne. Si vous voulez rester avec moi, dites-le hardiment. Je vous promets que je vous donnerai tant, que la coupe ne sera pas mienne, mais vôtre. » Il voulait dire que ses finances seraient plus pour eux que pour lui.

---

[42] Ducange, *Observations sur Joinville*, p. 88.

On ne saurait exprimer l'étonnement des princes et des barons, après cette déclaration du monarque. Quelques-uns, honteux d'abandonner leur souverain, se laissèrent vaincre par les sentimens d'honneur et de générosité. La plupart n'en disposèrent pas moins toutes choses pour leur retour. Les princes même, ses frères, se préparèrent à partir, et s'embarquèrent en effet vers la saint Jean : *Mais ne sçais pas bien*, dit Joinville, *si ce fut à leur requête ou par la volonté du roi*, qui, soigneux de leur gloire, voulut bien dire qu'il les renvoyait pour la consolation de sa très-chère dame et honorée mère, et de tout le royaume de France. Ce fut à cette occasion qu'il écrivit la lettre qui nous reste[43] sur sa prison et sa délivrance : elle est adressée à ses chers et fidèles les prélats, barons, chevaliers, soldats, citoyens et bourgeois. Il leur détaille du même style, et les succès et les disgraces de son expédition d'Egypte, et finit par leur rendre compte des raisons qui l'ont déterminé, contre l'avis de plusieurs, à demeurer encore quelque temps en Syrie ; monument précieux, où l'on remarque des sentimens si nobles, si chrétiens, une simplicité si sublime, qu'on ne peut s'empêcher de reconnaître qu'il n'est donné de parler ainsi qu'à un roi animé de l'esprit de Dieu.

IL DONNE SES ORDRES POUR LEVER DES TROUPES

Le saint monarque, sans être effrayé de la désertion presque générale de son armée, donna aussitôt ses ordres pour lever de nouvelles troupes ; mais au bout d'un mois, *on ne lui avoit encore fait recrue de chevaliers ne d'autres gens.*[44] Surpris de cette négligence, il manda ce qui lui restait d'officiers principaux,

---

[43] *Epist. S. Lud. de capt. et liber. suâ ; apud Duch.* Tome 5, p. 428.

[44] Joinville, *ibid.*

surtout Pierre de Nemours ou de Villebeon, chambellan de France. « Pourquoi, leur dit-il d'un air courroucé, n'a-t-on pas exécuté la commission que j'avais donnée? Sire, répondit le chambellan, c'est que chacun se met à si haut prix, et particulièrement Joinville que nous n'osons pas promettre ce qu'on nous demande. » Le roi sur-le-champ fait appeler Joinville, qui se jeta aussitôt à ses genoux, fort alarmé, car il avait tout entendu. Louis, après l'avoir fait lever, lui commanda de s'asseoir : « Sénéchal, lui dit-il avec autant de majesté que de bonté, vous n'avez pas oublié sans doute la confiance et l'amitié dont je vous ai toujours honoré. D'où vient donc que vous êtes si difficile sur la paie quand il s'agit de vous engager à mon service? Sire, répliqua Joinville, j'ignore ce que vos gens ont pu vous dire ; mais si je demande beaucoup, c'est que je manque de tout. Vous sçavez que lorsque je fus pris, il ne me demeura que le corps : ainsi ce m'est une chose impossible d'entretenir ma compagnie, si l'on ne me donne de bons appointemens. J'ai trois chevaliers portant bannières, qui me coûtent chacun quatre cents livres ; il me faudra bien huit cents livres pour me monter, tant de harnois que de chevaux, et pour donner à manger à ces chevaliers, jusqu'au temps de Pâques. Or, regardez donc, sire, si je me fais trop dur. Alors compta le roi par ses doigts. Sont, fit-il, deux mille livres. Eh bien, soit, je vous retiens à moi : je ne vois point en vous d'outrage. »

Joinville avait grand besoin de ce secours d'argent, car il n'avait plus que quatre cents livres, qui même avaient couru grand risque. Il les avait données en garde au commandeur du Temple, qui dès la seconde fois qu'il envoya prendre quelque chose sur cette somme, *lui manda qu'il n'avoit aucuns deniers qui fussent à lui, et qui, pis est, qu'il ne le connoissoit point.* Le sénéchal fit grand bruit, et publia partout que les Templiers *étoient larrons.* Le grand-maître, effrayé des suites de cette affaire, eut d'abord recours aux menaces ; ensuite il jugea plus à propos de rapporter le petit trésor, et de fait le rendit : *Dont je fus très-joyeux,* ajoute Joinville, *car je n'avois pas un pauvre denier ; mais bien protestai de ne plus donner la peine à ces bons religieux de garder mon argent.*

Le roi, après le départ des deux princes ses frères, ayant fait faire des levées de soldats, ne fut pas long-temps sans avoir un corps de troupes assez considérable pour se faire craindre par les différens partis qui s'étaient formés entre les Sarrasins, après la mort d'Almoadan, dernier soudan d'Egypte. La division qui s'était mise entre les différens émirs qui avaient partagé ses états, était encore une des raisons qui avaient déterminé le roi à différer son départ de la Palestine.

AMBASSADE DU SOUDAN DE DAMAS AU ROI

En effet, le soudan de Damas, cousin d'Almoadan, envoya une ambassade au roi, pour lui offrir de le laisser maître de tout le royaume de Jérusalem, s'il voulait se joindre à lui contre les Mamelucks. Le roi ayant entendu les ambassadeurs, leur donna de bonnes espérances, et fit porter sa réponse au soudan de Damas par un religieux de Saint-Dominique, nommé Yves-le-Breton. Cette réponse fut que le roi enverrait incessamment aux émirs d'Egypte pour savoir d'eux s'ils étaient déterminés à ne pas mieux observer qu'ils n'avaient fait jusqu'alors, le traité de Damiette, et que, s'ils continuaient à le violer, le soudan pouvait être assuré qu'on se joindrait volontiers à lui pour venger la mort d'Almoadan. Ce fut en partant pour cette ambassade, que ce bon religieux eut cette rencontre si merveilleuse, suivant Joinville, d'une petite vieille femme, tenant d'une main un vase plein de charbons allumés, et de l'autre une cruche remplie d'eau. Interrogée sur l'usage qu'elle en prétendait faire, elle répondit : « Que du feu elle voulait brûler le Paradis, et avec l'eau éteindre l'enfer ; afin, ajouta-t-elle, qu'on ne fasse jamais de bien en ce monde par le motif de la crainte ou de l'espérance. » Nouvel exemple de l'enthousiasme de ces siècles ignorans! Le Paradis n'est autre chose que Dieu lui-même et sa possession ; ôtez cet Etre, vous ôtez toutes les vertus.

Dans le même temps le roi envoya en Egypte, en qualité d'ambassadeur, Jean de Valence, gentilhomme français, aussi distingué à l'armée par son courage, que dans le conseil par sa capacité. Cet envoyé, après avoir représenté avec fermeté aux émirs les énormes infractions qu'ils avaient faites au traité de Damiette, leur déclara que le roi, son maître, serait bientôt en état de les en punir si on ne lui en faisait pas raison, et si l'on différait l'exécution des articles de ce traité. Les émirs, qui comprirent bien la pensée de l'envoyé, lui répondirent qu'ils étaient résolus de donner au roi toute satisfaction, et le conjurèrent de l'empêcher de se liguer avec le soudan de Damas ; ajoutant que, s'il voulait au contraire traiter avec eux et faire diversion sur les terres de ce soudan, ils lui feraient des conditions aussi avantageuses qu'il le souhaiterait. Pour mieux marquer la résolution où ils étaient de le satisfaire, ils firent tirer sur-le-champ des prisons, deux cents chevaliers, et un grand nombre de prisonniers, que Jean de Valence conduisit au roi. Ils firent aussi embarquer avec l'envoyé, des ambassadeurs pour négocier avec le roi une ligue contre le soudan de Damas. Louis, satisfait de voir déjà de si heureux fruits de son séjour en Palestine, dit aux ambassadeurs qu'il ne pouvait point traiter avec les émirs, qu'avant toutes choses ils ne lui eussent renvoyé les têtes des chrétiens qu'ils avaient exposées sur les murailles du Caire ; qu'ils ne lui eussent aussi remis entre les mains tous les enfans chrétiens qu'ils avaient pris, et auxquels ils avaient fait renoncer Jésus-Christ ; et enfin qu'ils ne le tinssent quitte des deux cent mille besans d'or qu'il ne leur avait point encore payés. Le même seigneur de Valence fut encore chargé de cette négociation, et retourna en Egypte avec les ambassadeurs.

Durant ces négociations, le roi alla à Césarée, à douze lieues d'Acre, sur le chemin de Jérusalem, en fit relever les murailles que les Sarrasins avaient détruites, et la fit fortifier sans qu'ils s'y opposassent, parce qu'ils savaient que les émirs d'Egypte le sollicitaient de se joindre à eux ; et tandis que l'affaire était encore en suspens, ils n'osaient rien faire qui pût lui déplaire et le déterminer à prendre le parti de leurs ennemis. Il fit aussi ajouter de nouvelles fortifications à la ville d'Acre, élever des forteresses aux environs : par ce moyen, il se mettait en état de soutenir vigoureusement la guerre contre le soudan de Damas, au cas qu'il fût obligé de l'entreprendre.

Ambassade du prince des assassins à saint Louis

Telles étaient les occupations du monarque lorsqu'il reçut une ambassade, qui fut pour lui une nouvelle occasion de faire paraître cette grandeur d'ame qui le rendait si digne du trône qu'il occupait.

« Sire, lui dit le chef de cette députation, connaissez-vous monseigneur et maître le Vieux de la Montagne? Non, répondit froidement Louis, mais j'en ai entendu parler. Si cela est, reprit l'ambassadeur, je m'étonne que vous ne lui ayez pas encore envoyé des présens pour vous en faire un ami. C'est un devoir dont s'acquittent régulièrement tous les ans l'empereur d'Allemagne, le roi de Hongrie, le soudan de Babylone, et plusieurs autres grands princes, parce qu'ils n'ignorent pas que leur vie est entre ses mains. Je viens donc vous sommer de sa part de ne pas manquer de le satisfaire sur ce point, ou du moins de le faire décharger du tribut qu'il est obligé de payer tous les ans aux grands-maîtres du Temple et de l'Hôpital. Il pourrait se défaire de l'un et de l'autre, mais bientôt ils auraient des successeurs : sa maxime n'est pas de hasarder ses sujets pour avoir toujours à recommencer. »

Le roi écouta paisiblement l'insultante harangue de l'envoyé, et lui ordonna de revenir le soir pour avoir sa réponse. Il revint : le grand-maître du Temple et celui de l'Hôpital se trouvèrent à l'audience, l'obligèrent par ordre du monarque, de répéter ce qu'il avait dit le matin, et le remirent encore au lendemain. Le fier assassin n'était point accoutumé à ces manières hautaines ; mais il fut encore bien plus surpris lorsque les grands-maîtres lui dirent : « Qu'on ne parloit pas de la sorte à un roi de France ; que, sans le respect de son caractère, on l'auroit fait jeter à la mer ; qu'il eût enfin à revenir dans quinze jours faire satisfaction pour l'insulte qu'il avoit faite à la majesté royale. »

Une si noble fierté étonna toute la Palestine, et fit trembler pour les jours du monarque. On connaissait les attentats du barbare, et la fureur de ceux à qui il en confiait l'exécution. Mais celui qui tient en sa main toutes les destinées en disposa autrement. Le Vieux de la Montagne craignit lui-même un prince qui le craignait si peu, et lui renvoya sur-le-champ le même ambassadeur, avec des présens également singuliers, bizarres, curieux et magnifiques. C'était d'un côté, sa propre chemise, « pour marquer, par celui de tous les vêtemens qui touche de plus près, que le roi de France étoit de tous les rois, celui avec lequel il vouloit avoir la plus étroite union ; et de l'autre, un anneau *de fin or pur*, où son nom était gravé, *en signifiance qu'il l'épousait pour être tout à un comme les doigts de la main.* »

Ces symboles étrangers furent accompagnés d'une cassette remplie de plusieurs ouvrages de cristal de roche. On y trouva un éléphant, diverses figures d'homme, un échiquier et des échecs de même matière, dont toutes les pièces étaient ornées d'ambre et d'or. Ces objets, d'un travail très-délicat, étaient mêlés avec les parfums les plus exquis de l'Orient ; de sorte que, lorsqu'on ouvrit la caisse, il se répandit dans la salle une des plus agréables odeurs.

Alors le roi fit connaître aux envoyés que c'était par ces manières honnêtes que leur prince pouvait mériter son amitié et ses libéralités. Il les traita avec beaucoup d'honnêteté : il leur fit des présens, et en envoya par le Père Yves, dominicain, au Vieux de la Montagne. Ils consistaient en plusieurs robes d'écarlate et d'étoffes de soie, avec des coupes d'or et des vases d'argent.

Pour revenir à la négociation avec les émirs d'Egypte, non-seulement ils acceptèrent toutes les conditions que le roi leur avait offertes, mais ils les exécutèrent en lui renvoyant deux cents chevaliers, tous les jeunes enfans qui avaient renoncé à leur religion, et toutes les têtes des chrétiens qui étaient exposées sur les murailles du Caire ; ils lui remirent la somme de deux cent mille besans qu'il leur devait encore pour la rançon des prisonniers faits en Egypte, lui promirent de lui céder le royaume de Jérusalem, et convinrent avec Jean de Valence, d'un jour où ils iraient joindre le roi auprès de Jaffe.

Le soudan de Damas, informé de la conclusion de ce traité, prit des mesures pour en empêcher les suites. Il posta vingt mille hommes sur les passages qui conduisaient de l'Egypte à Jaffe, afin de les disputer aux émirs. Ceux-ci n'osèrent pas entreprendre de les forcer, et le roi les attendit en vain devant cette ville. Le comte de Jaffe l'y reçut avec une magnificence à laquelle on ne devait pas s'attendre dans un pays ruiné par les guerres, et par les ravages que les Mahométans y faisaient depuis tant d'années. Le roi, pour ne donner aucune défiance au comte, n'entra point dans la place, campa sous les murailles, et fit faire, de concert avec lui, de nouvelles fortifications devant le château.

Ce fut là que le soudan de Damas fit recommencer les hostilités contre les chrétiens de Palestine ; il envoya faire le dégât par quelques troupes, jusqu'à trois lieues près du camp du roi. Ce prince l'ayant appris, détacha Joinville avec quelques compagnies pour les aller chasser. Sitôt que les chrétiens parurent, les mahométans prirent la fuite ; ils furent poursuivis ; et en cette occasion, un jeune gentilhomme qui n'est pas nommé se conduisit bien courageusement. Après avoir abattu deux infidèles avec sa lance, voyant le commandant du parti ennemi venir fondre sur lui, il l'attendit ; et, l'ayant blessé d'un grand coup d'épée, il l'obligea de tourner bride et de prendre la fuite.

Les émirs n'ayant pu passer jusqu'à Jaffe, envoyèrent faire leurs excuses au roi, et le prièrent de leur assigner un autre jour pour l'entrevue.

Le roi le leur marqua ; mais les émirs ayant perdu une bataille contre le soudan de Damas, qui les alla chercher jusqu'en Egypte, ils firent la paix, et s'unirent avec lui contre le roi.

Parmi les deux cents chevaliers que le sire Jean de Vienne avait ramenés d'Egypte, il y en avait bien quarante de la cour de Champagne, *tous deserpillés* (sans habits) *et mal atournés*, c'est l'expression de Joinville,[45] *qui les fit vêtir à ses deniers, de cottes et de surcots de vair*, et les présenta au roi pour l'engager à les prendre à son service. Quelqu'un du conseil entreprit de s'y opposer, sous prétexte *qu'en l'état du prince, il y avoit excès de plus de sept mille livres*. Joinville, emporté par sa vivacité, dit hautement « que *la malle-aventure l'en faisoit parler* ; que le monarque manqueroit à ce qu'il se devoit s'il ne s'attachoit de si braves gens, qu'il y alloit de son intérêt, puisqu'il avoit

---

[45] Joinville, p. 89.

besoin de troupes ; et de sa gloire, puisque la Champagne avoit perdu trente-cinq chevaliers tous portant bannière, qui avoient été tués en combattant sous ses étendards. » Aussitôt il commença à pleurer. « Alors, dit-il, le roi me appaisa, retint tous ces seigneurs champenois et me les mit en ma bataille. »

Cependant on ne fut pas long-temps sans ressentir les suites de la réunion des émirs d'Egypte avec le soudan de Damas : car, sitôt que celui-ci fut guéri des blessures qu'il avait reçues à la bataille contre les émirs, il s'approcha de Jaffe à la tête de trente mille hommes, sans pourtant oser attaquer le camp du roi, dont les troupes étaient infiniment inférieures en nombre.

Le jour de saint Jean, pendant que le roi était au sermon, on vint l'avertir que les ennemis avaient investi le maître des arbalétriers,[46] et qu'il était en danger d'être défait. Joinville demanda la permission d'aller le secourir, ce qui lui fut accordé avec cinq cents hommes d'armes. Dès que Joinville parut, quoique sa troupe ne fût pas comparable à celle des Sarrasins, ceux-ci lâchèrent le pied, prirent la fuite, et le maître des arbalétriers se retira sans perte avec Joinville.

Il se donnait de temps en temps de petits combats, où les infidèles avaient ordinairement le désavantage mais le roi ne pouvait pas tenir la campagne avec le peu de troupes qu'il avait ; tout ce qu'il pouvait faire était de se retrancher sous les places dont il faisait relever les murailles. Outre Jaffe, Césarée, et quelques autres moins considérables, il entreprit de rétablir Sidon, nommée alors Sajette. Les travaux étaient déjà fort avancés, lorsqu'un jour les Sarrasins la surprirent, y

---

[46] Cet officier, qui dès lors jouissait d'une grande considération dans nos armées, avait le commandement de toute l'infanterie, dont les arbalétriers étaient les plus estimés, le surplus étant dans une médiocre considération, et fort au-dessous de la cavalerie, qui n'était composée que de noblesse.

tuèrent environ deux mille chrétiens, ouvriers, domestiques ou paysans, et la rasèrent. Mais le roi ne se rebuta point ; et, ayant fait recommencer ce travail, il en vint à bout avec une extrême dépense.

Un jour que le roi était présent à ces sortes de travaux, le sire de Joinville vint le trouver. Les huit mois de son engagement étaient près d'expirer : « Sire de Joinville, lui dit le monarque du plus loin qu'il l'apperçut, je ne vous ai retenu que jusques à Pâques : que me demandez-vous pour me continuer le service encore un an? Je ne suis point venu, sire, répondit le seigneur champenois, pour telle chose marchander : je demande seulement que vous ne vous courrouciez de chose que je vous demanderai, ce qui vous arrive souvent : je vous promets, de mon côté, que de ce que vous me refuserez je ne me courroucerai mie. Cette naïveté divertit beaucoup le roi, qui dit qu'il le retenait à tel convenant. Aussitôt il le prend par la main, le mène à son conseil et lui rend compte de la condition du traité. Chacun se mit à rire, et la joie fut grande de quoi il demeurait.[47] »

Cependant, quoique le roi eût peu de troupes, c'était pour lui un état bien pénible de demeurer toujours sur la défensive et de ne s'occuper qu'à rebâtir des forteresses. Il avait néanmoins reçu de France quelques renforts ; mais ils n'étaient pas encore assez nombreux, joints avec les troupes qu'il avait, pour tenir la campagne. Il résolut de faire une tentative sur Naplouse, qui était l'ancienne Samarie. Il proposa son dessein aux seigneurs du pays, et aux chevaliers du Temple et de l'Hôpital, qui l'approuvèrent, lui dirent qu'ils répondaient de la réussite ; mais que, comme cette entreprise était périlleuse, ils le suppliaient de les en charger sans exposer sa propre personne. Le roi dit qu'il en voulait

---

[47] Joinville, page 95.

être. On s'opiniâtra de part et d'autre ; et, comme d'un côté le roi était déterminé à prendre part au danger, et que de l'autre côté les seigneurs croyaient que c'était trop risquer, on abandonna ce dessein.

ENTREPRISE SUR BELINAS, OU CÉSARÉE DE PHILIPPE

Peu de jours après, il leur proposa l'attaque de Belinas, autrefois Césarée de Philippe : la proposition fut encore accordée, mais à la même condition que le roi n'y paraîtrait pas. Il se laissa vaincre cette seconde fois, et confia à ses généraux la conduite de l'entreprise. Elle était hardie. La ville était bâtie à mi-côte sur le mont Liban : elle avait trois enceintes de murailles, et plus haut, à la distance de près d'une demi-lieue, était le château nommé Subberbe.

Les troupes partirent la nuit ; et, le lendemain au point du jour, elles arrivèrent dans la plaine, au pied de l'enceinte de Belinas. On partagea les attaques, et il fut résolu que ce qu'on appelait la bataille du roi, ou les gendarmes du roi, c'est-à-dire ceux qui étaient à sa solde, se posteraient entre le château et la place ; qu'ils insulteraient de ce côté-là ; que les chevaliers de l'Hôpital feraient l'attaque par la droite, et qu'un autre corps, à qui l'histoire donne le nom de Terriers, donnerait l'assaut par la gauche, et les chevaliers du Temple du côté de la plaine.

Chacun s'avança vers son poste. Le chemin par où il fallait que les gendarmes du roi marchassent était si difficile que les chevaliers furent obligés de quitter leurs chevaux. En montant, ils découvrirent un corps de cavaliers ennemis sur le haut de la colline, qui parut d'abord les attendre de pied ferme ; mais, étonnés de la résolution avec laquelle on venait à eux, ils s'enfuirent et se retirèrent vers le château. Cette fuite fit perdre coeur aux habitans de la place ; et, quoiqu'il fallût forcer trois murailles de ce côté-là pour y entrer, ils l'abandonnèrent et se sauvèrent dans la montagne. On obtenait par cette fuite, sans coup férir, tout ce que l'on prétendait : car on n'avait point ordre d'aller attaquer le château. Les chevaliers teutoniques, qui étaient avec les gendarmes du roi, voyant que tout fuyait devant eux, se détachèrent malgré Joinville, pour aller aux ennemis qui s'étaient ralliés devant le château. On n'y pouvait arriver que par des sentiers fort longs et fort étroits, pratiqués alentour du rocher. Ils ne s'aperçurent de leur témérité que quand ils furent engagés dans ces défilés. Ils s'arrêtèrent, prirent le parti de retourner sur leurs pas et de hâter leur retraite. Alors les ennemis les voyant se retirer avec précipitation et en désordre, descendirent de cheval ; et, les coupant par des routes qui leur étaient connues, vinrent les charger, et en assommèrent plusieurs à coups de massue, les serrant de fort près jusqu'au lieu où était Joinville.

Peu s'en fallut que cette déroute des chevaliers teutoniques ne causât celle des gendarmes du roi, qui déjà pensaient à fuir. Mais Joinville les arrêta, en les menaçant de les faire tous casser par le roi. Quelques-uns lui dirent qu'il en parlait bien à son aise ; qu'il était à cheval, et qu'eux étant à pied, ils demeureraient exposés à la fureur des ennemis, tandis qu'il lui serait aisé de se sauver. Joinville, pour leur ôter ce prétexte de fuite, quitta son cheval, et l'envoya au quartier des chevaliers du Temple. Il soutint bravement l'effort des infidèles pendant assez de temps ; mais il aurait été accablé par le nombre, si l'on n'eût pas été annoncer au brave Ollivier de Termes que Joinville avait été tué. Mort ou vif, dit l'intrépide chevalier, j'en porterai des nouvelles au roi, ou j'y demeurerai. Il arrive avec un corps de troupes, attaque les barbares, les enfonce, dégage le digne favori du monarque, et le ramène avec tous ses gens. La ville, pendant ce temps-là, avait été pillée, saccagée et brûlée, et les vainqueurs vinrent rejoindre le roi à Sidon.

Ce fut pour eux un spectacle bien triste, mais en même temps d'une grande édification, que celui qu'il leur donna à leur arrivée. Nous avons dit que le soudan de Damas, peu content de raser les fortifications naissantes de la ville de Sidon, avait fait égorger plus de deux mille chrétiens qui étaient sans défense. Leurs corps demeuraient exposés dans la campagne, sans sépulture, corrompus et déjà d'une puanteur insupportable. Louis, à cette vue, sent son coeur s'attendrir, appelle le légat, lui fait bénir un cimetière ; puis, relevant de ses propres mains un de ces cadavres : « Allons, dit-il à ses courtisans, allons enterrer des martyrs de Jésus-Christ. » Il obligea les plus délicats d'en faire autant. Cinq jours y furent employés ; ensuite il donna ses ordres pour le rétablissement de Sidon. Tous les jours, dès le matin, il était le premier au travail, et l'ouvrage fut achevé avec une extrême dépense, malgré le naufrage d'un vaisseau qui lui apportait des sommes considérables. Lorsqu'il en reçut la nouvelle, il dit ces paroles mémorables : *Ni cette perte, ni autre quelconque, ne sauroit me séparer de la fidélité que je dois à mon Dieu.*

Les diverses négociations avec les émirs d'Egypte et avec le soudan de Damas, qui avaient été si favorables au roi, le rétablissement de plusieurs places importantes et ces divers combats dont j'ai parlé, furent ce qui se passa de plus mémorable dans l'espace de près de quatre années que le roi séjourna en Palestine, depuis sa délivrance. Durant ce séjour, il satisfit de temps en temps sa dévotion par la visite d'une partie des saints lieux où il pouvait aller, sans s'exposer à un péril évident. Il partit d'Acre et fit le voyage avec une piété que tous ceux qui en furent témoins ne pouvaient cesser d'admirer. Il arriva, la veille de l'Annonciation, à Cana en Galilée, portant sur son corps un rude cilice : de là il alla au Mont-Thabor, et vint le même jour à Nazareth. Sitôt qu'il aperçut de loin cette bourgade, il descendit de cheval, se mit à genoux pour adorer de loin ce saint lieu où s'était opéré le mystère de notre rédemption. Il s'y rendit à pied, quoiqu'il fût extrêmement fatigué ; il y fit célébrer l'office divin, c'est-à-dire, matines, la messe et les vêpres. Il y communia de la main du légat, qui y fit à cette occasion un sermon fort touchant : de sorte que, suivant la réflexion que fait le confesseur de ce saint prince, dans un écrit qui nous apprend ce détail, on pouvait dire que, depuis que le mystère de l'Incarnation s'était accompli à Nazareth, jamais Dieu n'y avait été honoré avec plus d'édification et de dévotion qu'il le fut ce jour-là.

CONDUITE DE LA REINE BLANCHE PENDANT L'ABSENCE DU ROI

Ce fut vers le même temps que Louis reçut des nouvelles de l'Europe. Les princes Alphonse et Charles, ses frères, étaient arrivés en France, où ils firent cesser le deuil général par les nouvelles certaines qu'ils apportèrent de la délivrance et de la santé du roi. Il apprit avec la plus grande satisfaction que la reine Blanche, sa mère, s'était conduite avec autant de prudence et de sagesse, dans sa seconde régence, que dans sa première. Elle avait maintenu le royaume de France dans la plus grande tranquillité, tant au dedans qu'au dehors. Elle s'opposa avec beaucoup de fermeté à la croisade que le pape osa faire publier pour soutenir ses intérêts particuliers contre Conrad, fils de l'empereur Frédéric II, décédé l'année précédente. Blanche assembla la noblesse du royaume ; et, d'une voix unanime, elle fit ordonner que les terres de ceux qui s'engageraient dans cette milice seraient saisies. « Qu'ils partent, disait-on, pour ne plus revenir, ces traîtres à l'état. Il est bien juste que le pape entretienne ceux qui servent son ambition, lorsqu'ils devraient secourir Jésus-Christ sous les étendards de notre roi. » Blanche fit faire aussi de vifs reproches au pape sur sa conduite intéressée, qui allait mettre toute l'Europe en combustion, et l'on fit de sévères réprimandes aux Cordeliers et aux Dominicains, qui avaient osé prêcher cette singulière croisade. « Nous vous bâtissons des églises et des maisons, disaient les seigneurs, nous vous recevons, nous vous nourrissons. Quel bien vous fait le pape ? Il vous fatigue et vous tourmente ; il vous fait les receveurs de ses impôts, et vous rend odieux à vos bienfaiteurs. »

En vain le roi d'Angleterre, croyant répandre l'alarme en France pendant l'absence du roi, parlait à tout le monde du dessein qu'il avait d'armer puissamment pour reprendre les provinces que ses prédécesseurs avaient perdues par leurs félonies. Blanche, après avoir pris les précautions les plus sages et les plus propres à faire échouer les projets vrais ou simulés de Henri, trouva encore le moyen de lui attirer la plus sensible des mortifications, en mettant Rome dans les intérêts de la France. Innocent défendit au roi anglais, sous peine d'un interdit général dans tout son royaume, de faire aucun acte d'hostilité sur les terres de France. Toute la grace qu'on voulut bien lui accorder fut de ne pas rendre cet ordre public. Mais la régente, qui en était assurée en particulier, laissa l'orgueilleux prince amuser ses peuples de l'idée de ses conquêtes futures, et ne se mit pas même dans la suite beaucoup en peine de le ménager. Henri, croyant sa présence nécessaire en Gascogne pour y châtier ses vassaux rebelles, et ne voyant point de sûreté pour débarquer dans ses ports, fit demander un passage par la France : la régente ne balança pas à lui refuser cette permission, et le monarque qui connaissait le courage et la sagesse de cette princesse, n'osa pas même tenter d'en marquer le moindre ressentiment.

Ce ne fut pas là le seul exemple de justice et de fermeté qui distingua la seconde régence de la reine Blanche. Le chapitre de Paris avait fait emprisonner, comme seigneur, tous les habitans de Chatenay et de quelques autres lieux, pour certaines choses qu'on leur imputait, et que la loi interdisait aux serfs : c'était son droit sans doute ; mais ce droit ne détruisait pas ceux de l'humanité. Ces malheureux, enfermés dans de noirs cachots, manquaient des choses les plus nécessaires à la vie, et se voyaient en danger de mourir de faim. La régente, instruite de leur état, ne put leur refuser les justes sentimens de la compassion : elle envoya prier les chanoines de vouloir bien, en sa faveur, sous caution néanmoins, relâcher ces infortunés colons, promettant de se faire informer de tout et de faire toute sorte de justice aux chanoines. Ceux-ci, piqués peut-être qu'une femme leur fît des leçons d'une vertu qu'eux-mêmes auraient dû prêcher aux autres, ou, ce qui est plus vraisemblable, trop prévenus de l'obligation de soutenir les prétendus priviléges de leur Eglise, répondirent qu'ils ne devaient compte à personne de leur conduite vis-à-vis de leurs sujets, sur lesquels ils avaient droit de vie et de mort. En même temps, comme pour insulter à l'illustre protectrice de ces pauvres esclaves, ils ordonnent d'aller prendre leurs femmes et leurs enfans qu'ils avaient d'abord épargnés, les font traîner impitoyablement dans les mêmes prisons, et les traitent de façon qu'il en mourut plusieurs, soit de misère, soit de l'infection d'un lieu capable à peine de les contenir. La reine, indignée de cette insolence et de cette barbarie, ne crut pas devoir respecter des prérogatives qui dégénéraient en abus, et favorisaient la plus horrible tyrannie. Elle se transporte à la prison, commande d'enfoncer les portes, donne elle-même le premier coup, et dans l'instant les portes sont brisées. On en voit sortir un grand nombre d'hommes, de femmes, et d'enfans pâles et défaits. Tous se jettent aux pieds de leur bienfaitrice et réclament sa protection. Elle la leur promit et tint parole. Les biens du chapitre furent saisis, moyen toujours efficace de réduire les plus mutins sous le joug de l'autorité légitime. Les chanoines, plus dociles, consentirent enfin d'affranchir ces malheureux, moyennant une somme payable tous les ans.

Comme le but principal de la régente était d'entretenir la tranquillité dans l'état, elle était surtout attentive à la maintenir dans la capitale. La licence des pastoureaux, dont j'ai parlé à l'occasion de la prison du roi, avait laissé parmi le peuple de certaines dispositions à s'émanciper. Ce fut sans doute par ce motif qu'elle exigea de nouveaux sermens de fidélité des bourgeois de Paris, et qu'elle obligea l'université de faire un statut par lequel tout écolier qui serait pris armé pendant la nuit, serait jugé par le juge ordinaire, nonobstant les priviléges de ce corps. La reine avait encore, quelque temps auparavant, fait déclarer par le pape que tous les écoliers de l'université, qui seraient trouvés portant des armes, seraient exclus de tous priviléges. C'était un point de police très-important, parce qu'alors les écoliers n'étaient pas des enfans comme aujourd'hui, mais des hommes faits, pour la plus grande partie, qui, par leur nombre et par la diversité et la jalousie des nations, pouvaient causer de grands désordres, dont on avait vu de fâcheux exemples sous les règnes précédens. Telle était la situation des affaires dans le royaume de France.

Saint Louis était occupé dans la Palestine à y faire construire des forteresses pour mettre les chrétiens en état de se soutenir contre les infidèles, lorsqu'il reçut la triste nouvelle de la mort de la reine Blanche sa mère.

Mort de la reine Blanche

Cette princesse fut attaquée à Melun, dans le mois de novembre, de la maladie qui la mit an tombeau. Elle se fit transporter à Paris, où elle reçut les derniers sacremens de l'Eglise par le ministère de son confesseur Renaud de Corbeil, évêque de cette capitale, et l'un des chefs du conseil d'état ; ensuite, elle manda l'abbesse de Maubuisson, monastère de l'ordre de Cîteaux, qu'elle avait fondé près de Pontoise, la conjura, au nom de leur ancienne amitié, de lui donner l'habit de son ordre, et fit profession entre ses mains, avec de grands sentimens de dévotion et d'humilité. On la transporta ensuite sur un lit de paille, couvert d'une simple serge, où elle expira le 1er décembre 1252.

On lui mit aussitôt le manteau royal sur son habit de religieuse, et la couronne d'or sur la tête. En cet état, elle fut portée par les plus grands seigneurs du royaume sur une espèce de trône richement orné, depuis le palais jusqu'à la porte Saint-Denis ; de là, elle fut conduite au monastère de Maubuisson, où elle avait choisi sa sépulture.

Tout le royaume ressentit vivement cette perte. C'était la plus grande reine qui eut encore paru sur le trône français. Femme d'un courage, d'une prudence et d'une élévation de génie au-dessus de son sexe ; princesse née pour faire en même temps l'ornement et la félicité du monde. C'est le langage de tous les auteurs de son siècle ; sans aucun autre reproche enfin, qu'un peu trop de hauteur dans sa première régence, si toutefois on doit appeler hauteur, la fermeté avec laquelle elle se conduisit envers des vassaux indociles, qui ne cherchaient, comme je l'ai rapporté dans le commencement de cet ouvrage, qu'à profiter des brouilleries qu'ils voulaient exciter dans l'état ; jaloux d'ailleurs de son mérite et de son autorité.

J'ajouterai encore à l'éloge de cette princesse, ce qu'en dit le père Daniel.[48] L'histoire nous fournit peu de personnes de son sexe qui l'aient égalée dans la piété, la vertu, la prudence, et l'habileté pour le gouvernement. Un esprit droit et ferme, un courage mâle à l'épreuve des événemens les plus fâcheux et les plus imprévus, faisaient son principal caractère. C'est surtout cette fermeté, soutenue de beaucoup d'application, qui démontre la sagesse de son administration. Ces qualités, jointes à beaucoup d'adresse, à un air insinuant, aux charmes et aux graces dont la nature l'avait abondamment pourvue, lui donnèrent une grande autorité, et elle en fit toujours un très-bon usage pour le bonheur des peuples qui la comblèrent de bénédictions.

Je crois pouvoir encore avancer que la reine Blanche a été plus recommandable par ses vertus civiles, morales et politiques, que toutes les princesses qui, après elle, ont été associées à la couronne de France. Ce n'est pas que je veuille dépriser celles-ci, parce que la Providence ne leur avait pas donné les talens supérieurs dont elle avait pourvu la reine Blanche. Il leur suffisait d'avoir les vertus qui les rendaient chères à leurs époux et à la nation française, telle que la reine Marguerite, femme de saint Louis ; Jeanne de Bourbon, femme de Charles V, dit le Sage ; Marie d'Anjou, femme de Charles VII ; Agnès de Bourgogne, femme de Charles, duc de Bourbon ; Anne de Bretagne, femme de Louis XII ; Louise de Savoie, mère de François 1er ; Marguerite de Valois, soeur de ce prince, reine de Navarre, et plusieurs

---

[48] *Histoire de France*, in-4.°, édition de 1722, p. 302.

autres que je pourrais nommer, qui ont aidé leurs époux dans les fonctions de la royauté.

Si je parcours l'histoire des autres états de l'Europe, j'y trouve plusieurs femmes célèbres[49] qui y tiennent un rang distingué. C'est Philippe de Hainaut, épouse d'Edouard III, roi d'Angleterre ; Marguerite d'Anjou, femme de Henri VI, roi de la même nation ; Marguerite de Valdemard, reine de Danemarck ; Marguerite d'Autriche, fille de l'empereur Maximilien 1er, gouvernante des Pays-Bas ; Catherine Alexiowna, impératrice des Russies. Mais, sur toutes ces illustres femmes, je crois pouvoir donner la préférence à Marie-Thérèse d'Autriche, impératrice-reine de Hongrie et de Bohême, pour en faire un juste parallèle avec la reine Blanche. Cette princesse joint à un génie supérieur une prudence dirigée par le plus solide jugement et par une expérience consommée. Nous l'avons vue triompher, par son courage, de tous ses ennemis, et affermir sur la tête de l'empereur son époux la couronne impériale, qu'une fausse politique, dirigée par l'intérêt et par la jalousie, voulait lui ravir. Enfin, par l'alliance qu'elle a faite de l'archiduchesse Marie-Antoinette, sa fille, avec notre auguste monarque, elle a comblé les voeux de toute la nation française, qui se promet une longue suite de prospérités de l'union de ces deux illustres époux, et des vertus qu'on voit déjà briller dans toutes leurs actions.[50]

---

[49] J'ai fait l'éloge de ces princesses dans l'*Histoire abrégée des philosophes et des femmes célèbres*, que j'ai donnée au public. On peut la consulter.

[50] L'*Histoire de saint Louis*, dont nous donnons une nouvelle édition, a été impr. pour la première fois en 1775.

Saint Louis apprend la mort de la reine sa mère. Sa résignation aux ordres de la Providence

On dépêcha au roi pour lui porter la triste nouvelle de cette mort. Il l'apprit à Sajette, et selon d'autres, à Jaffe, par le légat à qui les lettres avaient été adressées. Pour la lui annoncer, il se fit accompagner par l'archevêque de Tyr, et par Geoffroy de Beaulieu, dominicain, confesseur de ce prince. Leur contenance triste lui faisant conjecturer qu'ils avaient quelque chose de fâcheux à lui apprendre, il les fit entrer seuls avec lui dans sa chapelle. Alors le légat lui exposa les grandes obligations qu'il avait à Dieu depuis son enfance, surtout de lui avoir donné une mère si sage, qui l'avait élevé si pieusement, et qui avait gouverné son royaume avec tant de zèle et de prudence. Hélas! sire, ajouta-t-il, avec des sanglots et des pleurs, elle n'est plus, cette illustre reine, la mort vient de nous l'enlever!

On ne peut exprimer les sentimens de tristesse dont le coeur de ce tendre fils fut pénétré. Le premier mouvement de sa douleur lui fit jeter un grand cri et verser un torrent de larmes ; mais, revenu à lui dans le même instant, il se jeta à genoux devant l'autel, et dit en joignant les mains : « Je vous rends graces, ô mon Dieu, de m'avoir conservé jusqu'ici une mère si digne de mon affection. C'était un présent de votre miséricorde ; vous le reprenez comme votre bien : je n'ai point à m'en plaindre. Il est vrai que je l'aimais tendrement ; mais puisqu'il vous plaît de me l'ôter, que votre nom soit béni dans tous les siècles. » Ayant fait devant le crucifix cet acte de soumission aux ordres de Dieu, il congédia le légat et l'archevêque de Tyr ; et, après avoir encore eu à ce sujet quelque entretien avec son confesseur, ils commencèrent ensemble l'office des morts pour le repos de l'ame de la reine. Il le récita avec beaucoup d'attention ; et le même confesseur remarque comme une chose admirable, que, malgré la situation où le trouble et la douleur avaient mis son coeur et son esprit, il ne se méprit jamais dans un seul verset ni en aucun endroit de tout l'office. Il continua non-seulement toute l'année de donner ces marques chrétiennes de tendresse pour sa mère, mais encore toute sa vie ; il ne manqua jamais de faire dire tous les jours, en sa présence, une messe des morts pour elle, excepté les dimanches et les fêtes. Deux jours se passèrent sans qu'il voulût voir personne. Ce terme expiré, il fit appeler Joinville, et lui dit en le voyant : Ah! sénéchal, j'ai perdu ma mère. Sire, répondit le bon chevalier, je n'en suis point surpris : vous savez qu'elle était mortelle ; mais ce qui m'étonne, c'est la tristesse excessive d'un prince qui est en si grande réputation de sagesse.

La reine Marguerite son épouse fut plus aisée à consoler. Elle n'aimait pas la reine-mère, parce qu'elle en était beaucoup gênée. On n'en sait pas les raisons, mais il fallait que le roi se cachât pour la venir voir. Elle ne laissa pas de verser beaucoup de larmes ; et comme un jour Joinville l'eût trouvée tout en pleurs, il lui dit avec sa franchise ordinaire : « Madame, est bien vrai le proverbe qui dit qu'on ne doit mie croire femme à son pleurer ; car le deuil que vous menez est pour la femme que vous haïssiez le plus en ce monde. » La reine lui répondit avec la même sincérité : « Sire de Joinville, si ce n'est pas pour elle aussi que je pleure, c'est pour le grand mes-aise en quoi le roi est, et pour ma fille Isabelle qui est demeurée en la garde des hommes.[51] » Ce qui faisait que la reine n'aimait point sa belle-mère, continue l'ingénu sénéchal, c'est que l'impérieuse Blanche ne voulait point souffrir que le roi fût trop souvent en la compagnie de son épouse. Si la cour voyageait, elle les faisait presque toujours loger séparément. Il arriva qu'étant à Pontoise, le monarque eut un appartement au-dessus de celui de la princesse ; il

---

[51] Observ. de Du Cange, p. 98 et 99.

n'osait aller chez elle sans prendre de grandes précautions contre la surprise. Il avait ordonné à ses huissiers de salle, que lorsqu'ils verraient venir la reine-mère, pendant qu'il serait chez la reine son épouse, ils battissent les chiens, afin de les faire crier, et alors il se cachait dans quelque coin. Un jour qu'il tenait compagnie à sa femme, parce qu'elle était dangereusement malade, on vint lui dire que sa mère arrivait. Son premier mouvement fut de se cacher dans la ruelle du lit : elle l'aperçut néanmoins. *Venez-vous-en*, lui dit-elle, en le prenant par la main, *vous ne faites rien ici. Hélas!* s'écria Marguerite désolée, *ne me laisserez-vous voir monseigneur ni en la vie, ni en la mort?* Elle s'évanouit à ces mots. Tout le monde la crut morte ; le roi le crut lui-même et retourna sur-le-champ auprès d'elle : sa présence la fit revenir de son évanouissement.

IL SE PRÉPARE À SON RETOUR EN FRANCE

Le saint roi commença à s'occuper de son retour en France ; tout l'y rappelait. La guerre s'était rallumée dans la Flandre entre les Dampierre et les Davesne, et tous leurs voisins y prenaient parti. Il n'y avait plus de trève avec l'Angleterre. Henri, fortifié de l'alliance de la Castille, venait de passer en Guyenne, à la tête d'une puissante armée. La Normandie se préparait ouvertement à le recevoir ; tout, en un mot, semblait menacer le royaume d'une révolution générale. Le monarque voyait d'ailleurs qu'il ne pouvait rien entreprendre dans la Palestine. Il ne lui arrivait de ses états que très-peu de troupes, et encore moins d'argent, comme si ses sujets eussent voulu le contraindre à revenir. Malgré tant de raisons il ne voulut rien décider sans avoir auparavant consulté le Seigneur. Il fit ordonner des prières et des processions publiques, pour demander à Dieu de lui faire connaître sa volonté. Tous les seigneurs français lui conseillèrent de partir. Les chrétiens même du pays, étaient de cet avis. Ils se voyaient en possession d'un nombre de places bien fortifiées, Acre, le château de Caïfa, Césarée, Jaffe, Tyr et Sidon : c'était assez pour se défendre contre les Sarrasins, en attendant que de plus grands secours les missent en état de reprendre Jérusalem. Il fut donc résolu qu'il s'embarquerait au commencement de l'année suivante, c'est-à-dire, immédiatement après Pâques.

Ensuite il recommanda au légat, qui avait ordre du pape de demeurer dans la Palestine, d'avoir grand soin de cette chrétienté, si fort exposée à la cruauté des mahométans. Il lui laissa beaucoup d'argent et un assez bon nombre de troupes.

Son départ de Saint-Jean-d'Acre

Joinville eut ordre de conduire la reine et les petits princes à Tyr : le saint monarque ne tarda pas de les aller joindre ; et, dans les premiers jours de carême, il se rendit avec eux à Saint-Jean-d'Acre, où se devait faire l'embarquement.

Cette ville était alors la capitale et la plus forte place du royaume de Jérusalem. Il y laissa cent chevaliers sous le commandement de Geoffroy de Sargines qui, en qualité de lieutenant d'un si grand prince, eut tout pouvoir dans les affaires publiques, et que son rare mérite fit depuis sénéchal et vice-roi de Jérusalem. Ce brave seigneur, soutenu de temps en temps par quelques secours qui lui venaient d'Europe, sut se maintenir trente ans durant contre la puissance des mahométans.

Tout étant prêt pour le départ, Louis à pied, accompagné du légat, du patriarche de Jérusalem, de Geoffroy de Sargines, et de toute la noblesse de la Palestine, prit le chemin du port. Il passait entre deux haies d'un peuple nombreux, accouru de tous côtés pour voir encore une fois ce généreux bienfaiteur, qu'ils appelaient *le père des chrétiens*. L'air retentissait de ses louanges, et chacun s'efforçait de lui témoigner sa reconnaissance, les uns par la vivacité de leurs acclamations, les autres par la sincérité de leurs larmes, tous par les bénédictions sans nombre dont ils le comblaient. On voyait sur son visage un fond de tristesse qui témoignait assez son regret de n'avoir pas fait pour eux tout ce qu'il aurait désiré ; mais, d'un autre côté, on lisait dans ses regards, plus expressifs que ses paroles, qu'on le verrait bientôt à la tête d'une nouvelle croisade.

Toutes les personnes qui devaient passer en Europe s'embarquèrent sur une flotte de quatorze vaisseaux ; et, le lendemain, fête de saint Marc 1254, on mit à la voile. Le roi fit remarquer à Joinville que c'était le jour de sa naissance. « La rencontre est heureuse, répondit le sénéchal en riant : c'est effectivement renaître une seconde fois que d'échapper d'une terre si périlleuse. »

Le légat avait donné au roi un ciboire rempli d'hosties consacrées, soit pour l'usage de sa propre dévotion, soit pour la consolation de ceux qui pourraient mourir dans le passage. Il fit placer ce sacré trésor à l'endroit le plus décent de son navire, dans un tabernacle précieux, couvert d'un riche pavillon. Tous les jours on y récitait solennellement l'office divin ; les prêtres, revêtus de leurs habits sacerdotaux y faisaient les cérémonies et récitaient les prières de la messe, à la réserve de la consécration. Le monarque assistait à tout.

Rien n'égalait ses soins pour les malades : il les visitait souvent, leur procurait tous les soulagemens qui dépendaient de lui, et prenait soin de leur salut encore plus que de leur guérison. Il y avait sermon trois fois la semaine, sans parler des instructions particulières et des catéchismes qu'il faisait faire aux matelots quand le calme régnait. Quelquefois il les interrogeait lui-même sur les articles de foi, et ne cessait de leur rappeler qu'étant toujours entre la vie et la mort, entre le paradis et l'enfer, ils ne pouvaient trop se hâter de recourir au sacrement de pénitence. Tel fut l'effet des soins et de l'exemple du pieux monarque, qu'en peu de temps on vit un changement notable parmi les matelots. La honte de ne pas faire quelquefois ce qu'un grand roi faisait tous les jours, leur donna le courage de vouloir être chrétiens, et leur inspira des sentimens au-dessus de leur condition.

On voguait heureusement du côté de l'île de Chypre, et chacun s'entretenait agréablement de la pensée de retourner dans sa patrie, lorsque tout d'un coup le vaisseau du roi donna si rudement sur un banc de sable, que tout ce qui était sur le pont fut renversé. Un moment après il toucha une seconde fois, mais avec tant de violence, qu'on s'attendait à le voir s'entr'ouvrir. Chacun se crut perdu et cria miséricorde. La reine était consternée ; ses enfans, qui la voyaient en larmes sans voir le péril, se mirent à pleurer. Tout le navire retentissait de gémissemens, que l'obscurité de la nuit rendait encore plus effroyables. Louis, oubliant en quelque sorte des objets si chers, va se prosterner aux pieds de celui qui commande à la mer, et dans l'instant le vaisseau se remet à flot. Cet événement inespéré fut regardé comme un miracle. Dès que le jour parut, on visita le bâtiment par dedans et par dehors. Les plongeurs rapportèrent qu'il y avait trois toises de la quille emportées, et conseillèrent au monarque de passer sur un autre navire. « Dites-moi, leur répondit-il, sur la foi et loyauté que vous me devez, si le vaisseau était à vous et chargé de riches marchandises, l'abandonneriez-vous en pareil état ? Non sans doute, lui répliquèrent-ils d'une voix unanime ; nous aimerions mieux hasarder tout que de faire une perte si considérable. Pourquoi donc me conseillez-vous d'en descendre ? C'est, reprirent-ils, que la conservation de quelques malheureux matelots importe peu à l'univers ; mais rien ne peut égaler le prix d'une vie comme celle de votre majesté. Or, sachez, dit le généreux prince, qu'il n'y a personne ici qui aime son existence autant que je puis aimer la mienne ; si je descends, ils descendront aussi ; et ne trouvant aucun bâtiment, ils se verront forcés de demeurer dans une terre étrangère, sans espérance de retourner dans leur pays. C'est pourquoi j'aime mieux mettre en la main de Dieu, ma vie, celle de la reine et de nos trois enfans, que de causer un tel dommage à tant de personnes. »

Il n'appartient qu'aux héros véritablement chrétiens, de donner ces grands exemples de générosité. C'est par de semblables vertus que Louis s'acquit sur tous les coeurs un empire plus puissant et plus glorieux que celui qui était dû à sa naissance.

La navigation fut longue et fatigante. Le roi, qui trouvait le moyen de rapporter tout à Dieu, ne se lassait point de faire admirer à Joinville la grandeur de l'Etre-Suprême, et le néant de ce qui paraît le plus grand parmi les hommes. « Regardez, sénéchal, lui disait-il, si Dieu ne nous a pas bien montré son grand pouvoir, quand, par un seul des quatre vents de mer, le roi, la reine, ses enfans, et tant d'autres personnes ont pensé périr. Ces dangers que nous avons courus sont des avertissemens et des menaces de celui qui peut dire : Or, voyez-vous bien que je vous eusse laissé noyer, si j'eusse voulu? »

IL ARRIVE AUX ÎLES D'HIÈRES

Enfin le dixième de juillet, la flotte arriva aux îles d'Hières, en Provence. Le monarque d'abord n'y voulait pas descendre, parce que ce n'était pas terre de son obéissance ; mais, au bout de deux jours, touché des prières de la reine, des remontrances de Joinville et des larmes de tout l'équipage qui était fatigué de la mer, il se fit mettre à terre. Le mauvais état de sa santé acheva peut-être de l'y déterminer : il était si faible et si abattu, que le sénéchal fut obligé de le prendre entre ses bras pour le tirer du vaisseau. Après quelques jours de repos, dès que les équipages furent arrivés, il partit du château d'Hières pour se rendre à Paris.

RETOUR DU ROI EN FRANCE

La nouvelle du départ de saint Louis de la Palestine pour revenir en France, y avait répandu une allégresse universelle. Tous les peuples étaient dans la plus grande impatience de le revoir. Cependant l'espérance qu'ils en avaient étaient fort modérée par la crainte des dangers qu'il pouvait courir sur un élément aussi sujet aux tempêtes et aux naufrages. Il y avait près de trois mois que ce prince était parti da port de St-Jean-d'Acre, lorsqu'il débarqua, comme je l'ai dit, le 10 juillet, aux îles d'Hières. S'étant mis en chemin pour se rendre à Paris, il trouva sur sa route une affluence prodigieuse de peuple, qui venait lui témoigner par les plus vives acclamations la satisfaction qu'il avait de revoir son prince. Il arriva enfin à Vincennes dans les premiers jours d'août. Paris se préparait à recevoir avec toute la solennité possible, un monarque si digne de son respect et de son amour : Louis cependant, avant d'en être le témoin, alla, pour satisfaire aux mouvemens de sa piété, rendre graces à Dieu en l'église de Saint-Denis, où il laissa de magnifiques présens.

Quelques jours après il fit son entrée dans Paris, qui le reçut aux acclamations redoublées de ses habitans : leur joie ne fut tempérée que par la vue de la croix qu'il portait toujours sur ses habits : preuve non équivoque qu'il avait plutôt suspendu qu'abandonné le dessein de la croisade. Ce ne furent néanmoins, pendant plusieurs jours, que réjouissances, feux, danses et festins. Louis, après avoir donné quelques semaines aux empressemens de ses fidèles Parisiens, qui tous voulaient voir de leurs yeux ce prince qui avait fait de si grandes choses, si chéri et si digne de leurs respects, crut devoir se dérober à leurs empressemens, pour s'appliquer tout entier à corriger les abus qui s'étaient glissés pendant son absence, et, s'il se pouvait, à bannir de son royaume jusqu'à l'ombre du mal.

Dès les premiers jours après son retour, il assembla un parlement, où il fit publier une ordonnance qui contient plusieurs articles très-importans pour l'exacte administration de la justice.

Elle porte entre autres choses : « Que les baillifs, prévôts, vicomtes et autres juges supérieurs ou subalternes, jureront de rendre la justice sans acception de personne ; de conserver de bonne foi les droits du roi, sans préjudicier à ceux des particuliers ; de ne recevoir, ni eux, ni leurs femmes, ni leurs parens, aucuns dons ou présens des plaideurs quand la valeur n'excéderait pas dix sols ; de ne rien emprunter des personnes qui peuvent avoir des procès à leurs tribunaux ; de ne point envoyer de présens, ni aux gens du conseil du roi, ni à ceux qui sont préposés pour examiner leurs comptes, ou pour informer de leur conduite ; de n'acheter ni directement, ni indirectement, aucun immeuble dans l'étendue de leur juridiction ; de ne point exiger d'amende, qu'elle n'eût été publiquement prononcée ; de tenir leurs audiences dans les lieux où ils ont coutume de les donner, pour ne point consumer les parties en frais. Enfin, lorsqu'il seront hors d'exercice, de demeurer pendant quarante jours dans leurs bailliages, ou du moins d'y laisser un procureur suffisant pour répondre aux plaintes qu'on pourrait faire contre eux devant les commissaires du seigneur-roi. »

Ce serment devait être fait aux assises devant le peuple, afin que les juges fussent retenus en même temps, et par la crainte de l'indignation divine et royale, et par la honte toujours inséparable du parjure.

Louis ordonne de plus que l'édit contre les usures et les Juifs soit fidèlement exécuté ; que les femmes publiques soient chassées tant des villes que de la campagne. Il défend, sous peine *d'être réputé infâme et débouté de tout témoignage de vérité*, non-seulement de jouer aux dés, mais même d'en fabriquer dans toute l'étendue de ses domaines ; il enjoint de punir sévèrement ceux qui tiennent des académies de jeu. Il proscrit même jusqu'aux échecs, qui ne passent aujourd'hui que pour un simple jeu d'esprit, mais qui pouvait peut-être alors entraîner des inconvéniens que nous ignorons.

Pour ce qui est de l'article des présens qu'on défend aux juges de recevoir, ce projet d'ordonnance, si nous en croyons le sire de Joinville, fut conçu à l'occasion qu'il rapporte, dès le temps que le roi débarqua en Provence.

L'abbé de Cluny était venu saluer ce prince pour lui faire son compliment sur son retour ; il lui fit présent de deux très-beaux chevaux. Le lendemain il demanda audience au roi, qui la lui donna longue et favorable. Après cette audience, Joinville, avec cette familiarité que le roi lui permettait, lui demanda s'il répondrait franchement à une question qu'il voulait lui faire ; le roi le lui promit.

« N'est-il pas vrai, sire, reprit Joinville, que les deux beaux chevaux que vous a donnés l'abbé de Cluny, lui ont mérité la longue audience dont vous l'avez honoré ? Cela pourrait bien être vrai, lui répondit le roi. Hé bien, sire, continua Joinville, défendez donc aux gens de votre conseil de rien prendre de ceux qui ont affaire à eux ; car soyez certain que s'ils prennent, ils en écouteront plus diligemment et plus longuement, ainsi qu'avez fait de l'abbé de Cluny. » Le roi se mit à rire de la réflexion de Joinville, et en fit rire son conseil, qui lui dit que l'avis était sage, et qu'il fallait le mettre à exécution. C'est ce qu'il fit par l'ordonnance dont je viens de parler. Heureux les princes qui écoutent la vérité en faveur de leurs peuples, et plus heureux les peuples qui sont gouvernés par de tels princes !

Le roi, non content de publier des ordonnances et de recommander à ses officiers de faire justice, tenait sévèrement la main à l'exécution. Un bourgeois de Paris, ayant été convaincu d'avoir proféré un blasphème, il n'y eut ni prières, ni égards qui pussent fléchir le roi. Il fit exécuter, sans rémission, l'édit publié contre les blasphémateurs, par lequel ils étaient condamnés à souffrir l'application d'un fer chaud sur la bouche. Comme plusieurs personnes de la cour murmuraient de cette sévérité, il dit qu'il aimerait mieux souffrir ce même supplice, que de rien omettre pour arrêter un tel scandale.

Mais, ce qui était de la dernière importance, il s'appliqua surtout à remplir son conseil de gens habiles, désintéressés, vertueux, dignes enfin de la confiance d'un roi qui ne cherché que le bonheur de ses sujets ; car il n'était pas de ces princes, ou trop faciles, qui n'écoutent qu'un favori toujours intéressé qui les trompe, ou trop présomptueux, qui ne s'en rapportent qu'à leurs propres lumières. Sa maxime était de prendre du temps pour accorder ce qu'on lui demandait, afin de pouvoir consulter. Aussi, ne lui vit-on jamais compromettre son autorité. Ce qu'il avait résolu était toujours le meilleur et demeurait fixe et invariable ; mais cela ne l'empêchait pas, dit Joinville, de se décider sur-le-champ.

Les rois, ses prédécesseurs, envoyaient des commissaires dans les provinces, pour examiner et réparer les injustices qui s'y pouvaient faire ; avant son voyage d'outre-mer, il avait constamment suivi cette louable coutume ; mais, craignant que cela ne fût pas suffisant, il résolut d'y aller lui-même, et commença cette année la visite de son royaume.

RICHARD DE BURY

LE ROI FAIT LA VISITE DE SON ROYAUME

Il se rendit d'abord en Flandre, puis en Picardie, ensuite à Soissons, où il vit le sire de Joinville qu'il combla de caresses. *Quand je fus devers lui*, dit le bon sénéchal, *il me fit si grande joie, que tous s'en émerveillaient.* Comme on connaissait le crédit de ce seigneur, il fut chargé de demander la princesse Isabelle, fille du roi, pour Thibaut V, comte de Champagne et roi de Navarre, prince de la plus grande espérance.

Mais Louis ne voulut point entendre parler de cette alliance, que le jeune prince n'eût fait justice à la comtesse de Bretagne, sa soeur, qui avait des prétentions assez considérables sur les comtés de Champagne et de Brie. En vain le sénéchal insista ; le monarque fut inébranlable.

Ces prétentions consistaient en ce que le comte de Bretagne avait épousé Blanche de Champagne, fille aînée du comte Thibaut, dernier mort, qui l'avait eue d'Agnès de Beaujeu, sa première femme, dont il était veuf quand il épousa Marguerite de Bourbon, mère du jeune roi de Navarre ; de sorte que Blanche demandait à rentrer en partage de la succession de son père, et avait des droits au moins sur une partie de la Champagne. Le roi voulait que cette affaire fût terminée, avant qu'on parlât du mariage de sa fille Isabelle avec le roi de Navarre.

Comme il s'agissait de la Champagne, qui était un fief de la couronne, cette affaire devait se décider en présence du roi par la cour des pairs. Le roi fit donc examiner le procès du roi de Navarre avec la comtesse de Bretagne en présence des parties. Il fut accommodé par l'achat que fit le roi de Navarre des droits de la comtesse de Bretagne, en s'obligeant de lui payer trois mille livres de rente, qui, selon le poids de la monnaie de ce temps-là, monteraient aujourd'hui à un peu moins de trente mille livres de rente.

MARIAGE DU ROI DE NAVARRE
AVEC ISABELLE DE FRANCE

Au moyen de cet arrangement, le mariage de Thibaut, roi de Navarre, avec Isabelle de France, fut conclu. La dot de la princesse fut de dix mille livres, comme celles des autres filles de saint Louis, qui furent mariées depuis. Les noces se firent à Melun avec beaucoup de solennité. Le roi n'épargnait rien dans ces circonstances d'éclat, où les princes doivent attirer les regards et l'admiration des peuples par quelque grand spectacle. Il était aussi réservé quand il s'agissait de son plaisir, que libéral lorsque les raisons d'état, ou les motifs de religion l'exigeaient ; sachant bien que c'est le retranchement des choses superflues qui conserve et multiplie les fonds pour les dépenses nécessaires.

LE ROI PERMET AU ROI D'ANGLETERRE
DE VENIR À PARIS, ET LUI FAIT UNE FÊTE MAGNIFIQUE

Avant que ces noces fussent célébrées, il y eut en France une fête magnifique à l'occasion suivante : Henri III, roi d'Angleterre, était depuis assez long-temps en Gascogne. Il en avait enfin apaisé les troubles et les révoltes qui s'y étaient élevés par la dureté du gouvernement de ceux qu'il y avait envoyé commander : de sorte que sa présence n'y étant plus nécessaire, il avait pris la résolution de retourner dans son royaume. Le désir de voir la France, peut-être aussi la crainte d'un trajet par mer, beaucoup plus long en partant de

Bordeaux que celui de Calais à Douvres, lui fit demander au roi la permission de passer par ses états. Ce prince la lui accorda avec joie, et lui fit savoir qu'il le verrait avec un très-grand plaisir.

Louis envoya des ordres dans toutes les villes de son royaume, par lesquelles Henri devait passer, pour lui faire rendre tous les honneurs dus à son rang. Il vint par Fontevraud, où il vit les tombeaux de quelques-uns de ses ancêtres qui y étaient inhumés, et y fit élever un mausolée à la reine sa mère, dont on transporta le corps du cimetière dans l'église. Il se rendit aussi à l'abbaye de Pontigny, pour y prier auprès du tombeau de saint Edmond, archevêque de Cantorbéry, qu'il avait beaucoup persécuté. Il traversa ainsi la France sans suivre les routes ordinaires, et s'arrêtant partout où sa curiosité le conduisait. Il arriva à Chartres, où le roi alla le recevoir, et où ils se donnèrent mutuellement beaucoup de marques de tendresse et d'amitié. Le roi d'Angleterre était accompagné d'environ mille personnes, tant seigneurs que gentilhommes, fort bien montés, et en très-bel équipage. A mesure qu'il avançait, sa cour augmentait.

La reine de France et la comtesse d'Anjou, sa soeur, avaient accompagné le roi à Chartres, où elles trouvèrent, avec le roi d'Angleterre, leurs deux soeurs ; savoir : la reine d'Angleterre et la comtesse de Cornouaille, femme du comte Richard, frère de Henri. Béatrix, comtesse douairière de Provence, mère des quatre princesses, était du voyage. L'entrevue fut des plus tendres, et elle eut la joie d'embrasser en même temps toutes ses filles. De Chartres, on marcha droit à Paris, dont tout le peuple sortit pour aller au-devant d'eux, les uns sous les armes, les autres couronnés de fleurs, ou tenant en leurs mains des rameaux ; le pavé était jonché de feuilles et de fleurs. L'université en corps et tous les écoliers, dont le nombre était très-grand, parurent en habits de cérémonie. Ce n'était que cris de joie, que concerts de musique et d'instrumens dans tous les lieux où les rois et les princesses passaient. Le soir, et toute la nuit, il y eut des illuminations et des réjouissances par toute la ville.

Le roi offrit au roi d'Angleterre de le loger, soit au Palais, soit au Temple, ou en quelque autre hôtel de la ville où il jugerait à propos. Henri choisit le Temple pour lui et pour sa cour, et tout le quartier des environs jusqu'à la Grève.

Dès le lendemain matin, il fit dresser des tables en divers endroits de son quartier, où l'on servit toute la journée du pain, du vin, de la viande et du poisson pour tous les pauvres qui voulurent y venir manger.

Pendant cette matinée, le roi mena Henri à la Sainte-Chapelle, où il lui fit voir les précieuses reliques qu'on y honorait : de là il le conduisit dans la ville pour lui montrer ce qu'il y avait de curieux. Le prince laissa dans la Sainte-Chapelle, ainsi que dans les autres lieux où il fut conduit, des marques de sa libéralité.

Le roi d'Angleterre, après avoir été traité magnifiquement au Temple, le soir de son arrivée, pria le roi de trouver bon qu'il lui donnât le lendemain à dîner au même lieu. On s'y rendit au retour de la cavalcade du matin. Tout était préparé dans la grande salle. Louis, pour faire les honneurs, voulait placer le roi d'Angleterre entre lui et le jeune roi de Navarre ; mais Henri s'excusa de prendre une place qui ne pouvait être mieux et plus convenablement occupée que par le roi de France : *Car*, ajouta-t-il, *vous êtes mon seigneur et le serez toujours*. Le roi fut contraint de céder et s'assit, ayant à sa droite le roi d'Angleterre, et à sa gauche le roi de Navarre. Toutes les portes étaient ouvertes et sans gardes ; mais le respect qu'inspirait la présence des princes suffit seul pour empêcher le désordre et la confusion. Il y avait encore d'autres tables dans les appartemens, où les seigneurs des deux cours, chacun selon sa qualité et son rang, étaient placés. Il était jour maigre ; on ne vit jamais tant de somptuosité et d'abondance.

Le lendemain, le roi donna à souper au roi d'Angleterre dans le Palais, où il lui avait fait préparer un bel appartement ; et comme Henri voulut, après le repas, se retirer au Temple : « Non pas, lui dit le roi en riant ; je suis maître chez moi, je veux au moins cette nuit vous avoir en ma puissance. »

Le roi d'Angleterre demeura à Paris huit jours, qui se passèrent en fêtes et en réjouissances ; mais elles n'empêchèrent pas les deux rois d'avoir durant ce temps plusieurs entretiens secrets. Si l'on en veut croire l'historien d'Angleterre, Mathieu Paris, à qui son maître peut en avoir parlé, Louis témoigna à Henri le désir qu'il avait de lui restituer la Normandie : *Mais*, ajoutait-il, *mes douze pairs et mon baronage n'y consentiraient jamais*. La délicatesse de la conscience de Louis, et la conduite qu'il tint dans la suite, dans quelques traités avec le roi d'Angleterre, rendent ce fait assez vraisemblable. Le témoignage de cet auteur contemporain nous apprend au moins deux choses importantes : la première, que dès lors le nombre des pairs de France était fixé à douze ; la seconde, que le roi ne disposait d'aucune partie considérable de ses états sans le consentement, non-seulement des pairs du royaume, mais encore de ses barons, qui étaient les plus grands seigneurs de l'état, quoique d'un rang inférieur à celui des pairs.

Le roi d'Angleterre quitta Paris, comblé d'honneurs, et s'y acquit une grande réputation de libéralité. Le roi l'accompagna pendant la première journée de chemin ; et, après avoir renouvelé les témoignages d'amitié qu'ils s'étaient donnés tant de fois l'un à l'autre, Henri continua sa route vers Boulogne. Après y avoir attendu quelques jours le temps favorable, il s'embarqua, arriva heureusement en Angleterre ; et, quelque temps après, il se fit une prolongation de trève entre les deux couronnes.

Ce fut dans le même esprit de paix que l'année suivante le roi réconcilia le comte d'Anjou avec sa belle-mère, Béatrix, comtesse de Provence. Ils s'étaient brouillés au sujet de quelques forteresses de Provence que la comtesse retenait, et que le comte prétendait lui appartenir : on en était déjà venu aux hostilités. La comtesse avait eu recours au pape, qui avait nommé l'évêque du Belley pour juge du différent. Mais les deux parties s'en rapportèrent au roi ; et ce prince, pour finir ce procès, ordonna au comte d'Anjou, son frère, d'acheter ces places, et lui fournit l'argent pour en faire le payement.

LES TROUBLES CONTINUENT EN ITALIE ET EN ALLEMAGNE

Pendant ce même temps, l'Italie et l'Allemagne étaient dans la plus grande agitation par les guerres qui régnaient entre le pape et les successeurs de l'empereur Frédéric II, dans le détail desquelles je n'entrerai pas. Je dirai seulement que Louis, toujours le même, au milieu de tant de scandales causés par l'ambition de ceux qui y étaient intéressés, ne voulut point prendre de parti. Si son respect pour le Saint-Siége l'empêchait d'éclater contre tant d'excès, son amour pour la justice ne lui permettait pas de les favoriser, ni même de paraître les approuver. Il détournait les yeux de ces tristes objets pour ne s'occuper qu'à maintenir son royaume en paix, et à le purger des brigands qui l'infestaient.

Un gentilhomme, nommé Anseric, seigneur de Montréal, exerçait toutes sortes de violences en Bourgogne. Le roi, suivant les maximes du gouvernement féodal, ne pouvait en faire justice par lui-même. Il en écrivit fortement au duc de Bourgogne, dont le coupable relevait. Mais ce prince, trop indulgent pour un scélérat qui lui appartenait, se contenta de quelques remontrances qui ne remédièrent à rien. Le monarque, indigné d'une si lâche condescendance, dépêcha au duc deux de ses officiers, Dreux de Montigny et Jean de Cambray, pour lui porter les ordres les plus sévères d'assiéger Anseric jusque dans sa retraite : le duc n'osa plus résister. Montréal fut rasé, le tyran chassé ; et comme il n'avait point d'enfans, le mal fut extirpé.

Quéribus, château situé en Languedoc, était le réceptacle d'une infinité de scélérats qui ravageaient la province, et semblaient braver toute justice et toute autorité. Louis, sur les plaintes qu'il en reçut, envoya des ordres pressans au sénéchal de Carcassonne, de monter promptement à cheval pour exterminer la place et les malfaiteurs auxquels elle servait de retraite. Pierre d'Auteuil, c'était le nom du sénéchal, fit sommer les prélats de la province de venir le joindre, ou du moins de lui donner du secours pour cette expédition. Ceux-ci prétendirent qu'ils n'étaient pas obligés de suivre le roi ni son ministre ; mais que, par considération plutôt que par devoir, ils voulaient bien lui envoyer quelques troupes. Cette réserve déplut à la cour, qui fit examiner ces immunités prétendues. Il y a toute apparence que ces prélats fournirent les troupes qu'on leur demandait : car la forteresse fut emportée et détruite ; ceux qui la défendaient furent punis comme ils le méritaient, et la tranquillité fut rétablie dans le Languedoc.

Le comte d'Anjou, frère du roi, avait un procès contre un simple gentilhomme de ses vassaux, pour la possession d'un certain château. Les officiers le jugèrent en faveur du prince. Le chevalier en appela à la cour du roi. Le comte, piqué de la hardiesse du gentilhomme, le fit mettre en prison. Le roi en fut averti, et manda sur-le-champ à son frère de venir le trouver. *Croyez-vous*, lui dit-il avec un visage sévère, *qu'il doive y avoir plus d'un souverain en France, ou que vous soyez au-dessus des lois, parce que vous êtes mon frère?* En même temps il lui ordonne de rendre la liberté à ce malheureux vassal, pour pouvoir défendre son droit devant la cour du roi. Le comte obéit. Il ne restait plus qu'à instruire l'affaire ; mais le gentilhomme ne trouvait ni procureurs, ni avocats, tant on redoutait le caractère violent du comte d'Anjou. Louis eut encore la bonté de lui en nommer d'office, et les fit jurer qu'ils conseilleraient le gentilhomme fidèlement. La question fut scrupuleusement examinée, le chevalier fut réintégré dans ses biens, et le frère du roi perdit son procès.

Jugement d'Enguerrand de Coucy

Mais de tous ces exemples d'une justice inflexible et sévère, le plus frappant est celui qui fut fait sur Enguerrand de Coucy, fils de ce fameux Enguerrand qui s'était flatté de la couronne dans les premières années du règne de saint Louis, et qui était proche parent du roi. Ce jeune seigneur, héritier de tous les biens de son père, par le décès de son frère aîné, tué à Massoure, était d'un caractère violent et très emporté. Il arriva que trois jeunes gentilshommes flamands, envoyés par leurs parens à l'abbaye de Saint-Nicolas-des-Bois, pour apprendre la langue française, allèrent un jour se promener hors du monastère, et s'amusèrent à tirer des lapins à coups de flèches. L'ardeur de la chasse les emporta jusque dans les bois de Coucy, où ils furent arrêtés par les gardes du comte, qui les fit pendre sur-le-champ, sans leur donner le temps de se préparer à une mort qu'ils ne croyaient guère avoir méritée. Louis en fut averti par l'abbé de Saint-Nicolas, et par le connétable Gilles-le-Brun, proche parent de ces malheureux étrangers. Touché d'une action si barbare, ce prince donna promptement ses ordres pour en faire informer. Le crime fut avéré, et Coucy assigné à comparaître devant les juges de la cour du roi. Il se présenta, mais sans vouloir répondre, sous prétexte qu'étant baron, il ne pouvait être jugé que par les pairs. On lui prouva, par d'anciens arrêts, que ses ancêtres n'avaient joui du droit de pairie qu'à titre de seigneurs de Boves et de Gournay : titres qui avaient passé aux cadets de sa maison ; que l'hommage qu'ils lui en rendaient comme à leur aîné, ne changeait pas la nature des choses ; que Coucy demeurait toujours un simple fief qui devait même un cens à l'abbaye de Saint-Rémy de Reims. Il fut donc arrêté et très-étroitement gardé dans la tour de Louvre, non par les pairs ou chevaliers, mais par les huissiers ou sergens du roi. Cette action de vigueur étonna tous les barons de France, la plupart parens ou alliés du coupable. Ils commencèrent à craindre pour sa vie. Louis voulait qu'il souffrît la peine du talion ; il s'en expliquait ouvertement. Aussitôt ils s'assemblèrent, vinrent trouver le monarque, et lui demandèrent avec tant d'instance d'être du nombre des juges, qu'il ne put leur refuser cette grace, bien résolu de faire justice par lui-même, s'ils ne la faisaient pas.

L'assemblée fut nombreuse. On y vit le jeune Thibaut, roi de Navarre et comte de Champagne, le duc de Bourgogne, l'archevêque de Reims, la comtesse de Flandre, le comte de Bretagne, les comtes de Bar, de Soissons, de Blois, et quantité de seigneurs qui voulurent s'y trouver, moins cependant comme juges que comme intercesseurs. Le coupable, interrogé par le roi même, et presque convaincu, ne vit d'autre moyen d'éviter sa condamnation, que de demander de pouvoir prendre conseil de ses parens : ce qui lui fut accordé. Alors, ce qui prouve bien et la noblesse de sa maison, et la grandeur de ses alliances, tous les barons se levèrent et sortirent avec lui. Le monarque demeura seul avec son conseil.

Quelque temps après ils rentrèrent, ayant Coucy à leur tête. Ce seigneur nia le fait, offrit de s'en justifier par le duel, et protesta contre la voie d'information, qui, suivant les lois du royaume, ne pouvait avoir lieu à l'égard des barons, quand il s'agissait de leurs personnes ou de leur honneur. L'information était en effet une procédure peu commune alors, surtout vis-à-vis de la noblesse ; mais Louis cherchait à l'établir, pour pouvoir abolir insensiblement celle du combat, qui lui semblait, à juste titre, un monstrueux brigandage.

Il répondit que « la preuve du duel n'étoit point recevable à l'égard des églises et des personnes sans appui qui seroient toujours dans l'oppression et sans espérance d'obtenir justice, faute de trouver des champions pour combattre les grands seigneurs. » Le comte de Bretagne voulut insister. « Vous n'avez pas toujours pensé de même, lui dit Louis, avec cet air de majesté qui lui était si naturel ; vous devriez vous souvenir qu'étant accusé devant moi par vos barons, vous me demandâtes que la preuve se fît par enquête, le combat n'étant pas une voie de droit. »

Cette fermeté fit trembler pour le malheureux Enguerrand ; personne n'osa répliquer : on ne s'occupa plus que du soin de fléchir son juge par toutes sortes de soumissions.

Louis cependant paraissait inexorable. Convaincu que la justice doit être la première vertu des rois, il semblait oublier la qualité du criminel, pour ne penser qu'à l'énormité de son crime. Plein de cette idée, il ordonne aux barons de reprendre leurs places, et de donner leur avis. Alors il se fait un profond silence : aucun ne veut opiner ; mais tous se jettent aux pieds du monarque pour lui demander grace. Coucy lui-même, prosterné à ses genoux, et fondant en larmes, implore sa miséricorde.

On peut juger de l'effet que fit une scène si touchante sur un coeur comme le sien, et sur une aussi noble assemblée : il insistait néanmoins encore sur la nécessité de punir sévèrement une action si barbare. Mais enfin, n'espérant plus obtenir le consentement de ses barons, ne croyant pas devoir mépriser les sollicitations des grands de son état, content d'ailleurs de leur soumission, touché de celle d'un homme de la première qualité, qui, après tout, n'était convaincu que par une procédure extraordinaire dans le royaume, il laisse tomber un regard sur lui. *Enguerrand*, lui dit-il d'un ton de maître, *si je savois certainement que Dieu m'ordonnât de vous faire mourir, toute la France et votre parenté ne vous sauveraient pas.* Ces paroles, mêlées tout à la fois de clémence et de sévérité, remirent le calme dans l'assemblée, qui ne demandait que la vie du coupable. On alla ensuite aux opinions, qui furent toutes pour un châtiment exemplaire. Coucy fut condamné à fonder trois chapelles, où l'on dirait des messes à perpétuité pour les trois gentilshommes flamands ; à donner à l'abbaye de Saint-Nicolas le bois fatal où le crime avait été commis ; à perdre dans toutes ses terres le droit de haute justice et de garenne ; à servir pendant trois ans à la Terre-Sainte avec un certain nombre de chevaliers ; et enfin à payer douze mille cinq cents livres d'amende, que le monarque se fit délivrer avant de faire mettre le coupable en liberté.

C'était le zèle de la justice et non l'envie d'enrichir son fisc, qui lui avait dicté cet arrêt : aussi cet argent fut-il employé à différentes oeuvres de piété ; une partie fut destinée à bâtir l'église des Cordeliers de Paris, les écoles et le dortoir des Jacobins. Le reste servit à fonder l'Hôtel-Dieu de Pontoise.

On sentira encore mieux tout l'héroïsme de cette action de justice, si l'on fait attention qu'alors la puissance des rois de France se trouvait renfermée dans des bornes très-étroites ; mais la vertu a des droits toujours respectables. Celle de Louis eut plus de pouvoir en cette rencontre, que l'autorité armée de toute sa puissance. Aussi l'historien de son règne[52] observe-t-il que toute la France fut saisie d'étonnement, qu'un homme de si grande naissance, soutenu par tous les barons du royaume, ses parens ou ses alliés, eût à peine obtenu grace de la vie, au tribunal de ce rigide observateur de l'ordre et des lois. Tous les grands, ajoute-t-il, ne purent s'empêcher de reconnaître que la sagesse et l'esprit de Dieu guidaient ce prince dans toutes ses démarches : la crainte

---

[52] Nangis, p. 365.

succéda à l'admiration, et augmenta encore le respect qu'inspirait la sainteté de ses moeurs.

Quelques-uns néanmoins éclatèrent en murmures. Un chevalier, nommé Jean de Thorotte, châtelain de Noyon, effrayé de ce coup d'autorité, s'écria assez haut pour être entendu : *Après cela, il ne reste plus qu'à nous faire tous pendre.* Louis, qui en fut averti, l'envoya chercher par ses officiers de justice. *Vous voyez, lui dit-il, que je ne fais point pendre mes barons, mais que je fais punir ceux qui violent les lois de l'état et de l'humanité.* Le malheureux gentilhomme vit bien qu'on l'avait desservi ; il se jette aux genoux du prince, proteste qu'il n'a point tenu un pareil discours ; et si son serment ne suffit pas, il offre d'en donner trente chevaliers pour garans. Le monarque avait résolu de le faire mettre en prison : content de lui avoir fait peur, il lui ordonna d'être plus circonspect à l'avenir.

LOUIS FORME UNE BIBLIOTHÈQUE DANS SON PALAIS

Les sciences accompagnent ordinairement les héros. Louis, qui était fort instruit, aurait désiré faire sortir les Français de l'ignorance prodigieuse où ils étaient plongés ; mais il n'y avait dans le royaume aucun homme assez savant pour l'aider dans un si noble projet. Les ecclésiastiques étaient les seuls qui sussent lire et écrire. L'étude de la philosophie était très-imparfaite : ceux qui s'y appliquaient n'avaient pour guide de leurs raisonnemens qu'Aristote, qu'ils n'étudiaient encore que sur des traductions très-imparfaites : elles nous étaient venues par les Arabes, qui avaient eu un siècle de lumières, mais très-bornées. L'ignorance où l'on était des langues hébraïque et grecque, empêchait d'étudier l'Ecriture-Sainte dans ses sources. Louis était peut-être l'homme de son royaume le plus savant, et le mieux instruit de ce que c'était que la véritable science. Pour faciliter à ceux dont l'état était de s'en occuper, les moyens d'étudier, il conçut le dessein de former dans son palais une bibliothèque, où tout le monde eût la liberté d'entrer. Il y venait quelquefois seul, sans toute la suite de la royauté, aux heures que les affaires lui laissaient libres, et se faisait un plaisir d'expliquer les endroits difficiles à ceux qui voulaient en profiter, et qui souvent prenaient ses leçons sans savoir que ce maître si complaisant était le roi. Dans le choix des livres dont il composa cette bibliothèque, outre plusieurs originaux de saint Augustin, de saint Ambroise, de saint Jérôme, de saint Grégoire, et d'autres Pères de l'Eglise latine, c'était un grand nombre d'exemplaires de l'Ecriture-Sainte, qu'il avait fait copier sur des manuscrits authentiques, conservés dans différentes bibliothèques de son royaume.

Le pieux monarque, occupé de deux soins également importans, et de la conduite de son royaume, et de l'ouvrage de son salut, ne négligeait aucun des secours qui pouvaient le conduire à cette double fin. De là cette scrupuleuse attention sur le choix de ses ministres. Il n'accordait sa confiance qu'à la probité, et sa faveur qu'à la vérité. Sa coutume était de choisir, parmi ses courtisans, quelque homme d'honneur et d'esprit, qu'il priait affectueusement, et à qui il ordonnait en maître de l'avertir fidèlement de tout ce qu'on disait de lui et des fautes qu'il faisait. Quels que fussent ses avis, il les recevait avec douceur et tâchait d'en profiter.

Il avait un catalogue des ecclésiastiques auxquels il voulait faire du bien : ce n'était ni la qualité, ni les services des pères, qui faisaient mettre sur la liste. La science et les bonnes mœurs sollicitaient seules auprès de lui. Il consultait là-dessus son confesseur, le chancelier de l'Eglise de Paris, et quelques religieux. On ne le vit jamais donner à un bénéficier un autre bénéfice, sans exiger de lui une résignation pure et simple de celui qu'il possédait.

Les traits que je viens de rapporter n'étaient pas les seules affaires qui occupaient le roi pendant la paix qu'il avait procurée à ses sujets : il s'appliqua plus que jamais à régler le dedans de son royaume ; il alla en Artois, en Champagne, et laissa partout des marques de sa justice et de sa libéralité. Plusieurs commissaires dans le même temps parcouraient en son nom ses provinces les plus éloignées, pour réparer les torts que les particuliers avaient soufferts depuis son avènement à la couronne. Ils avaient même ordre de remonter jusqu'au règne de Philippe-Auguste. On voyait par toute la France des bureaux établis pour l'examen de ces restitutions, et les sénéchaux ou baillis étaient chargés d'exécuter avec célérité ce qu'on y avait décidé ; mais, comme souvent on ne trouvait ni les enfans, ni les héritiers de ceux qui avaient été injustement dépouillés, les commissaires étaient embarrassés sur ce qu'ils devaient faire. Louis, dans cette incertitude, se crut obligé d'avoir recours au pape, pour obtenir la permission de distribuer aux pauvres la valeur du bien mal acquis ; ce qui lui fut accordé par un bref du pape Alexandre IV, qui, rempli des éloges du saint monarque, fait assez voir combien sa vertu était universellement reconnue.[53]

Ce que ses lieutenans exécutaient au loin par ses ordres, il le faisait exécuter lui-même dans les lieux où il se trouvait. La facilité de l'aborder, jointe à la certitude d'obtenir une prompte justice, lui donna plusieurs fois occasion d'exercer cette première et la plus noble des fonctions de la royauté. Il avait toujours auprès de lui un certain nombre de personnes en qui il avait confiance, entr'autres le sire de Nesle, le comte de Soissons, le sire de Joinville, Pierre de Fontaine et Geoffroy de Villette, bailli de Tours.[54] Ces bons seigneurs, dès qu'ils avaient ouï la messe, allaient chaque jour entendre le plaids de la porte, ce qu'on a depuis appelé les requêtes du palais, et jugeaient sur-le-champ toutes les petites affaires. Quand les parties n'étaient pas contentes, le monarque en prenait connaissance lui-même et décidait. « Souvent j'ai vu, dit Joinville, que le bon saint, après la messe, alloit se promener au bois de Vincennes, s'asseyoit au pied d'un chêne ; nous faisoit prendre place auprès de lui, et donnoit audience à tous ceux qui avaient à lui parler, sans qu'aucun huissier ou garde empêchât de l'approcher.[55] » On le vit aussi

---

[53] Ducange, *Observations sur Joinville*, p. 117 et 118.

[54] Joinville, p. 12.

[55] *Ibid.*, p. 13.

plusieurs fois venir au jardin de Paris, vêtu d'une cotte de camelot, avec un surcot de tiretaine sans manches, et par-dessus un manteau de taffetas noir : là il faisait étendre des tapis pour s'asseoir avec ses conseillers, et *dépêchait son peuple diligemment.* Deux fois par semaine il donnait audience dans sa chambre ; et, peu content d'expédier les parties, il les renvoyait souvent avec des instructions importantes. Une femme de qualité, vieille et fort parée, lui demanda un entretien secret ; il la fit entrer dans son cabinet, où il n'y avait que son confesseur, et l'écouta aussi long-temps qu'elle voulut. « Madame, lui dit-il, j'aurai soin de votre affaire, si de vôtre côté vous voulez avoir soin de votre salut. On dit que vous avez été belle : ce temps n'est plus, vous le savez. La beauté du corps passe comme la fleur des champs ; on a beau faire, on ne la rappelle point : il faut songer à la beauté de l'ame, qui ne finira point. » Ce discours fit impression. La dame s'habilla plus modestement dans la suite, et fit pénitence du temps qu'elle avait perdu en de vains ajustemens.

On était toujours sûr du succès, même dans les affaires où le roi avait intérêt, lorsque la demande était juste et fondée. Si l'équité ne parlait point en sa faveur, il était le premier à se condamner. Quand son droit paraissait certain, il savait le maintenir ; mais dans le doute il aimait mieux tout sacrifier, que de courir risque de blesser la justice. Louis VII, en fondant les religieux de Grammont, leur avait donné un bois dans le voisinage de leur monastère. Philippe-Auguste le trouva à sa bienséance, et ne fit point difficulté de se l'approprier. Le saint roi, instruit de l'usurpation, ordonna de le restituer : ce qui fut exécuté promptement. Un chevalier, nommé Raoul de Meulan, réclamait quelques droits sur des terres situées aux environs d'Evreux : cette prétention était même tout son bien ; mais elle ne se trouvait appuyée d'aucune preuve suffisante. La noblesse et la pauvreté du gentilhomme y suppléèrent : Louis lui assigna une rente de six cents livres sur d'autres biens en Normandie.

Arnaud de Trie redemandait le comté de Dammartin, que le roi retenait depuis la mort de la comtesse Mathilde, quoiqu'il eût promis solennellement de ne point s'opposer à ce qu'il retournât aux héritiers légitimes de la comtesse. On lui produisait des lettres-patentes à ce sujet ; précaution qu'on avait cru devoir prendre, parce que cette terre ayant été confisquée pour félonie sur Renaud, comte de Boulogne, ensuite rendue à sa fille, en considération de son mariage avec Philippe de France, Renaud craignit que cette grace ne s'étendît pas jusque sur les enfans d'Alix, soeur du rebelle. Mais le roi ni personne de sa cour ne se souvenait de ces lettres : les sceaux en étaient brisés et rompus ; il ne restait de la figure du monarque que le bas des jambes ; tout son conseil fut d'avis qu'on ne devait y avoir aucun égard. La délicatesse de sa conscience ne lui permit pas de s'en tenir là. Il appelle Jean Sarrasin, son chambellan, et lui ordonne de lui apporter des vieux sceaux, pour les confronter avec les restes de celui qu'on lui représentait. On en trouva de parfaitement semblables. « Voilà, dit-il à ses ministres, le sceau dont je me servois avant mon voyage d'outre-mer ; ainsi, je n'oserois, selon Dieu et raison, retenir la terre de Dammartin. » En même temps il fait venir Renaud : « Beau sire, lui dit-il, je vous rends le comté que vous demandez. »

Rien n'était plus admirable que l'ordre qu'il avait mis dans sa maison. On y comptait, comme aujourd'hui, un nombre considérable d'officiers, chambellans, pannetiers, échansons et autres dont on peut voir les noms et les gages, dans une ordonnance rapportée par Ducange ; mais, quoique fort grande, elle était mieux réglée que celle d'un particulier. On n'aurait osé s'y attribuer ces profits criminels qui blessent l'honneur et souillent la conscience. Chacun, content de ce qui lui revenait légitimement, ne s'occupait qu'à remplir fidèlement ses devoirs : la crainte de déplaire à un maître, qui de temps en temps descendait dans les plus petits détails, les obligeait d'être attentifs à leurs actions. Non qu'on pût l'accuser d'une sordide épargne : « Il faisait, dit Joinville,[56] une grande et large dépense, telle en un mot qu'il appartient à un si grand roi. Lorsqu'il tenoit les parlemens ou états, tous les seigneurs, chevaliers et autres, étoient servis à la cour plus splendidement que jamais n'avoient fait ses prédécesseurs ; car il étoit fort libéral. » Mais, dans la nécessité où il se trouvait par état de représenter, il ne s'en croyait pas moins obligé à une prudente économie, pour ne point fouler ses sujets, qui veulent bien se gêner pour contribuer à la magnificence du prince, mais qui souffrent toujours très-impatiemment que le tribut de leur amour devienne la proie d'une foule de domestiques avides.

---

[56] Joinville, p. 224.

MARIAGE DE LOUIS, FILS AÎNÉ DU ROI

Ces divers soins ne l'occupaient pas tellement, qu'il ne réservât la plus grande partie de son attention pour les intérêts légitimes de son état et de sa famille. C'est ce qui lui fit rechercher pour Louis, son fils aîné, Bérengère, fille d'Alphonse X, et présomptive héritière du royaume de Castille. On sait les justes prétentions de Louis VIII sur cette couronne, dont il avait épousé l'héritière Blanche de Castille, mère de saint Louis. Des circonstances particulières avaient empêché cette princesse de profiter de l'heureuse disposition des Castillans à son égard. On prétend que le saint roi, son fils, ne prit le même parti que par déférence pour la reine Blanche, sa mère.

Quoi qu'il en soit, cette nouvelle alliance, en réunissant tous ses droits, faisait cesser tous les sujets de guerre. Louis envoya donc des ambassadeurs pour en faire la proposition : elle fut acceptée avec la plus sensible joie. Aussitôt le prince Sanche, oncle de la princesse, le grand chambellan de Castille, et plusieurs des principaux seigneurs de l'état partirent pour la France, munis de tous les pouvoirs pour conclure une si belle union. On assura la couronne de Castille à Bérengère et à ses enfans, s'il arrivait que le roi son père mourût sans enfans mâles. On prit même des précautions pour l'empêcher de rien aliéner au préjudice de sa fille.

Louis, de son côté, promit à l'infante cinq mille livres pour son douaire, qui fut assigné sur le Valois, Senlis et Beaumont ; mais le temps n'était pas encore arrivé où le sceptre castillan devait passer dans la maison de France. Il était réservé à un des plus illustres descendans du saint roi, de l'affermir dans la main d'un de ses petits-fils. On avait remis la célébration de ce mariage jusqu'à la seizième année du jeune prince ; il n'eut pas le bonheur d'atteindre cet âge.

PIEUSES FONDATIONS DE LOUIS

Cependant on vit alors redoubler la ferveur du roi, sa piété et son exactitude dans les pratiques de dévotion et de mortification. On le vit pourvoir avec la plus grande attention au soulagement des peuples, en révoquant ou diminuant les impôts, que la nécessité des temps avait introduits ; à l'honneur des demoiselles, en mariant de ses propres deniers celles dont la pauvreté pouvait exposer la vertu ; enfin, à l'entretien des pauvres communautés religieuses, en leur faisant distribuer des aumônes dont le détail serait infini.

Les Mathurins de Fontainebleau, les Jacobins, les Cordeliers et les Carmes de Paris, le reconnaissent pour leur fondateur ; honneur qu'ils partagent avec les abbayes de Royaumont, de Long-Champ, de Lis et de Maubuisson, qu'il bâtit et dota avec une magnificence vraiment royale. Le château de Vauvert, habitation des Chartreux de Paris, est encore l'ouvrage de sa libéralité, ainsi qu'une grande partie des biens de cette maison.

C'est à cette pieuse profusion, que tant d'abbayes, de monastères et de maisons de piété, doivent leurs établissemens et leurs revenus. Mais sa générosité s'étendait surtout aux hôpitaux ; fondations d'autant plus dignes d'un grand roi, que, malgré tous ses soins pour occuper ses sujets et leur procurer l'abondance, les différens accidens de la vie ne font toujours que trop de malheureux. L'Hôtel-Dieu de Paris existait depuis long-temps ; cependant, comme la ville était fort augmentée depuis les conquêtes de Philippe-Auguste, les anciennes salles ne suffisaient pas pour loger commodément les malades ; Louis en fit bâtir de nouvelles, et augmenta considérablement les revenus de la maison. Pontoise, Compiègne et Vernon, lui doivent aussi ces hospices, où les pauvres et les malades trouvent un asile dans leur misère et des remèdes à leurs maux. Ce fut encore dans ce même esprit, qu'il fonda ce fameux hôpital pour les aveugles, dit depuis les Quinze-Vingts, parce qu'on les a réduits à ce nombre de trois cents, au lieu de trois cent cinquante qu'ils étaient alors. On a voulu faire croire que cette fondation était pour des gentilshommes auxquels les Sarrasins avaient crevé les yeux, et que saint Louis avait ramenés de la Terre-Sainte ; mais c'est une fausse tradition dont il n'est fait aucune mention dans les histoires de son temps. Il suffisait d'être malheureux pour exciter la compassion et mériter les bienfaits de ce généreux prince. Les commissaires qu'il avait envoyés dans les provinces, avaient aussi ordre de dresser un rôle des pauvres laboureurs de chaque paroisse, qui ne pouvaient plus travailler à cause de leur vieillesse, et le saint monarque se chargeait de veiller à leur subsistance. Ses ministres se plaignaient souvent qu'il faisait de trop grandes charités ; il les laissa murmurer sans vouloir rien changer à sa manière d'agir. « Il est quelquefois nécessaire, disait-il, que les rois excèdent un peu dans la dépense ; et s'il y a de l'excès, j'aime mieux que ce soit en aumônes, qu'en choses superflues et mondaines. »

Ce fut dans le même temps que le saint roi, par son autorité et par celle du pape Alexandre IV, travailla à terminer un différend qui s'était élevé durant son séjour en Palestine, dans l'université de Paris, et qui avait causé de grands scandales.

Il avait pris naissance de la jalousie qui se mit entre les docteurs séculiers et les docteurs de l'ordre de Saint-Dominique, contre lesquels Guillaume de Saint-Amour, théologien fameux en l'université, publia un ouvrage intitulé : *Des Périls des derniers temps*. Les religieux de saint

François se joignirent aux Dominicains. Saint Thomas d'Aquin et saint Bonaventure, général des Cordeliers, qui florissaient dans la même université, entreprirent la défense des religieux par des écrits que l'un et l'autre publièrent. Ce procès fut porté à Rome, et les deux parties furent entendues. Le livre du docteur Saint-Amour fut condamné, et les docteurs des deux ordres furent rétablis en l'université dont ils avaient été exclus. Saint Louis, par ses insinuations et son autorité, apaisa toutes les dissensions, et rendit la paix à l'université.

Ce pieux roi avait beaucoup de considération pour ces deux ordres, qui étaient les plus savans d'entre le clergé, si cependant on peut appeler savans des hommes, dont toute la science consistait dans une scolastique très-imparfaite. Les Jacobins surtout étaient dans sa plus grande familiarité ; mais ce qui fait voir combien ils manquaient de jugement, et combien peu ils étaient instruits de cette prudence sage et éclairée, si nécessaire à ceux qui veulent conduire les autres (car ils étaient les seuls qui fussent appelés aux conseils des princes, et choisis pour leurs confesseurs), c'est qu'ils avaient persuadé au roi de quitter sa couronne pour prendre l'état monastique. Ils ne faisaient pas attention qu'ils auraient privé le royaume d'un prince qui était le plus sage de tous les rois, et faisait le bonheur de ses peuples, et qu'ils auraient livré l'état à la discrétion d'une reine sans expérience, et d'un roi qui n'avait pas encore douze ans.

Un jour qu'il s'entretenait avec eux du bonheur qu'avait eu Marie de porter le fils de Dieu dans ses chastes flancs : « Sire, lui dit un de ces religieux, plus hardi que les autres, ne voudriez-vous pas en tenir autant que la sainte Vierge en a renfermé dans son sein? Oui, sans doute, répondit le monarque. Vous savez, seigneur, reprit le bon religieux, ce qui est dit dans l'Evangile : Si quelqu'un quitte son père ou sa mère, ou sa femme, ou ses enfans ou ses biens, pour l'amour de moi, il recevra le centuple et possédera la vie éternelle. Osez, sire, osez aspirer à ce dernier période de la perfection. Vous avez des héritiers capables de bien gouverner votre royaume ; votre bonheur jusqu'ici est d'avoir beaucoup souffert pour Dieu ; on vous a vu vingt fois exposer votre vie pour la gloire de son nom ; il ne vous reste plus qu'à tout quitter pour prendre la croix, c'est-à-dire, notre habit. Ainsi, de grade en grade, vous parviendrez au sacerdoce, et vous mériterez de recevoir Jésus-Christ dans vos mains. »

Le roi, frappé de ce discours, demeura quelque temps comme enseveli dans une profonde rêverie ; il réfléchissait sur les dangers du monde et la grandeur des devoirs de la royauté, sur les douceurs inestimables qu'on goûte dans la retraite. « Si ce que j'entends est vrai, dit-il, comme je le crois d'esprit et de coeur, je suivrai votre conseil ; mais je ne puis rien que du consentement de la reine : sa vertu et mes engagemens vis-à-vis d'elle, ne me permettent pas de rien décider sans sa participation. »

Aussitôt il retourne au palais, se rend à l'appartement de la reine, lui ouvre son coeur sur la résolution où il est de lui remettre et à ses enfans la couronne de France, lui représente qu'étant religieux et prêtre, il ne cessera de prier le Seigneur pour eux et pour la prospérité de l'état, la conjure enfin, par tout ce qu'il y a de plus sacré, de ne point s'opposer à l'accomplissement d'un dessein inspiré du Ciel.

Marguerite, frappée comme d'un coup de tonnerre, ne répondit rien ; mais ayant fait venir ses enfans, elle leur demanda, en présence du comte d'Anjou, leur oncle, qu'elle avait aussi mandé, s'ils aimaient mieux être appelés fils de prêtre que fils de roi. Les princes, ne concevant rien à ce discours, elle ne les laissa pas longtemps dans cet embarras. Apprenez, leur dit-elle, que les Jacobins ont tellement fasciné l'esprit du roi votre père, qu'il veut abdiquer la royauté pour se faire prêcheur et prêtre. Le comte d'Anjou, à cette nouvelle, entra en fureur, s'emporta jusqu'à l'insolence contre son frère, menaça les séducteurs des plus terribles châtimens, et envoya de suite dans sa province d'Anjou faire défense de les laisser prêcher, et même de leur distribuer aucune aumône.

Louis, fils aîné du monarque, ne fut pas plus maître de son ressentiment ; il se répandit en discours si outrageans contre les frères prêcheurs, que le roi, pour le faire taire, lui donna un soufflet. « Seigneur, s'écria le jeune prince avec feu, je n'oublierai jamais le respect que je vous dois ; il n'y a en effet que mon père et mon roi qui puisse me frapper impunément ; mais si le Ciel m'élève un jour sur le trône, j'en jure par monseigneur saint Denis, notre patron, je ferai chasser tous ces prêcheurs du royaume. »

Le bon roi, étonné de tant de contradictions, craignit que son inclination pour la retraite ne fût moins une inspiration du Ciel, qu'un goût trop décidé pour le repos ; il connaissait la tendresse de la reine, la fierté du prince son successeur, les violences du comte d'Anjou, l'attachement de ses sujets. Il ne jugea pas que Dieu voulût un sacrifice auquel tout semblait s'opposer, l'honneur de sa maison et le bonheur de ses peuples.

TRAITÉ DE LOUIS AVEC LE ROI D'ARAGON

Le roi, qui suivait toujours son dessein d'établir une solide paix dans son royaume, conclut dans cette vue, l'année suivante, deux importans traités avec Jacques 1er, roi d'Aragon, et Henri III, roi d'Angleterre.

Quoique les rois d'Aragon eussent presque toujours vécu en paix avec les rois de France, il y avait toutefois entre eux de grands sujets, ou des prétextes plausibles de guerre, s'ils avaient voulu s'en servir. Il est certain que tous les peuples d'en de-çà les Pyrénées avaient été du domaine de la couronne ; et que le comté de Barcelone, le comté de Roussillon, et plusieurs autres villes et terres au-delà de ces montagnes en étaient des fiefs mouvans ; que, dans ces pays, on datait les actes publics des années du règne des rois de France, jusqu'au concile de Tarragone, qui changea cet usage du temps de Philippe-Auguste ; mais d'autres affaires empêchèrent ce prince d'en tirer raison.

Les rois d'Aragon descendaient des comtes de Barcelone, et étaient entrés dans tous leurs droits et dans toutes leurs obligations, et par conséquent, dans celle de rendre à la couronne de France les hommages que ces comtés lui devaient, et Louis aurait eu droit de les exiger du roi d'Aragon.

D'autre part, les rois d'Aragon avaient des prétentions sur le comté de Toulouse, sur l'Albigeois, sur le Rouergue, sur Carcassonne, sur Narbonne, sur Nîmes et sur quantité de domaines voisins de ces villes, ou enclavés dans ces territoires. L'on voit effectivement dans l'histoire des guerres des Albigeois, que la plupart de ces domaines étaient regardés comme des arrière-fiefs de la couronne de France, et que Pierre d'Aragon, père de Jacques, s'en faisait rendre les hommages, comme fiefs immédiatement mouvans de la couronne. Tout cela était fondé sur la possession, ou sur des alliances par des mariages. Ces droits respectifs étaient autant de semences de guerre entre les deux rois et leurs successeurs. Ces deux princes s'aimaient et s'estimaient beaucoup. Tous deux, quoique guerriers, cherchaient tous les moyens d'entretenir la paix entre les deux états. Dès l'an 1255, ils avaient signé, au mois de mai, un compromis sur cette grande affaire, qui devait être terminée par leurs députés.

Celui du côté du roi était Hébert, doyen de Bayeux ; et celui du roi d'Aragon, était Guillaume de Montgrin, trésorier de la cathédrale de Gironne. On devait s'en rapporter à ce qu'ils décideraient ; il y avait un dédit de trente mille marcs d'argent, et l'affaire devait être terminée dans l'espace d'un an. Toutefois elle ne put être réglée alors, et ne le fut qu'en l'année 1258, par le traité de Corbeil. Elle le fut de la manière qu'on le voit dans l'acte publié à Barcelone par le roi d'Aragon, au mois de juillet.

On expose d'abord dans cet acte les prétentions du roi de France sur les comtés de Barcelone, d'Urgel, de Roussillon, de Cerdagne, de Gironne, d'Ausone, et sur toutes leurs dépendances. En second lieu, les prétentions du roi d'Aragon sur Carcassonne, Albi, Toulouse et autres places ci-dessus nommées, et sur toutes leurs dépendances. Ensuite il est déclaré que le roi de France, par accord fait avec le roi d'Aragon, renonce, pour lui et pour tous ses successeurs, à tous les droits qu'il a pu et qu'il pourrait désormais prétendre sur tous les pays nommés dans le premier article.

D'autre part, le roi d'Aragon renonce, en faveur de Louis et de ses successeurs, à tous les droits qu'il pourrait avoir sur les pays désignés dans le second article, et à tous ceux généralement qui avaient été possédés, soit en seigneuries, soit en domaines, par Raimond, dernier comte de Toulouse. Ce traité ayant été ratifié à Barcelone, le roi d'Aragon renonça encore, en faveur de la reine de France, et de celui de ses enfans qu'elle jugerait à propos, à tous les droits qu'il pouvait avoir sur les comtés de Provence et de Forcalquier, aussi bien que sur les villes d'Arles, d'Avignon et de Marseille.

En cette même année, et au même lieu, fut arrêté le mariage de Philippe, second fils de France, avec Isabelle, fille du roi d'Aragon. Mais ce mariage, à cause de l'âge du prince et de la princesse, ne s'accomplit que quelques années après, c'est-à-dire l'an 1262.

Ce traité fut avantageux à la France, qui ne céda que des droits qu'il lui était impossible de faire valoir, sur des pays situés au-delà des Pyrénées, pour demeurer en possession d'un grand nombre de villes et de domaines très-considérables, sans craindre désormais aucune contestation. Les rois d'Aragon firent néanmoins dans la suite des tentatives pour se relever de cet accord, mais ce fut toujours en vain.

RICHARD DE BURY

TRAITÉ DE PAIX AVEC LE ROI D'ANGLETERRE

Une autre négociation, commencée dans le même temps avec l'Angleterre, mais qui ne fut terminée que l'année suivante, excita de grandes rumeurs. On peut dire que ce fut proprement l'ouvrage du roi. Les gens de son conseil n'oublièrent rien pour l'en détourner. Ce que la noblesse avait de mieux intentionné pour la gloire de la nation, s'y opposa ; tout fut inutile. *C'est la seule fois*, dit Mézerai, *qu'il lui arriva de choquer la volonté de ses parens*.

Depuis plus de cinquante ans qu'on était en guerre avec les Anglais, on n'avait pu faire de paix, les uns demandant trop, les autres n'offrant pas assez. Henri cependant ne désespérait pas de recouvrer, par la négociation, ce que son père avait perdu par sa félonie. C'était ce qui l'avait amené à Paris, et l'y avait fait prodiguer caresses et présens pour gagner les confidens de Louis ; mais, s'il avait remarqué beaucoup de bonne volonté, il s'aperçut en même temps, dit son historien, qu'elle était moins forte que la crainte du baronage. Peu rebuté de cette tentative, il essaya de se faire mettre sur la liste de ceux à qui le roi faisait faire des restitutions : la réponse ne fut pas favorable.[57] Tout récemment encore, il venait d'envoyer le comte de Leicester, son beau-frère, avec plusieurs autres grands seigneurs d'Angleterre, pour réclamer les provinces tant de fois demandées. Ils osèrent représenter que, la trêve étant sur le

---

[57] Matthieu Paris, p. 955 et 958.

point de finir, la restitution des domaines confisqués était le seul moyen d'éviter une guerre funeste aux deux nations ; qu'il était contre la justice de punir le fils des fautes du père ; que cette faute, en un mot, quelque grande qu'elle pût être, était assez expiée par une si longue privation de tant de riches possessions. Les ambassadeurs étaient accompagnés de ceux de Richard, frère de Henri, nouveau roi des Romains, qui, de son côté, redemandait le Poitou, qui lui avait été donné en apanage, trente ans auparavant. Louis les reçut tous avec bonté ; mais les princes, ses frères, les seigneurs de la cour, le peuple même, ne leur témoignaient qu'indignation, et mépris. Désespérés des sarcasmes dont on ne cessait de les accabler en toutes rencontres, peu satisfaits d'ailleurs de la réponse du monarque, qui, sans leur dire rien de positif, remit l'affaire au parlement, qu'il devait convoquer au carême prochain, ils ne virent d'autre parti à prendre que de retourner porter à leur maître de si tristes nouvelles ; mais, en partant, ils laissèrent à Paris l'abbé de Westminster pour continuer la négociation. Pendant que l'abbé de Westminster en était occupé, les grands seigneurs d'Angleterre, bien plus jaloux encore de leurs priviléges et de leurs prérogatives, qu'ils n'étaient chagrins de la puissance du roi de France, étaient fort brouillés avec leur roi. Comme ils appréhendaient que saint Louis, en cas de division, ne prît contre eux le parti de Henri, ils disputèrent au monarque français quelques-uns de leur corps, avant l'assemblée du parlement qu'ils devaient tenir à Oxfort, pour le prier de ne se point mêler des affaires d'Angleterre, l'assurant que tout leur but, en ce parlement, était de réformer les abus qui s'étaient glissés dans le gouvernement, et qu'il ne s'y ferait rien que pour le bien commun du royaume, et pour la tranquillité de l'Europe. On ne sait point la réponse que fit le roi ; mais il paraît qu'alors il ne voulut point entrer dans ces démêlés.

Il s'agissait, dans ce parlement, surtout de deux choses. La première, de remettre en vigueur toutes les lois contenues dans la fameuse grande chartre ; et la seconde, d'obliger Henri à faire sortir d'Angleterre les Poitevins. On désignait par ce nom les quatre fils du comte de la Marche,[58] qui étaient frères du roi d'Angleterre. Isabelle d'Angoulême, sa mère, après la mort de Jean-Sans-Terre, son mari, père de Henri, s'étant remariée à ce comte, ces quatre seigneurs avaient passé en Angleterre, où le roi les avait comblés de bienfaits : leur grand crédit avait donné de l'ombrage aux Anglais. Ils furent forcés de remettre leurs châteaux entre les mains du parlement, et de repasser dans leur pays, avec tous les Français et les autres étrangers qu'ils avaient attirés en grand nombre. Pour les empêcher d'amener des troupes de France, où ils possédaient beaucoup de terres, la noblesse anglaise se saisit de tous les ports ; et, après s'être confédérée, elle marcha en armes à Oxfort, pour y tenir le parlement.

Comme ce parti était le plus fort, et que le roi n'avait dans ses intérêts que ces quatre seigneurs, Richard, son frère, et peu d'autres, ils le contraignirent, et le prince Richard, son fils, à jurer de nouveau l'observation de la grande chartre, et à consentir au départ des seigneurs de la Marche. Ceux-ci furent contraints d'obéir. Ils s'embarquèrent pour repasser en France, et ils eurent le chagrin de se voir enlever une très-grosse somme d'argent, qu'ils espéraient emporter d'Angleterre, et qui fut confisquée, afin de l'employer pour le bien du royaume, selon que le parlement le jugerait à propos. Ils abordèrent à Boulogne : d'où ils envoyèrent demander au roi la permission de passer par la France, pour se retirer sur leurs terres. Elle leur fut d'abord refusée, à l'instance de la reine Marguerite, qui les haïssait, parce qu'ils avaient très-mal agi envers la reine d'Angleterre, sa sœur, dans le temps qu'ils avaient été à la cour de Henri. Le roi, touché de leur

---

[58] On a parlé ci-devant de lui.

malheur, leur accorda, quelque temps après, des passe-ports. Henri, ayant satisfait son parlement, en consentant au départ des seigneurs de la Marche, reprit la négociation avec le roi de France, dont l'abbé de Westminster était chargé.

On ignore quels ressorts le prélat anglais put faire jouer pour y réussir ; tout ce qu'on sait, c'est que son séjour à Paris fut très-avantageux au monarque anglais. Bientôt le comte de Leycester revint en France, accompagné de Pierre de Savoie, du grand justicier d'Irlande, Hugues Bigol ; et tout fut réglé en peu de temps, sans qu'il parût autre chose d'une négociation si épineuse, que beaucoup de courses et de voyages de part et d'autre.

TRAITÉ DE LOUIS AVEC LE ROI D'ANGLETERRE

Louis, par ce traité, déclare, 1.° qu'il cède au roi d'Angleterre ses droits sur le Limousin, le Périgord, le Quercy, l'Agénois, et la partie de la Saintonge qui est entre la Charente et la Garonne, mais avec la réserve de l'hommage des princes, ses frères, si toutefois Henri peut prouver, devant des arbitres dont on conviendra, qu'il a de justes prétentions sur la terre que le comte de Poitiers tient dans le Quercy, du chef de sa femme ; 2.° qu'il s'oblige, en cas que l'Agénois ne revienne pas à la couronne, d'en donner la valeur en argent, et cependant d'en payer le revenu, qui fut estimé dans la suite à trois mille sept cent vingt livres ; 3.° qu'il n'inquiétera point le monarque anglais sur tout le passé, comme d'avoir manqué à rendre les hommages, à faire les services, à payer certains droits et autres charges semblables ; 4.° qu'il donnera et livrera au roi Henri la somme nécessaire pour entretenir, pendant deux ans, cinq cents chevaliers, que le prince anglais devait mener à la suite de Louis, contre *les mécréans et ennemis de la foi* : Ce qu'il n'accomplit pas, dit un auteur contemporain,[59] quoiqu'il eût reçu ce payement évalué à cent trente-quatre mille livres.

Henri, de son côté, pour reconnaître tous ces avantages, 1.° renonce, tant pour lui que pour ses successeurs, à tous les droits qu'il prétendait sur le duché de Normandie, sur les comtés d'Anjou, du Maine, de Touraine, de Poitou, et sur

---

[59] Joinville, p. 371 et 372.

tout ce que ses pères pouvaient avoir possédé, terre ou île en-deçà de la mer, excepté les choses spécifiées dans les précédens articles ; 2.° s'oblige de faire hommage de tout ce qu'on lui rend, comme aussi de Baïonne, de Bordeaux, de toute la Guienne, et à tenir ces grands fiefs du roi et de ses successeurs, comme pair de France et duc d'Aquitaine ; 3.° déclare qu'il se soumet au jugement de la cour de France, non-seulement pour les différends qui s'élèveront sur l'exécution du traité, mais pour ceux même qui naîtront entre lui et ses sujets de France. On a vu en effet cette même cour décider, trois ans après, que les Gascons n'étaient point obligés de rendre leurs hommages en Angleterre, mais seulement dans l'étendue de leur province. On avait même réglé la manière dont on citerait les rois d'Angleterre, lorsqu'on serait obligé de le faire.

Le traité fut juré de bonne foi : d'abord au nom de Henri par ses ambassadeurs, ensuite au nom de Louis par le comte d'Eu et le sire de Nesle. Le roi voulut qu'il fût souscrit par les deux princes Louis et Philippe, ses fils aînés ; mais en même temps il déclara que son intention n'était point de se dessaisir, qu'il n'eût reçu l'hommage et la ratification du monarque anglais. La trève fut donc continuée jusqu'au 28 avril de l'année suivante ; et cependant l'acte fut mis en dépôt au Temple, sous les sceaux des archevêques de Rouen et de Tarentaise.

Telles sont les conditions de cette fameuse paix, si long-temps désirée, si peu espérée de part et d'autre. On a remarqué (chose assez ordinaire) qu'agréable aux deux rois, elle déplut également aux deux nations.

Il serait inutile de rapporter ici les réflexions politiques que nous ont débitées leurs historiens sur ce fameux traité. Guidés par la prévention, dont ils sont naturellement affectés chacun pour leur pays, ils ont peut-être aussi mal raisonné les uns que les autres.

Les Français ont blâmé leur prince d'avoir, au préjudice des véritables intérêts de son état, traité si favorablement le roi d'Angleterre. On lui rendrait sans doute plus de justice, si on réfléchissait sérieusement sur la droiture de ses intentions. « Je sais bien, disoit-il aux gens de son conseil, suivant le rapport de Joinville,[60] que le roi d'Angleterre n'a point de droit à la terre que je lui laisse : son père l'a perdue par jugement ; mais nous sommes beaux-frères ; nos enfans sont cousins germains : je veux établir la paix et l'union entre les deux royaumes : j'y trouve d'ailleurs un avantage qui est d'avoir un roi pour vassal. Henri est à présent mon homme, ce qu'il n'étoit pas auparavant. » Voilà sans doute ce qui le détermina ; peut-être aussi les événemens toujours incertains de la guerre, l'horreur de voir répandre le sang chrétien, le désir de procurer à ses peuples une paix durable, enfin la délicatesse de sa conscience, qui lui laissait toujours quelques scrupules sur la justice de la confiscation faite par son aïeul des domaines du père de Henri, qui avait peut-être été trop rigoureuse, y eurent beaucoup de part.

Les Anglais se plaignaient que leur roi, pour si peu de chose, eût renoncé à des prétentions qui leur paraissaient légitimes. On semblait, à la vérité, lui rendre cinq provinces ; mais, après un sérieux examen, on ne trouvait que quelques domaines honorifiques peu utiles. Déjà même il en possédait une partie, comme Royan en Saintonge, et Bergerac dans le haut Périgord : le reste ne regardait proprement que le ressort. Le Périgord avait son comte, et le Limousin son vicomte. L'Agénois ne pouvait manquer de revenir à sa maison, si la comtesse de Poitiers mourait sans enfans ; elle le tenait de son aïeul, à qui le roi Richard l'avait donné en dot ; enfin, le peu qu'on lui abandonnait dans le Quercy ne lui était accordé qu'à condition qu'il prouverait qu'il faisait

---

[60] Joinville, p. 14.

partie de cette même dot. Louis d'ailleurs se réservait sur les provinces cédées la régale pour les évêchés, la garde des abbayes, et l'hommage, tant de ses frères, s'ils y possédaient quelques fiefs, que de ceux que ses prédécesseurs et lui s'étaient obligés de ne point laisser tomber sous la puissance de l'Angleterre. Quelle proportion entre une cession si limitée, et le sacrifice pur et simple de cinq belles provinces qui, réunies, pouvaient former un puissant royaume! Henri devait-il acheter si cher l'honneur d'être vassal de la France? Il paraît que les Anglais connaissaient mieux que les Français les avantages qui revenaient à Louis par ce traité ; et je crois que ceux-ci avaient tort de blâmer leur prince de l'avoir fait.

Cependant le roi d'Angleterre vint à Paris pour consommer entièrement ce fameux traité : il y fut reçu avec les plus grands honneurs. D'abord il logea au Palais, où il fut traité pendant quelques jours avec toute la magnificence possible. Il se retira ensuite à l'abbaye de Saint-Denis, où il demeura un mois entier. Louis l'allait voir souvent, et lui faisait fournir avec abondance tout ce qui lui était nécessaire. Henri, pour ne lui pas céder en générosité, comblait de présens l'abbaye, où l'on voyait un vase d'or de sa libéralité. Enfin, toutes les difficultés étant levées, le traité fut ratifié par les deux rois. Alors, pour en commencer l'exécution, le monarque anglais, en présence de l'une et de l'autre cour, fit hommage-lige au roi pour toutes les terres qu'il possédait en France ; hommage qui emportait serment de fidélité : ce qui le distinguait du simple, toujours conçu en termes généraux. Les rois anglais ont fait de vains efforts dans la suite pour réduire leur dépendance à ce dernier ; il fut réglé, sous Philippe-le-Bel, que le roi d'Angleterre à genoux, ayant ses mains en celles du roi de France, on lui dirait : *Vous devenez homme-lige du roi, monsieur, qui cy-est, et lui promettez foi et loyauté porter* ; à quoi il devait répondre : *Voire*, c'est-à-dire, *oui*.

MORT DE LOUIS, FILS AÎNÉ DU ROI

Tout était fini, et rien n'exigeait de Henri un plus long séjour en France. Il se préparait à se rembarquer, lorsque son départ fut retardé par un malheur qui affligea tout le royaume. Le fils aîné du roi, nommé Louis comme lui, tomba malade, et mourut âgé de seize ans, regretté de tous ceux qui le connaissaient. C'était un prince aimable, qui joignait aux agrémens de la figure toutes les beautés de l'ame, doux, affable, libéral, et dont toutes les inclinations se portaient au bien. Plus occupé du bonheur des peuples, que de sa propre élévation, l'éclat du trône auquel il était destiné ne fut point capable de l'éblouir. Il s'opposa avec ardeur à la retraite d'un roi qui faisait la félicité publique : c'est la seule occasion où il fit paraître quelque vivacité. *Agréable à Dieu et aux hommes,*[61] la France avait mis en lui toutes ses espérances, et la religion le regardait comme son plus ferme appui. Elevé sous les yeux d'un père ennemi de toute dissimulation, il avait reçu dès sa plus tendre enfance des idées claires et distinctes sur les obligations de l'état auquel sa naissance le destinait. « *Beau fils*, lui disait le saint roi dans une grande maladie qu'il eut à Fontainebleau,[62] je te prie que tu te fasses aimer du peuple de ton royaume ; car vraiment j'aimerois mieux qu'un Ecossois vînt d'Ecosse, ou quelque autre lointain étranger, qui gouvernât bien et loyaument, que tu te gouvernasses mal à point et en reproche. » Le jeune prince mourut avec tous les sentimens

---

[61] Duch., t. 5, pag. 442.

[62] Joinville, page 4.

de piété que le religieux monarque lui avait inspirés. On conduisit son corps à Saint-Denis, et de là à Royaumont, où il fut inhumé. Le convoi se fit avec une magnificence extraordinaire : le roi d'Angleterre lui-même voulut porter quelque temps le cercueil. Tous les barons français et anglais le portèrent à son exemple, les uns après les autres. Louis, touché de cette marque de tendresse et de respect, retint à Paris Henri pendant tout le carême, et le reconduisit jusqu'à Saint-Omer, où ils passèrent les fêtes de Pâques, et se séparèrent très-satisfaits l'un de l'autre.

MARIAGE DE PHILIPPE, FILS AÎNÉ DU ROI

Après deux ans et demi que le roi employa à faire divers voyages dans son royaume, à des fondations de maisons religieuses et hôpitaux, et à faire plusieurs ordonnances utiles à l'état, il voulut accomplir le mariage de Philippe son fils aîné, héritier présomptif de la couronne, avec Isabelle, infante d'Aragon. Le roi s'était rendu à Clermont en Auvergne, accompagné de presque toute la noblesse de France, qui, par attachement autant que par devoir, avait voulu se trouver à la célébration de ce mariage. Mais la nouvelle du traité que le roi d'Aragon avait fait avec Mainfroi, fils naturel de l'empereur Frédéric II, pensa rompre une alliance si avantageuse pour l'infante. Louis venait d'en être informé ; il protesta qu'il ne souffrirait jamais que son fils épousât une princesse dont le père avait des liaisons si étroites avec le plus-mortel ennemi de l'Eglise et des papes. On ne peut exprimer l'étonnement et l'embarras des deux cours : on connaissait le caractère du monarque, on craignait que rien ne pût l'ébranler. L'Aragonais surtout, désespéré d'un si fâcheux contretemps, cherchait tous les tempéramens imaginables ; il eut enfin le bonheur d'en trouver un qui satisfit pleinement. Il déclara par un acte authentique, qu'en mariant son fils avec la fille de Mainfroi, il ne prétendait prendre aucun engagement contraire aux intérêts de l'Eglise romaine, ni déroger ou préjudicier en rien à l'alliance qu'il venait de contracter avec la France. Ainsi les noces se firent avec l'applaudissement des deux nations, qui s'efforcèrent à l'envi de se distinguer par leur magnificence. On fixa d'abord le douaire d'Isabelle à quinze cents livres de rente : on l'augmenta dans la suite, lorsque Philippe parvint à la couronne ; il fut de six mille livres. Jacques, fidèle à sa parole, n'entreprit rien par la suite en faveur de Mainfroi.

Les fêtes que Louis fut obligé de donner en cette occasion, ne diminuèrent rien de son application aux affairés de l'état. Il savait trouver le moyenne de satisfaire à tout, ménageait ses momens avec une prudente économie, et souvent reprenait sur son sommeil ceux qu'un devoir indispensable lui avait fait perdre en divertissemens. On lui disait un jour[63] qu'il donnait trop de temps à ses oeuvres de piété. « Les hommes sont étranges, répondit-il avec douceur : on me fait un crime de mon assiduité à la prière ; on ne diroit mot si j'employois les heures que j'y passe, à jouer aux jeux de hasard, à courir la bête fauve, ou à chasser aux oiseaux. »

La police surtout et le commerce semblaient l'occuper tout entier. Il s'attacha d'abord à punir les crimes nuisibles à la société, tels que l'usure, l'altération des monnaies, les ventes à faux poids, et toute espèce de monopole. Comme il avait besoin d'être soulagé dans ces pénibles fonctions, il chercha long-temps, disent les historiens du temps, *un grand sage homme* pour le mettre à la tête de la justice et police, qu'il voulait établir principalement à Paris. C'étaient anciennement les comtes de chaque province qui avaient l'administration de la justice, de la police, des finances ; les vicomtes, en leur absence, exerçaient les mêmes fonctions. Hugues Capet, parvenu à la couronne, supprima ces deux titres pour le comté de Paris, et leur substitua celui de prévôt, avec les mêmes prérogatives. Ce nouvel officier, outre le commandement sur la milice, administrait encore la justice : c'était lui seul qui la rendait à Paris, dans ces anciens temps où le parlement n'était pas encore rendu sédentaire.

---

[63] Duch., t. 3, p. 554.

Mais cette importante place étant devenue vénale, plus elle donnait de pouvoir, plus elle occasionait d'injustices. Louis, pour remédier à ces abus, défendit la vénalité d'un emploi qui demandait le plus parfait désintéressement, et il eut la satisfaction de trouver un homme qui avait autant de lumières que d'intégrité. Ce fut Etienne Boilève, originaire d'Anjou, chevalier, noble de *parage*, c'est-à-dire de race. Louis lui donna la place de prévôt de Paris. C'était un homme de grande considération, tant à la cour qu'à l'armée ; car ayant été fait prisonnier à Damiette, sa rançon fut mise à deux cents livres d'or, somme alors considérable. Comme Boilève était seul juge civil, criminel et de police, il fit rigoureusement punir les malfaiteurs, brigands, filoux, et autres fainéans de la société, qui vivent à ses dépens. Ensuite il rangea tous les marchands et artisans en différens corps de communautés, dressa leurs premiers statuts, et leur donna des réglemens si sages, qu'on n'a eu qu'à les copier où à les imiter dans tous ceux qu'on a faits depuis pour la discipline des diverses et nouvelles communautés de commerce.

Les moeurs, objet si digne de l'attention des rois, quelquefois trop négligé, eurent toujours la première part aux soins de saint Louis. Tout ce qui ressentait la licence était proscrit sous diverses peines ; les spectacles étaient permis, mais ce qui pouvait causer quelque scandale en était sévèrement banni.

On vit sous son règne des écrits sur la religion, des ouvrages philosophiques, des poèmes, des romans ; mais on n'y voyait rien qui respirât la sédition, l'impiété, le matérialisme, le fanatisme, le libertinage. D'abord il avait chassé les femmes de mauvaise vie, tant des villes que des villages ; convaincu ensuite de la maxime de saint Thomas, que ceux qui gouvernent sont quelquefois obligés de souffrir un moindre mal pour en éviter un plus grand, il prit le parti de les tolérer ; mais, pour les faire connaître et les couvrir d'ignominie, il détermina jusqu'aux habits qu'elles devaient porter, fixa l'heure de leur retraite ; et désigna certaines rues et certains quartiers pour leur demeure. La pudeur, si naturelle au sexe, vint au secours des lois ; plusieurs eurent honte d'un genre de vie qui les notait de tant d'infamie. Un grand nombre se convertirent, et se retirèrent dans une maison de filles pénitentes, qui était où l'on a vu depuis l'hôtel de Soissons.

On a parlé de son attention pour la sûreté des grands chemins ; il voulut encore y joindre la commodité. S'il n'eut pas le bonheur de les porter à ce point de perfection où nous les voyons aujourd'hui, il eut du moins la gloire de les avoir rendus plus praticables qu'ils n'avaient été sous ses prédécesseurs. Souvent il envoyait des commissaires pour veiller à ce que les rivières fussent navigables. Enfin, rien n'était oublié, ni pour les réglemens, ni pour l'exécution, qui est encore plus essentielle.

Tant de soins, en établissant l'ordre dans l'état, en assuraient la tranquillité ; ils répandirent l'abondance dans le royaume. C'est peu dire ; ils augmentèrent les revenus de la couronne : ce qu'on peut regarder comme un chef-d'oeuvre de politique. Ce ne fut pas, en effet, par les impositions extraordinaires que le monarque s'enrichit ; on ne les connaissait presque pas dans ces anciens temps. Alors, la richesse de nos rois, comme celle des seigneurs, ne consistait qu'en terres, en redevances, en confiscations, en péages, tant pour la sortie que pour l'entrée des marchandises. On les voyait, à la vérité, quelquefois exiger des décimes sur le clergé ; d'autres fois, lever une espèce de taille sur les peuples de leurs domaines ; mais Louis, persuadé que ce qui est à charge aux sujets, ne peut être avantageux au prince, loin de passer les bornes, fut toujours en garde contre les vexations nuisibles à l'état.

Cette sage conduite repeupla la France, que les désordres des règnes précédens avaient rendue presque déserte. On venait de tous côtés chercher ce qu'on ne trouvait pas ailleurs, l'aisance, la justice et la paix. Le commerce reprit une nouvelle vie ; rien ne demeurait inutile : chacun faisait valoir ce qu'il possédait. « Finalement, dit Joinville,[64] le royaume se multiplia tellement pour la bonne droiture qu'on y voyoit régner, que le domaine, censive, rentes et revenus du roi, croissoient tous les ans de moitié. »

Ce prince, ennemi de toute violence, était prêt à sacrifier ses droits, lorsqu'il y avait l'ombre de doute. C'est ainsi que, dans un parlement, on le vit ordonner qu'un banni de Soissons, à qui il avait fait grace, ne laisserait pas de garder son ban, parce que les habitans de cette ville lui remontrèrent que c'était donner atteinte à leurs priviléges. On admira la même modération lorsque, dans un autre parlement, il fut décidé qu'il ne lui appartenait pas, pendant la vacance du siége de Bayeux, de conférer les bénéfices de l'église du Saint-Sépulcre de Caen : aussitôt il révoqua la nomination qu'il avait déjà faite à une de ces prébendes. Rare exemple, qui apprend aux rois que l'autorité doit toujours céder quand la justice paraît!

Mais l'héroïsme de cette inflexible droiture éclata surtout dans une affaire qu'il eut avec l'évêque d'Auxerre. On avait mis, par ses ordres, sur le pont de cette ville, quelques poteaux où l'on avait arboré les fleurs de lis ; le prélat les fit arracher de son autorité privée : c'était un attentat contre les lois qui défendent de se faire justice soi-même. Cependant Louis avait entrepris sur ses droits ; cette raison fut suffisante pour lui faire pardonner ce qu'il y avait d'irrégulier dans le procédé de l'évêque. C'est cet amour inviolable de l'ordre, qui lui mérita l'estime, la confiance et le respect de toute l'Europe. L'Angleterre lui en donna une preuve bien

---

[64] Joinville, p. 124.

glorieuse, en le choisissant pour arbitre de ses différens : heureuse si elle s'en fût rapportée à son jugement! Ce trait d'histoire exige quelque détail.

Il y avait plusieurs années que les barons d'Angleterre, irrités des prodigalités de leur roi, l'avaient obligé de jurer à Oxfort l'observation de la grande chartre, que les uns regardent comme le frein, les autres comme l'anéantissement de l'autorité royale. Henri, menacé secrètement d'une prison perpétuelle, fit plus encore ; non-seulement il souscrivit à l'éloignement de ses quatre frères, les seigneurs de la Marche, en qui il avait mis toute sa confiance,[65] mais même il avait consenti que l'on choisît vingt-quatre seigneurs pour travailler à la réforme du gouvernement ; que ce qui serait déterminé dans ce conseil, à la pluralité des voix, fût inviolablement exécuté ; qu'on remît entre leurs mains tous les châteaux et toutes les places fortes du royaume, pour en confier la garde à qui ils jugeraient à propos ; enfin, qu'ils nommassent chaque année les justiciers, les chanceliers et les autres principaux officiers de l'état.

C'était proprement le mettre en tutelle, et ne lui laisser que le nom de roi : terribles pronostics[66] de ce que ses successeurs auraient à craindre des communes, s'il est vrai, comme on l'assure, que c'est ici la première fois qu'elles ont été admises dans le parlement d'Angleterre. Du moins, est-il certain que le monarque demeura alors à la discrétion de ses barons, dont le plus accrédité était le comte de Leycester, Français de naissance, beau-frère de Henri par son mariage avec la comtesse du Perche, digne fils du fameux Simon de Montfort, par cette inflexibilité de caractère que rien ne peut

---

[65] Matthieu Paris, *Mat. Vestm. Kuiglon.*

[66] *Rap. Thoyr.*, liv. 2, p. 473.

détourner d'un premier dessein. Bientôt les ligués se virent maîtres de toutes les villes du royaume, et de la capitale même, dont les principaux bourgeois signèrent l'acte d'adjonction. Le roi des Romains, Richard, frère du monarque, fut aussi contraint de jurer, tant pour lui que pour ses descendans, d'observer les arrêtés *que le nouveau conseil du roi avait faits pour la gloire de Dieu et le bien de l'état.*

L'infortuné Henri, dépouillé de son autorité, se voyait forcé d'approuver tout ce qui plaisait aux vingt-quatre. Dans cette extrémité, il se jeta dans la tour de Londres, s'y fortifia, et se servit de l'argent qu'il avait amassé depuis long-temps, pour regagner les bourgeois et pour y lever des soldats. Un jour qu'il était sorti pour aller se promener sur la Tamise, une tempête qui s'éleva tout-à-coup, l'obligea de se faire mettre à terre au lieu le plus prochain. Il se trouva par hasard que c'était précisément à l'hôtel du comte de Leycester, qui le reçut à la descente du bateau, et lui dit, pour le rassurer, qu'il n'y avait rien à craindre, puisque l'orage était déjà passé. *Non, non,* lui répondit le monarque en jurant, *la tempête n'est point passée ; et je n'en vois point que je doive craindre plus que vous.* Il avait écrit au pape, pour le prier de l'absoudre du serment fait à Oxfort ; il l'obtint d'autant plus aisément, que, depuis la réforme, les Italiens ne touchaient plus rien des bénéfices qu'ils avaient en Angleterre. Aussitôt il assemble un parlement, qu'il ouvre et ferme tout à la fois par cette déclaration : « Qu'il ne se croyoit plus obligé de tenir sa parole, puisqu'on n'exécutoit point ce qu'on lui avoit promis ; qu'au lieu des trésors qui devoient remplir son épargne, il se trouvoit seul dans l'indigence, tandis que les vingt-quatre épuisoient l'état pour s'enrichir ; qu'il étoit temps qu'il reprît le personnage de roi, et que ses sujets rentrassent dans le devoir ; qu'il ne les avoit mandés que pour leur donner le choix de l'obéissance ou de la guerre. » C'était parler véritablement en roi ; mais pour soutenir cette démarche, il fallait de la fermeté. Henri était le plus faible de tous les hommes. Ce discours néanmoins parut, pour le moment, produire un bon effet ; toute l'assemblée donna les mains à la révocation du *convenant* : c'est ainsi qu'on appelait l'arrêté d'Oxfort. Le seul comte de Leycester osa tenir ferme, et bientôt sut regagner la plus grande partie des barons. Si l'on en croit ses panégyristes, *ce fut la dignité inviolable du serment qui le rendit inflexible* : ce qui leur fournit la matière d'un grand éloge. Mais un serment contraire à la loi peut-il jamais obliger? Celui que Leycester avait fait autrefois, en prêtant foi et hommage à son roi, était-il moins sacré que celui qu'il avait fait en se soustrayant à l'obéissance?

Tout semblait disposé à la guerre. Ce n'était partout qu'assemblées tumultueuses, la plupart contraires aux intérêts du prince. On courut enfin aux armes de tous côtés, et de part et d'autre on ne s'occupa que des moyens de se surprendre. Henri manqua d'être pris dans Winchester. Edouard son fils, qui, d'abord, sans qu'on sache pourquoi, prit le parti des ligués, qu'ensuite il abandonna de même, fut arrêté à Kingston, et forcé de livrer Windsor, d'où il était sorti imprudemment. Le comte de Leycester se trouva lui-même dans un grand embarras en un faubourg de Londres, et serait infailliblement tombé au pouvoir du roi, si les bourgeois, après avoir forcé les portes du pont, ne lui eussent facilité sa retraite dans la ville, où l'on tendit aussitôt les chaînes. Alors les barons ne ménagèrent plus rien, renouvelèrent leurs sermens avec les plus horribles exécrations, et se firent couper les cheveux pour se reconnaître. On n'entendait parmi le peuple que ces discours séditieux : « Qu'ils ne vouloient point d'un roi esclave du pape et vassal de la France, qu'ils sauraient bien se conduire sans lui ; qu'il pouvoit aller gouverner sa Guyenne, et rendre fidèlement au monarque François le service qu'il lui avoit juré. » Insolences trop ordinaires à la populace, surtout en Angleterre.

LOUIS EST CHOISI POUR ARBITRE ENTRE LE ROI ET LES BARONS D'ANGLETERRE

Quelques gens sages des deux partis cherchèrent différentes voies de conciliation, mais toujours inutilement. On était convenu que toute la cour, et les principaux ligués se trouveraient à Boulogne, pour y discuter leurs prétentions réciproques devant le roi de France. On s'y rendit en effet de part et d'autre ; on disputa beaucoup, et on ne conclut rien. On proposa enfin de s'en remettre à l'arbitrage du monarque français, et de se soumettre, sans restriction, à ce qu'il ordonnerait. Henri l'accepta sans peine, les barons avec répugnance, ne voulant point d'un roi pour juge dans une cause qui semblait être celle de tous les rois. Tout le monde cependant y consentit, et, des deux côtés, on s'engagea par de grands sermens et par des actes solennels. Le prince anglais, dans son compromis, daté de Windsor, où l'on voit les sceaux d'Edouard, son fils aîné, de Henri d'Allemagne, son neveu, et de trente autres seigneurs, tant étrangers que regnicoles, jure sur son ame, en touchant les saints évangiles,[67] qu'il observera fidèlement ce que le roi de France décidera sur les statuts d'Oxfort. Les barons (c'étaient les évêques de Londres et de Worchester, Simon de Montfort, comte de Leycester, trois de ses fils, et dix-huit autres seigneurs) promettent la même chose et de la même

---

[67] Matthieu Paris, p. 992.

manière, s'obligeant, sous les sermens les plus sacrés, à exécuter de bonne foi ce qui sera ordonné. On n'y met qu'une condition, c'est que le différend sera jugé avant la Pentecôte.

Louis voulut bien se charger de l'arbitrage, et convoqua l'assemblée dans la ville d'Amiens. Le roi et la reine d'Angleterre s'y rendirent au jour marqué, et les barons y envoyèrent leurs députés. L'affaire fut agitée de part et d'autre avec beaucoup de force, le droit primitif des peuples mûrement pesé, le pouvoir transféré aux souverains par la société, scrupuleusement examiné. On exposa, en faveur des sujets, qu'en se donnant aux rois, ils n'avaient cherché qu'à posséder leurs biens et leur vie dans une parfaite sécurité, non à les exposer en proie à la cupidité ou à l'ambition ; qu'un état policé n'était point un composé d'esclaves qu'on ne dût consulter sur rien, dont on pût prodiguer arbitrairement le sang et les trésors ; enfin, que les articles d'Oxford n'étaient qu'une interprétation, ou plutôt une suite naturelle des lois du royaume.

On démontra, d'un autre côté, que la dignité des rois n'est, ni un vain titre, ni un nom de théâtre et sans effet ; que, chargés de veiller au bonheur, à la défense et à la gloire de la société, il est de la dernière conséquence que leurs ordres soient inviolablement exécutés en tout ce qui a rapport à ces objets si importans ; que leurs droits ne sont pas moins sacrés que ceux de l'état qu'ils gouvernent ; que la qualité de législateur, toujours inséparable de la souveraineté, ne leur laisse d'autre juge de leurs actions que celui d'où émane toute puissance, en un mot, que le *convenant* d'Oxford était une infraction formelle aux lois, un traité monstrueux, incapable de lier, quand même il aurait été libre.

Louis, pleinement instruit de la nature des articles contestés, sensiblement touché des maux qui en résultaient, tels que l'avilissement de la majesté royale, la guerre allumée dans toute l'Angleterre, la profanation des églises, l'oppression, tant des étrangers que des naturels du pays, prononça, en ces termes, qui marquent un juge souverain et absolu, le célèbre arrêt qui tenait l'Angleterre, la France et toute l'Europe en suspens.

« Au nom du Père, et du Fils, et du Saint-Esprit : Nous annullons et cassons tous les statuts arrêtés dans le parlement d'Oxford, comme des innovations préjudiciables et injurieuses à la dignité du trône : déchargeons le roi et les barons de l'obligation de les observer : déclarons nul et de nulle valeur tout ce qui a été ordonné en conséquence : révoquons et supprimons toutes les lettres que le roi peut avoir données à ce sujet : ordonnons que toutes les forteresses qui sont entre les mains des vingt-quatre seront remises en sa puissance et en sa disposition : voulons qu'il puisse pourvoir à toutes les grandes charges de l'état ; accorder retraite aux étrangers dans son royaume, appeler indifféremment à son conseil tous ceux dont il connaîtra le mérite et la fidélité : décernons et statuons qu'il rentrera dans tous les droits légitimement possédés par ses prédéceseurs ; que, de part et d'autre, on oubliera le passé ; que personne ne sera inquiété ni recherché : n'entendons pas néanmoins qu'il soit dérogé, par ces présentes, aux priviléges, charges, libertés et coutumes qui avoient lieu avant que la dispute se fût élevée. »

On sent la sagesse d'un arrêt qui, en proscrivant toute innovation, mettait à couvert les droits du prince et les priviléges de la nation. Plusieurs, en effet, frappés de l'équité d'un jugement qui condamnait l'usurpation, sans rien faire perdre de ce qui était dû incontestablement, renoncèrent à la ligue, et rentrèrent dans leur devoir. Mais rarement, en matière de faction, l'intérêt des chefs est que les différends s'accommodent avec tant de promptitude : : les barons voyaient tous leurs projets renversés ; la plupart se plaignirent que Louis avait agi, dans cette occasion, moins en philosophe éclairé qu'en roi prévenu des prérogatives de la couronne, et déclarèrent hautement qu'ils en appelaient à leur épée. Le comte de Leycester, plus méchant, mais plus politique, prétendit que les statuts d'Oxford n'étant fondés que sur la grande chartre, les confédérés avaient gagné leur cause, puisque, par ce prononcé, ce précieux monument de leur liberté subsistait en son entier. Ainsi, la guerre recommença plus furieusement que jamais. Henri, d'abord vainqueur en quelques rencontres, ensuite vaincu et fait prisonnier au combat de Lewes, avec le prince Edouard son fils, et le roi des Romains, son frère, fut contraint de jurer de nouveau l'observation du funeste convenant. Alors l'ambitieux Montfort se montra à découvert ; maître de toute la famille royale, il sut en tirer tout l'avantage que sa politique put lui suggérer. Ce même homme, qui, peu auparavant, ne se faisait aucun scrupule de désobéir au roi, sous prétexte qu'il était gouverné par de mauvais ministres, ne se servait plus du nom de ce monarque, que pour faire respecter les ordres qu'il en extorquait lui-même. Cet ennemi prétendu du despotisme, qui n'avait suscité tant d'affaires au malheureux Henri, que pour réprimer, disait-il, la puissance arbitraire, trouvait fort mauvais qu'on n'obéît pas à ce même prince, depuis qu'il n'était guidé que par ses conseils. C'est ainsi que les hommes changent de principes et de maximes, selon leurs intérêts et selon les événemens divers qui arrivent dans leurs affaires.

Edouard cependant, échappé de sa prison, eut bientôt rassemblé une armée supérieure à celle des confédérés. Aussitôt il marche contre le comte de Leycester qui avait toujours Henri en sa puissance, le joint près d'Evesham, lui présente la bataille, le défait, et délivre le roi son père : victoire d'autant plus complète, que le comte de Leycester, le chef et l'ame de la rébellion, fut tué sur la place. On fit mille outrages à son corps ; il fut mutilé, coupé en morceaux, et la tête envoyée à la femme de Roger Mortimer, comme un témoignage certain que son mari était vengé de cet ennemi.

Telle fut la fin malheureuse de Simon de Montfort, comte de Leycester, qu'une fâcheuse affaire avec la reine Blanche, à laquelle il avait voulu ôter la régence, obligea de quitter la France, sa patrie, et qui trouva le moyen, quoique étranger, de se rendre le plus puissant et le plus redoutable seigneur d'Angleterre. Après sa mort, tout se soumit, et ce royaume commença enfin à jouir de quelque tranquillité. Il ne l'avait acquise que par le sang ; dans la suite, il lui en coûta beaucoup encore pour l'affermir ; juste punition de l'opiniâtre résistance des barons, qui se repentirent, mais trop tard, de ne s'en être pas rapporté au jugement de Louis.

Tous les regards de l'Europe étaient fixés sur la France, ou il se négociait une affaire beaucoup plus importante : c'était l'investiture du royaume de Sicile, en faveur du comte d'Anjou, frère du roi. Ce royaume avait été envahi par Mainfroi, fils naturel de l'empereur Frédéric II. Il appartenait, par droit de succession, à Conradin, petit-fils de cet empereur. Mais les papes, qui soutenaient que ce royaume était un fief du Saint-Siége, ne voulaient ni de Mainfroi, ni de Conradin, ni d'aucun de la famille de Frédéric, qu'ils regardaient comme l'implacable ennemi des papes.

Le pape Innocent IV l'avait offert au comte d'Anjou, dès l'année 1252 ; mais l'absence du roi son frère, et l'impuissance où il était dans cette conjoncture, de soutenir une telle entréprise, la lui fit refuser. Cette couronne fut ensuite offerte à Richard, frère du roi d'Angleterre, et enfin à Edmond, second fils du même roi, qui l'accepta. Toutefois Urbain IV, qui avait succédé à Innocent, suivant le dessein de ses prédécesseurs, ne se rebuta point, et voyant que l'embarras où se trouvait le roi d'Angleterre dans son royaume, l'empêchait de penser à rien faire pour la conquête de la Sicile, en faveur du prince Edmond, il résolut d'offrir au roi de France cette couronne pour celui de ses enfans auquel il lui plairait de la destiner ; mais Louis refusa son offre, pour ne pas préjudicier aux droits de Conradin, ou à ceux d'Edmond d'Angleterre, qui en avait déjà reçu l'investiture. Malgré tous ces refus, Urbain fit encore proposer cette couronne par Barthélemi Pignatelli, archevêque de Cosence, au comte d'Anjou.

Quoique le roi n'eût accepté pour aucun de ses enfans l'investiture de la Sicile, il ne s'opposa point aux droits que le comte d'Anjou, son frère, acquérait sur ce royaume par la donation du pape, qui prétendait, à cause de la félonie des princes de la famille de Frédéric, être en droit de disposer de cet état, comme d'un fief relevant du Saint-Siége. Le roi, qui crut avec raison qu'il ne lui appartenait pas d'entrer dans la discussion de droits, peut-être aussi injustes d'une part que de l'autre, laissa l'archevêque de Cosence négocier cette affaire avec le comte d'Anjou.

Je n'entrerai point dans le détail des difficultés que ce prince put avoir sur diverses circonstances de cette affaire, ni des conditions auxquelles le pape lui donna l'investiture du royaume de Sicile. Je dirai seulement que l'espérance d'une couronne, et les instances de la comtesse Béatrix, femme du comte d'Anjou, qui voulait à quelque prix que ce fût, être reine comme ses trois autres sœurs, le firent passer par-dessus toutes les difficultés.

Le comte d'Anjou partit de Marseille, le 15 mai 1265, sur une flotte de trente galères, avec plusieurs vaisseaux de transport. Après avoir essuyé une violente tempête, il arriva heureusement, la veille de la Pentecôte, à Rome, où il reçut l'investiture du royaume de Sicile : elle lui fut conférée par quatre cardinaux que le pape avait envoyés pour cet effet. Il prit dès ce moment le titre de roi de Sicile ; mais il ne fut couronné, avec Béatrix sa femme, que le jour des Rois de l'année suivante.

Charles ayant reçu un renfort considérable de troupes, tant de ses comtés de Provence et d'Anjou, que de plusieurs seigneurs français volontaires, qu'il avait engagés par ses promesses à l'accompagner, et qui se rendirent en Italie par les Alpes, se mit en campagne.

Mainfroi, de son côté, avec une armée plus forte que celle de Charles, se mit en état de lui résister. Mais, ayant réfléchi sur le péril qui le menaçait, et redoutant la valeur de la noblesse française, il envoya des ambassadeurs au pape pour lui faire des propositions de paix. Urbain refusa de les entendre. Mainfroi en fit faire aussi à Charles : il répondit à ceux qu'il lui envoya, *dites de ma part au soudan de Lucerie* (c'était une ville tenue par les Sarrasins, qui étaient au service de Mainfroi) *que devant qu'il soit peu de jours, il m'aura mis en paradis, ou que je l'aurai envoyé en enfer.*

Enfin après plusieurs combats dans lesquels Charles eut toujours de l'avantage, et après s'être rendu maître de plusieurs villes, les deux armées se joignirent dans la plaine de Bénévent, où après un combat très-opiniâtre celle de Mainfroi fut mise en déroute, et lui-même y perdit la vie. Les historiens du temps nous apprennent que Richard, comte de Caserte, fut cause du malheur de Mainfroi, ayant quitté son parti et livré aux Français un passage important, pour se venger de Mainfroi, qui était son beau-frère, et dont il était l'ennemi caché, parce que ce prince avait abusé de la femme du comte. C'est ainsi que souvent la justice divine dispose les choses de telle manière, qu'un crime est puni par un autre crime.

Pendant que Charles, comte d'Anjou, frère du roi, était occupé, comme je viens de le rapporter, à la conquête du royaume de Sicile, Louis, qui n'y avait pris aucune part, toujours égal à lui-même, continuait de donner à la France le spectacle de ses vertus pacifiques et bienfaisantes, qui sont en même temps la gloire du prince et le bonheur des peuples. Mais quelque ardent que fût son zèle pour la justice, jamais il ne l'emporta au-delà des bornes. La modération la plus sage fut toujours l'ame de ses actions : c'est ce qu'on remarque surtout au sujet du droit d'asile. Un voleur avait été pris par les officiers du monarque dans l'église des Cordeliers de Tours ; l'archevêque se récria contre la prétendue profanation, et redemanda le coupable avec grand bruit. Le roi voulut bien avoir égard à ses plaintes ; il assembla un parlement, où, l'affaire scrupuleusement examinée, il fut ordonné que le criminel serait reconduit à l'église ; mais que les religieux, ou les gens du prélat, l'en chasseraient aussitôt, de manière qu'il pût être repris, sinon qu'on irait le saisir jusqu'aux pieds de l'autel. Par cet expédient, Louis sut accorder ce qu'il devait à sa dignité, avec les ménagemens que les circonstances exigeaient pour des vassaux aussi puissans, que jaloux de certains priviléges contraires à la bonne police et à la tranquillité des peuples, qu'il n'avait pas encore été permis de détruire.

MARIAGE DE JEAN, FILS DU ROI

Vers ce même temps, Louis maria le prince Jean, dit Tristan, son quatrième fils, avec Jolande, fille aînée de Eudes IV, duc de Bourgogne, comte de Nevers, du chef de sa femme. Il y eut quelques difficultés sur la tutelle de la jeune épouse ; les uns prétendaient qu'elle appartenait incontestablement au prince son mari ; les autres soutenaient que jusqu'à ce qu'il eut vingt-un ans accomplis (il n'en avait alors que seize), il devait demeurer avec sa femme et ses belles-soeurs sous la puissance de son beau-père, qui cependant jouirait de tout le bien. On trouva le moyen de partager le différend ; il fut arrêté que Eudes aurait la tutelle des trois cadettes, mais qu'il laisserait à son gendre, sous la conduite du roi, l'administration des biens qui leur revenaient du chef de leur mère. On n'y mit qu'une condition : c'est que le roi, après avoir prélevé les frais nécessaires pour cette gestion, remettrait fidèlement l'excédant pour l'entretien des princesses qui étaient sous la garde de leur père. Le duc de Bourgogne, qui avait amené sa fille à Paris pour la célébration des noces, accepta cet accord au nom de son fils, qui, depuis un an, était parti pour la Palestine, d'où il ne revint pas. Lorsque le roi eut appris sa mort, il fit un voyage à Nevers, pour mettre le jeune prince Tristan en possession du comté de Nevers, qu'il venait d'acquérir par son mariage.

Celui de Blanche, troisième fille de Louis, avec Ferdinand de Castille, fut aussi conclu dans la même année, mais il ne s'accomplit que trois ans après. L'infant était plus jeune que la princesse, qui elle-même n'avait pas atteint l'âge nubile. On convint que si elle survivait à son époux, elle aurait la liberté de revenir en France avec sa dot et son douaire ; l'une devait être de dix mille livres, et l'autre de sept.

Rien n'échappait à l'attention et aux recherches du sage monarque. Telle était alors la tyrannie des péages, qu'en plusieurs lieux les seigneurs se prétendaient en droit d'obliger les marchands à se détourner du chemin le plus court pour se présenter devant leurs bureaux, qu'ils avaient soin de multiplier le plus qu'ils pouvaient. Il arriva que quelques commerçans, pour épargner les frais, évitèrent de passer par un endroit où il y avait douane : toutes leurs marchandises furent saisies. Les malheureux prétendirent en-vain qu'ils étaient exempts de cette servitude ; les commis ne voulurent rien écouter. L'affaire fut portée devant le roi, qui, pour n'être pas trompé, ni à son profit, ni à sa perte, tenait un registre exact de toutes ces choses. Il vit qu'effectivement son droit ne s'étendait pas jusque-là ; il condamna les commis, non-seulement à rendre tous les effets, mais même à indemniser les marchands.

La jurisprudence des anciens temps semblait moins punir qu'autoriser le meurtre, l'assassinat et les autres crimes. On en était quitte pour nier le fait, offrir le duel, et jeter son gage de bataille. La voie d'information, comme on l'a dit ci-devant, en parlant de l'affaire de Coucy, malgré tous les efforts de Louis, n'était reçue que dans ses domaines : il n'oubliait rien, du moins, pour arrêter le mal par tous les châtimens que la prudence et le droit permettaient à son zèle : c'est ce qui paraît singulièrement dans une affaire entre deux gentilshommes artésiens, qui passèrent un compromis pour s'en rapporter à son jugement.

L'un, c'était Alenard de Selingam, sollicitait une vengeance éclatante de la mort de son fils, que l'autre avait cruellement assassiné. Celui-ci, nommé André de Renti, se défendait vivement d'une action si barbare. Déjà la plainte avait été portée à la cour d'Artois, où l'accusé prétendait s'être justifié ; mais cette justification souffrait apparemment quelque difficulté, puisque la querelle durait encore. Le roi ordonna des informations. Il fut prouvé que Renti, ayant rencontré le fils de Selingam, l'avait renversé d'un coup de lance, en l'appelant *méchant bâtard* ; qu'aussitôt un chevalier de la compagnie de Renti, avait enfoncé un poignard dans le sein du jeune Selingam, au moment même qu'il rendait son épée et demandait la vie. Louis, instruit de la vérité du crime, put à peine retenir sa juste indignation ; mais enfin ce crime n'était notoire que par une procédure d'information, jusqu'alors inusitée en France lorsqu'il s'agissait de la noblesse : le coupable persistait à le nier. Le roi, n'osant pas le faire punir comme il aurait souhaité, ne songea qu'à en tirer au moins tout l'avantage qu'il pouvait. Ne voulant point porter atteinte à la justice du comte d'Artois, il crut qu'il devait prononcer, non-seulement en nom commun, mais encore conformément aux usages reçus dans les états du jeune prince. Ce qui avait été décidé à Saint-Omer, touchant la pièce de terre, fatale cause de la querelle, fut confirmé en son entier. On l'adjugea aux Selingams à perpétuité. Renti fut en outre condamné à demander pardon à genoux au père du défunt, à faire quarante livres de rente à ses enfans ; enfin, à vider le royaume, pour aller passer cinq années au service de la Terre-Sainte.

On le vit, peu de temps après, décerner la même peine de l'exil contre Boson de Bourdeille, qui, pour s'emparer du château de Chalus, en Limousin, avait tué un chevalier nommé Maumont. En vain Marguerite de Bourgogne, vicomtesse de Limoges, intercéda pour le meurtrier, qui offrait de se justifier par le duel : il fut obligé de rendre la forteresse, et d'aller servir treize ans dans la Palestine.

Un chevalier se plaignait d'avoir été insulté par trois gentilshommes : le châtiment suivit de près la poursuite de l'outrage. Louis, outre une grosse amende qu'il exigea au profit de l'offensé, ordonna qu'ils iraient ensuite combattre sous les étendards du roi son frère. C'est ainsi qu'il savait tirer le bien du mal, toujours occupé de l'un pour extirper l'autre.

Ce fut par le même principe de justice et d'humanité, qu'il s'éleva fortement contre un usage observé de tout temps à Tournay, où ceux qu'on avait bannis pour meurtre, pouvaient se racheter de leur ban en payant cent sous. C'était mettre la vie des hommes à bien vil prix. Il en fut indigné, et rendit une ordonnance qui abolissait cette étrange coutume ; ce qui le mit en si grande vénération parmi les peuples du Tournaisis, que pour éterniser la mémoire de ce sage règlement, ils arrêtèrent que, tous les ans, au jour de l'Ascension, le greffier du siége marcherait dans les places publiques, cette ordonnance à la main, disant à haute voix, que Louis, roi de France, était véritablement le père du peuple ; que, par ses soins, la vie du citoyen serait désormais en sûreté ; et que les meurtriers ne devaient plus espérer de jouir de leur patrie.

Ce fut cette année que Louis arma chevalier le prince Philippe, son fils aîné, qui entrait alors dans sa vingt-troisième année. Jamais cérémonie, dit un auteur du temps,[68] ne rassembla plus de noblesse et de prélats : Paris surtout fit éclater, en cette occasion, le tendre amour qu'on lui connaît pour ses princes, amour qui se reproduit d'une façon toujours nouvelle. Tout travail cessa pendant plus de huit jours ; les rues étaient parées de ce que chaque citoyen avait de plus beau en tapisseries ; un nombre infini de fanaux de différentes couleurs, placés sur le soir, à chaque fenêtre, ne laissait point apercevoir l'absence du soleil. L'air retentissait nuit et jour de mille cris de joie et d'alégresse. On compte plus de soixante seigneurs qui reçurent, avec le jeune prince,

---

[68] Guillaume Nangis, p. 378.

l'épée de la main du monarque. Les plus considérables étaient Robert, comte d'Artois, neveu du roi ; Jean de Bourgogne, devenu l'aîné de sa maison, par le décès du comte Eudes ; Robert IV, comte de Dreux ; Guillaume, fils du comte de Flandre ; Renaud de Pons ; Guillaume et Robert de Fiennes ; Jacques de Faucigny, neveu de Joinville, et plusieurs autres. Le roi fit toute la dépense, qu'on fait monter à treize mille livres, somme considérable pour ce temps-là. L'honneur d'être introduit par un prince tel que Louis, *au temple de la gloire*, c'est ainsi que nos anciens nommaient la chevalerie, avait attiré en France Edmond d'Angleterre et un fils du roi d'Aragon. Tous deux y voulurent paraître avec un éclat qui répondît à leur haute naissance, et tous deux s'y distinguèrent par leur magnificence. Il y eut des courses de chevaux, et des combats de barrière, où les nouveaux chevaliers firent admirer leur adresse, et se montrèrent dignes du grade auquel ils venaient d'être élevés.

LE ROI CONTRIBUE À L'AUGMENTATION DE LA SORBONNE

On rapporte encore à cette même année, non l'établissement (il est de l'année 1253), mais la confirmation du fameux collége de Sorbonne, le plus ancien, pour la théologie, de tous ceux que l'Europe a vu naître dans son sein. La réputation de cette école a fait prodiguer au célèbre Robert, dont elle porte le nom, des titres qu'il n'eut pas réellement, ou du moins qu'il ne mérita qu'en partie : tel est celui de prince du sang royal, quoiqu'il fût fils *de vilain et de vilaine*,[69] c'est-à-dire roturiers, établis à Sorbonne, village du Rhételois ; tel celui de confesseur du roi, qu'aucun auteur contemporain ne lui donne, sur lequel Joinville garde un profond silence, qu'il semble même lui refuser, en n'attribuant qu'à la vertu de cet ecclésiastique l'honneur que le monarque lui faisait de l'admettre à sa table, de laquelle place enfin le seul Geoffroy de Beaulieu paraît avoir été en possession depuis le départ du prince pour la Terre-Sainte jusqu'au moment de sa mort : tel encore celui de fondateur unique de la Sorbonne, dont les plus anciens monumens ne le nomment que proviseur. Il est vrai qu'il contribua de ses deniers à ce superbe monument, mais Louis y eut beaucoup plus de part que lui. C'est à la générosité du saint roi que les Sorbonnistes doivent la maison qui fut comme leur berceau. Elle était située vis-à-vis du palais des Thermes, dans une rue nommée anciennement *Coupe-Gueule*, ou *Coupe-Gorge*, parce qu'il s'y commettait beaucoup de

---

[69] Joinville, p. 8.

meurtres. On l'appelle aujourd'hui la rue de Sorbonne. Il y joignit par la suite plusieurs autres bâtimens qu'il acheta sur le même terrain pour y établir *les pauvres maîtres*. C'est le nom qu'on donnait aux premiers docteurs qui composèrent ce collége.

Quoi qu'il en soit, le nouvel établissement devint en très-peu de temps une école célèbre, où fleurirent les sciences et la piété. Bientôt on en vit sortir de grands docteurs, qui répandirent sa réputation dans toute l'Europe. On compte parmi ses premiers professeurs un Guillaume de Saint-Amour, un Odon ou Eudes de Douai, un Gérard de Reims, un Geraud d'Abbeville ; noms fameux dans ces temps-là, ensevelis aujourd'hui avec leurs ouvrages dans la poussière des bibliothèques. On ne tarda pas à voir s'élever, toujours sous la direction de Robert, un nouveau collége pour les humanités et la philosophie : on lui donna le nom de *Calvi*, ou de la petite Sorbonne. Il subsista jusqu'au temps où le cardinal de Richelieu entreprit ce superbe édifice, qui à fait l'admiration de tous les connaisseurs. Ce ministre, en faisant démolir le collége de Calvi, pour y construire sa chapelle, s'était obligé de le rebâtir sur un terrain également contigu ; mais la mort le prévint. Ce fut pour suppléer à cet engagement qu'en 1648, la famille de Richelieu fit réunir le collége du Plessis à la Sorbonne.

Louis cependant, peu rebuté de tout ce qu'il avait souffert dans sa première croisade, toujours dévoré de zèle pour l'intérêt de la religion et de l'Eglise, méditait secrètement une seconde expédition pour le secours des Chrétiens de la Palestine. Il se voyait en paix, aimé de ses peuples, redouté de ses voisins : ses finances étaient en bon état ; la France nourrissait dans son sein une nombreuse et brillante jeunesse, qui ne respirait que la guerre. S'il ne se sentait pas assez de forces pour combattre lui-même comme autrefois, il croyait du moins qu'un général infirme peut, de sa tente, donner les ordres nécessaires, et faire combattre les autres.

Plein de ces idées, que sa piété lui représentait conformes à sa raison, il en fit part au pape, qui écrivit au saint roi une lettre extrêmement tendre, pour l'exhorter à presser l'exécution d'une entreprise qui ne pouvait, disait-il, être inspirée que du Ciel.

RICHARD DE BURY

ÉTAT DES AFFAIRES DE LA PALESTINE

La Palestine se trouvait alors dans un état déplorable. Louis, pendant le séjour qu'il y fit, y avait rétabli, comme je l'ai dit ci-devant, et fortifié plusieurs places. Lors de son départ, il y avait laissé pour commander, le brave Geoffroy de Sargines. Ce grand homme avait répondu parfaitement aux intentions du monarque, et soutenu par sa valeur et par sa conduite ce royaume désolé et réduit à quatre ou cinq forteresses. Tout y fut long-temps paisible sous le gouvernement de Plaisance d'Antioche, veuve de Henri de Lusignan, roi de Jérusalem ; titre vain, à la vérité, car Jérusalem était au pouvoir des infidèles, mais toujours ambitionné, parce qu'il donnait un rang considérable parmi les princes chrétiens. Hugues II le portait alors avec celui de roi de Chypre : comme il n'était pas en âge de gouverner, la régence fut confiée, suivant l'usage, à la reine, sa mère, fille de Bohémont, prince d'Antioche.

Mais cette tranquillité dont jouissaient les chrétiens d'Orient, était moins due à la sagesse de leur conduite, qu'à la méchanceté de leurs ennemis. L'ambitieux Moas, soudan d'Egypte, impatient de voir son autorité partagée, déposa le jeune Achraf-Mudfaredin, qu'on lui avait donné pour collègue, et fit assassiner le brave Octaï, dont il avait reçu les plus grands services. Il fut lui-même poignardé dans le bain, par ordre de sa femme, dont le crime ne tarda pas à être expié par une mort semblable. Almansor-Nuradin-Ali, son fils, hérita de sa couronne, et non de ses grandes qualités. Le peu de courage qu'il montra lors de l'invasion des Tartares, le fit déposer comme indigne du trône. Colus-Sephedin-Modfar fut mis en sa place d'une voix unanime. C'était un Mameluck distingué par sa valeur, soldat intrépide, le plus grand capitaine de l'empire égyptien. Aussitôt il donne ses ordres pour la sûreté des frontières, renouvelle la trève avec les Chrétiens de la Palestine, marche contre cent mille chevaux que Holagou, prince tartare, avait laissés en Syrie, les forces dans leur camp, tue leur général, et les oblige de repasser l'Euphrate. Il revenait triomphant, lorsqu'il fut assassiné par l'émir Bondocdar, autre Mameluck dont il a été parlé plusieurs fois dans cette histoire.[70] Le meurtrier se présente aux troupes, l'épée teinte encore du sang d'un maître qui n'avait fait d'autre crime que de n'avoir pas voulu violer la trève qu'il venait de conclure avec les Chrétiens. Toute l'armée le proclame soudan. Il se rendit ensuite au Caire, où il fut couronné solennellement.

Ce fut ainsi que Bondocdar, deux fois meurtrier de ses maîtres, passa de l'esclavage à la souveraineté, et sut réunir sur sa tête cinq belles couronnes ; celle d'Egypte, celle de Jérusalem, celle de Damas, celle d'Alep et celle de l'Arabie. Les historiens arabes le peignent comme un héros sublime dans ses vues, fécond dans ses projets, d'une activité, enfin, qui le multipliait, pour ainsi dire, et le reproduisait partout. Ce fut lui, disent-ils, qui établit le premier les postes réglées, qui fit refleurir les sciences en Egypte, qui rendit en quelque sorte à cette fameuse région la célébrité dont elle jouissait sous les Ptolémées.

Mais les Chrétiens, dont il fut le plus terrible fléau, nous le présentent sous d'autres couleurs. S'ils le comparent à César pour les talens guerriers, ils le placent en même temps à côté des Néron pour la cruauté. Nouvel Hérode, ajoutent-ils, pour n'avoir point de compétiteur au trône, il extermina toute la famille royale du grand Saladin, qui, en mourant, avait laissé quatorze fils. On compte jusqu'à deux cent

---

[70] *Assises de Jérusalem*, chap. 284 et suiv.

quatre-vingts émirs ou Mamelucks, autrefois ses compagnons, qu'il fit massacrer sur le simple soupçon qu'ils en voulaient à sa vie. Telle était la tyrannie de son gouvernement, qu'on n'osait ni se rendre visite, ni se parler familièrement, ni se donner les plus légères marques d'amitié. On le voyait souvent courir seul toute l'Asie sous un habit étranger, tandis que les courtisans le croyaient en Egypte, et se tenaient dans une humble posture à la porte de son palais, pour avoir des nouvelles de sa santé. S'il arrivait qu'il fût découvert, c'était un crime que de témoigner le reconnaître. Un malheureux l'ayant un jour rencontré, descendit de cheval, et se prosterna, suivant la coutume, pour lui rendre son hommage, il le fit pendre comme criminel de lèse-majesté. Un de ses premiers émirs sachant qu'il méditait un pélerinage au tombeau de Mahomet, vint lui demander la permission de l'accompagner dans ce saint voyage. Il fut arrêté, conduit sur la place, où il eut la langue coupée. *Tel est*, criait un héraut, *le supplice que mérite un téméraire qui ose sonder les secrets du soudan.*

Sévère censeur des perfidies d'autrui, il reprochait amèrement aux Chrétiens d'avoir dégénéré des vertus de leurs ancêtres, ces hommes si fameux et si puissans, parce que l'honneur et la vérité étaient leurs plus chères idoles. C'était précisément, remarque l'auteur que nous suivons, découvrir un fétu dans l'oeil de son voisin, pendant qu'il portait une poutre dans le sien. Lui-même s'engageait, jurait, promettait avec beaucoup de fermeté, bien résolu de ne tenir sa parole qu'autant qu'il y trouverait son intérêt. Mahomet, quoique son prophète, lui paraissait moins grand que lui : il croyait avoir fait de plus grandes choses ; il méprisait surtout la puissance des Chrétiens, et leur milice était l'objet continuel de ses railleries. Ils sont venus fondre sur nos états, disait-il, ces rois si fiers de France, d'Angleterre et d'Allemagne. Quel a été le succès de leurs entreprises? Ils ont éprouvé le sort de ces gros nuages que le moindre vent fait disparaître. On le loue cependant de sa continence ; il n'avait que quatre femmes, dont la plus chérie était une jeune chrétienne d'Antioche qu'il menait toujours avec lui. Il détestait le vin et les femmes publiques, qui avilissent l'homme en énervant son esprit et son courage. En vain on lui objecta que ses prédécesseurs tiraient de ce double commerce de quoi entretenir au moins cinq à six mille soldats ; il répondit constamment qu'il aimait mieux un petit nombre de gens sobres, qu'une multitude efféminée de vils esclaves, abrutis par la débauche et le vin.

Tel était l'ennemi que Dieu avait suscité dans sa colère, pour punir les abominations des chrétiens de Syrie ; ennemi d'autant plus redoutable que la gloire et la superstition enflammaient également sa haine. Ce fut pour se venger des chrétiens qui violèrent indignement la foi des traités, qu'il leur jura une guerre éternelle. On ne voit pas néanmoins qu'il ait rien entrepris contre eux les deux premières années de son règne : il les employa sans doute à affermir sa domination.

Ceux-ci, au lieu de profiter de ce temps de repos, ne songèrent eux-mêmes qu'à se ruiner par leurs fatales divisions. Venise et Gênes se disputaient alors la possession d'un lieu nommé Saint-Sabas, que le pape Alexandre IV leur avait accordé en commun : querelle qui ne finit que par une sanglante bataille que les Génois perdirent.

D'un autre côté, les chevaliers du Temple et de l'Hôpital, par une malédiction de Dieu, que leur vie débordée avait attirée sur eux, se faisaient une guerre ouverte, et provoquaient le courroux du ciel par la plus honteuse infidélité aux traités. Le principal article de la trève conclue avec les Egyptiens par saint Louis, portait que, de part et d'autre, on rendrait les esclaves et les prisonniers. Geoffroy de Sargines l'exécuta de bonne foi : mais une insatiable avarice empêcha les chevaliers d'imiter son exemple ; ils persistèrent, malgré les exhortations du sage commandant, à refuser ceux des Sarrasins qu'ils tenaient dans les fers.

Bondocdar indigné de la perfidie, rassemble deux cents mille chevaux, entre dans la Palestine, désole tout le plat pays, prend Nazareth qu'il détruit de fond en comble. Césarée est emportée d'assaut, la citadelle se rend par capitulation : tous les habitans sont chassés, et les fortifications, ouvrage de saint Louis, sont rasées jusqu'aux fondemens. Caïfas éprouve le même sort, ainsi qu'Arsaph, place importante, où l'ordre des Templiers vit périr deux cents de ses chevaliers : juste châtiment de leurs crimes. Il attaque ensuite Saphet avec la plus grande opiniâtreté. Les chrétiens, après une résistance incroyable, sont enfin obligés de se rendre, la vie sauve ; condition presque aussitôt violée qu'accordée : on égorge tous ceux qui refusent d'embrasser le mahométisme. Aussitôt le vainqueur marche à Ptolémaïs, ou Saint-Jean-d'Acre, et ruine tous les environs. La bonne contenance du brave Geoffroy de Sargines l'oblige de se retirer, mais c'est en menaçant d'en former le siége, lorsque ses machines de guerre seront arrivées du Caire.

Ces tristes nouvelles avaient réveillé le zèle des chrétiens d'Europe. Dès le temps du pontificat d'Alexandre IV, on avait parlé d'une nouvelle croisade : elle avait même été prêchée en divers endroits. Mais dans cette occasion le pape Urbain IV écrivit à tous les princes chrétiens, les exhortant à se mettre eux-mêmes à la tête de leurs armées, pour délivrer cette chrétienté opprimée, ou du moins à lui envoyer de puissans secours d'hommes et d'argent. Tout l'Occident fut en trouble, et donna des marques de la plus grande tristesse : on tint des conciles, on leva des décimes sur le clergé. On ordonna des prières publiques : les soins, en un mot, redoublèrent à mesure que le mal augmentait.

Mais rien n'égale en particulier la douleur dont fut pénétré le coeur de Louis. Il n'avait point quitté la croix, indice certain qu'il ne perdait point la Palestine de vue. Lorsque la résolution d'une nouvelle croisade eut été prise entre le roi et le pape, le cardinal de Sainte-Cécile revint en France pour la publier. Aussitôt qu'il fut arrivé, le roi assembla, le jour de l'Annonciation, un parlement, c'est-à-dire les pairs du royaume, les barons, les principaux de la noblesse, et plusieurs prélats. Le sire de Joinville essaya vainement de s'en dispenser, sur le prétexte d'une fièvre quarte qui le tourmentait depuis long-temps : le saint roi lui manda *qu'il avait assez de gens qui savoient donner guérison à des fièvres quartes, et que sur toute son amour il vînt.* Ce que je fis, ajoute le bon sénéchal.

L'assemblée fut fort nombreuse, personne ne sachant ce qu'on y devait traiter. Mais bientôt on ne douta plus de l'intention du monarque, lorsqu'on le vit entrer dans l'assemblée, tenant à la main la couronne d'épines qu'il avait été prendre à la Sainte-Chapelle. Il s'assit sur le trône qu'on lui avait préparé ; puis, avec cette éloquence douce, vive et touchante, qui lui était naturelle, il peignit avec les plus vives couleurs les maux qui affligeaient la Terre-Sainte, protesta qu'il était résolu d'aller au secours de ses frères menacés du plus terrible esclavage, exhorta enfin tous les vrais serviteurs de Dieu à se croiser à son exemple pour venger tant d'outrages faits au Sauveur du monde, et tirer l'héritage des chrétiens de la servitude où leurs péchés les tenaient depuis si long-temps.

Le légat, Simon de Brie, cardinal du titre de Sainte-Cécile, parla ensuite avec tout le zèle et l'éloquence que demandait une si grande entreprise, et sur-le-champ, le roi, ses trois fils aînés, Philippe, Jean, comte de Nevers, et Jean, comte d'Alençon, prirent la croix des mains du légat, ainsi que le comte de Flandre, le comte de Bretagne, Beaujeu, sire de Montpensier, le comte d'Eu, Alphonse de Brienne, Guy de Laval, et plusieurs autres seigneurs.

Dès qu'on sut dans les provinces que Louis marchait contre les infidèles, chacun s'empressa de s'enrôler sous ses étendards. Le roi de Navarre, son gendre, s'engagea d'abord, et fit prendre la croix au jeune prince Henri, son frère, et à tous les jeunes chevaliers de ses états d'Espagne et de Champagne. Le jeune comte d'Artois, neveu du roi, fils de Robert, tué à Massoure, résolu d'aller venger la mort de son père, prit aussi la croix ; le duc de Bourgogne, son parent, soit zèle pour la religion, soit amour pour la gloire, témoigna la même ardeur pour cette expédition. Toute la noblesse du royaume imita leur exemple. On compte parmi les plus considérables, les comtes de Saint-Paul, de Vendôme, de la Marche et de Soissons ; Gilles et Hardouin de Mailly, Raoul et Jean de Nesle, les seigneurs de Fiennes, de Nemours, de Montmorency, de Melun, le comte de Guines, le sire de Harcourt, Matthieu de Roye, Florent de Varennes, Raoul d'Etrées, Gilles de la Tournelle, Maurice de Craon, Jean de Rochefort, le maréchal de Mirepoix, Enguerrand de Bailleul, Pierre de Saux, Jean de Beaumont, et grand nombre d'autres, dont les noms ne subsistent plus aujourd'hui.

Cependant plusieurs personnes blâmèrent cette expédition ; on alla même jusqu'à la traiter de pieuse extravagance, qu'un roi sage ne devait ni projeter, ni autoriser. C'est, encore de nos jours, la plus commune opinion sur ces entreprises de nos ancêtres. Je n'entreprendrai point de le justifier sur ce point, quant à présent, ni de prouver que s'il y a de la faute, ce fut moins celle de Louis que celle de son siècle : dans un temps plus éclairé, il eût sans doute épargné cette tache à sa gloire, si c'en est une. Il y a beaucoup de témérité à condamner certaines actions des grands rois. Il faut, pour les juger équitablement, se transporter dans les siècles où ils ont vécu ; il faut examiner les usages de leur temps, et quelles en étaient les moeurs. D'ailleurs le roi ne forçait personne à se croiser ; c'était l'effet des exhortations des légats du pape et des ecclésiastiques du temps. Tous ces seigneurs qui accompagnaient le roi, avec leurs chevaliers, y allaient volontairement et à leurs dépens. Ils croyaient faire une action méritoire en allant combattre contre les infidèles ; et, s'ils y mouraient, gagner la couronne du martyre : c'était une opinion fortement gravée dans le coeur de toutes les nations de l'Europe, comme on le voit par le grand nombre de croisades qu'elles ont entreprises. Si l'on était bien persuadé de la droiture des sentimens de saint Louis, on serait plus circonspect à blâmer sa conduite : il consultait principalement son zèle, et abandonnait le surplus à la Providence de Dieu. Il faut encore convenir que ces expéditions n'ont fait aucun tort à son royaume pendant son absence ; qu'il n'a jamais été plus puissant, et ses peuples plus heureux. Il les a fait jouir d'une paix continuelle que ses voisins ont toujours respectée.

Le pape ne manqua pas de se servir de cet exemple du roi de France, pour animer tous les princes chrétiens à secourir la Palestine. Il envoya des légats ou des lettres en Angleterre, en Espagne, en Pologne, en Allemagne, à Constantinople, en Arménie ; il écrivit même au grand kan des Tartares, qu'il savait être très-jaloux des progrès de Bondocdar, et assez disposé à faire diversion en faveur des chrétiens.

Le roi cependant continuait ses préparatifs avec un zèle que la religion peut seule inspirer ; mais ne prévoyant pas pouvoir s'embarquer sitôt pour la Palestine, il y envoya du secours avec une procuration au brave Geoffroy de Sargines, pour emprunter de l'argent en son nom : ce qui servit à retenir une multitude de gens que la disette allait forcer de déserter.

Une des causes de la désolation de cette malheureuse chrétienté, étaient les funestes divisions qui régnaient entre les Vénitiens et les Génois. Le roi n'oublia rien pour les engager à faire la paix. Les deux républiques, sur ses instances, nommèrent des plénipotentiaires ; leurs differens intérêts furent soigneusement discutés ; rien néanmoins ne fut conclu : tant la haine est opiniâtre, lorsqu'elle est née de la jalousie et de la cupidité ! Louis gémit en secret d'une obstination que ni la gloire, ni la religion ne pouvaient vaincre ; il n'en fut pas moins ardent à la poursuite de ses pieux desseins.

Il était question surtout de se procurer de l'argent pour les dépenses nécessaires. C'était un usage très-ancien dans ces guerres saintes de faire contribuer les ecclésiastiques ; usage établi dès la naissance des croisades, non toutefois sans beaucoup de contradiction de la part du clergé. Ou voit plusieurs lettres des papes, qui lui reprochent avec amertume de refuser à Jésus-Christ ce qui n'est proprement que son patrimoine, tandis que les laïcs lui sacrifient avec joie et leurs biens et leur vie. Le pape Clément accorda pour quatre ans au monarque la dixième partie du revenu des ecclésiastiques, qui murmurèrent beaucoup, firent des assemblées, écrivirent au pontife, pour lui exposer la misère où le clergé était réduit par les sommes précédemment payées. On leur reprocha l'indécence de leurs plaintes, sous un roi qui prodiguait son sang et ses biens dans une guerre tant prêchée par les ministres de la religion.

Alors le sacerdoce et l'empire agissaient de concert ; il n'y avait personne à qui recourir. Il fallut obéir, et donner à l'autorité ce qu'on refusait à la piété.

On imposa en même temps une taxe tant sur les bourgeois des villes, que sur les gens de la campagne ; imposition qui n'excita ni plaintes, ni murmures. Elle fut faite avec un tel ordre, que personne ne se trouva surchargé : ceux à qui le travail et l'industrie fournissaient à peine la nourriture, n'y furent point compris, et l'on prit les mesures les plus sages pour éviter les injustices trop ordinaires dans les répartitions.

Le prince Philippe, l'aîné de la maison royale, eut cette année un fils à qui l'on donna le nom de son aïeul. Louis en conçut une grande joie, et n'eut plus de peine à mener avec lui ses autres enfans, puisqu'il se voyait un nouvel héritier à couvert des périls de la guerre.

Comme les malheurs de la Terre-Sainte allaient toujours en augmentant, il déclara qu'il partirait sans remise dans deux ans, afin que chacun pût donner ordre à ses affaires. Aussitôt il envoya le prieur des Chartreux au pape, pour lui donner avis de cette résolution, et lui demander le cardinal d'Albe pour légat de la croisade : ce qu'il obtint d'autant plus aisément, qu'il paraissait régner alors une grande intelligence entre les deux cours.

Cependant on ne fut pas long-temps sans s'apercevoir que la tendresse du pape n'existait que dans ses écrits.

Clément fit publier une loi qui attribuait aux seuls pontifes romains la nomination des bénéfices qui vaquaient en cour de Rome : loi qu'il étendit jusqu'aux bénéfices vacans par l'élection des prélats qui étaient sacrés ou même confirmés par les papes. C'était anéantir le droit de régale, privilége unique de nos rois. Louis, qui en prévit toutes les suites, forma le dessein d'y remédier efficacement : il ne tarda pas d'en trouver l'occasion.

Guillaume de Brosse, archevêque de Sens, étant dans un âge très-avancé, qui l'empêchait de remplir comme il l'aurait désiré les fonctions de son ministère, s'était démis de son archevêché. Pierre de Charny, grand archidiacre de cette église, fut élu en sa place. Celui-ci qui était camérier du pape, ne manqua pas d'aller se faire sacrer à Rome. Clément, de son côté, profita de la circonstance pour, conformément à la loi qu'il venait d'établir, disposer de l'archidiaconé dont Pierre de Charny était pourvu : mais le roi, toujours en garde contre l'usurpation, l'avait prévenu en y nommant Girard de Rampillon, ecclésiastique distingué par sa piété et sa science. Le pontife désapprouva hautement cette nomination. Il écrivit au monarque une lettre pleine d'aigreur. Girard fut interdit de toutes ses fonctions, et menacé d'excommunication s'il ne renonçait à son droit, ou si, pour le prouver, il ne se présentait en personne au tribunal du pape. Girard ne fit ni l'un ni l'autre, sans doute par ordre du roi, qui avait pris la ferme résolution d'empêcher de pareilles usurpations. La mort de Clément, arrivée sur ces entrefaites, laissa l'affaire indécise : elle ne fut terminée que sous le pontificat de Grégoire X, son successeur, qui leva les défenses, et fit jouir Girard de Rampillon de tous les fruits de sa nomination.

RICHARD DE BURY

PRAGMATIQUE-SANCTION

C'est le sentiment de tous les historiens, que ce fut pendant l'intervalle de la mort de Clément IV, à l'exaltation de Grégoire X, que saint Louis rendit cette fameuse ordonnance, si connue sous le nom de *Pragmatique-Sanction*.

Le célèbre père Daniel dit en parlant de saint Louis :[71] « Que jamais prince n'eut un plus sincère respect pour les papes, pour les évêques, pour les religieux et généralement pour tous les gens d'église : mais nul roi de France n'entreprit avec tant de fermeté que lui de borner la puissance ecclésiastique, qui était depuis plusieurs siècles en possession d'empiéter sur la puissance royale, et sur les tribunaux de la justice laïque. On a plusieurs de ses ordonnances sur ce sujet, et entre autres sa Pragmatique-Sanction. » Nous devons dire à l'honneur de Rome moderne, qu'elle a reconnu l'énormité de la plupart de ces abus, et qu'elle a consenti enfin à ce qu'ils fussent supprimés.

« C'est dans cette vue, dit Pasquier,[72] que saint Louis, pour la tranquillité de l'église gallicane, pour l'augmentation du culte divin, pour le salut des ames fidelles, pour mériter les graces et les secours du Dieu tout-puissant, fit au mois de mars de l'année 1282, cette célèbre ordonnance qu'on a appelée Pragmatique-Sanction, conçue en ces termes :

---

[71] Daniel, *Histoire de France*, t. III, p. 359, édition de 1722.

[72] Laurière, *Ordonnances de nos rois*, t. I, p. 97 et 98.

« Nous voulons, dit-il, et nous ordonnons que les prélats, les patrons et les collateurs ordinaires des bénéfices, jouissent pleinement de leurs droits, sans que Rome y puisse donner aucune atteinte par ses réserves, par ses graces expectatives, ou par ses mandats ; que les églises cathédrales ou abbatiales aient toute liberté de faire leurs élections, qui sortiront leur plein et entier effet ; que le crime de simonie soit banni de toute la France, comme une peste très-préjudiciable à la religion ; que les promotions, collations, provisions et dispositions des prélatures, dignités, bénéfices et offices ecclésiastiques, se fassent suivant les règles établies par le droit commun, par les sacrés conciles, par les anciens pères ; enfin que les exactions de la cour romaine ne puissent plus se lever à l'avenir, si ce n'est pour des nécessités urgentes, par notre permission expresse et du consentement de l'Eglise gallicane.[73] »

C'est ainsi que Louis savait concilier les devoirs de chrétien et de souverain, donnant en même temps l'exemple aux simples fidèles de la foi la plus soumise, et aux rois de la fermeté la plus héroïque.

---

[73] Il y a dans le Trésor des Chartres une lettre de Pierre Collémédio, nonce du pape, où il dit qu'ayant voulu connaître, par le commandement du pape, d'un différend qui était survenu entre l'évêque de Beauvais, d'une part, la commune de Beauvais et le roi, de l'autre, ce prince lui en avait fait défense, et l'acte qui fut signifié au nonce contient, entr'autres, ces paroles : *Qu'il se donne bien de garde de connoitre directement ou indirectement de ses régales, ou de faire enquête en quelque manière que ce soit, de quelque autre chose qui concerne la juridiction temporelle* ; de sorte qu'il est vrai de dire que c'est lui qui a commencé à donner en France de justes bornes à l'autorité ecclésiastique, laquelle n'y en avait point depuis deux ou trois siècles. (Inventaire des Chartres, tome I, Beauvais, u.° 3.) *Ne de regalibus suis seu rebus aliquibus ad jurisdictionem suam secularem pertinentibus, agnocere directè vel indirectè, seu inquisitionem facere aliquatenùs praesumeret.*

LE ROI CHASSE LES USURIERS DE SON ROYAUME

Ce fut à peu près dans le même temps, qu'une compagnie d'usuriers, venue d'Italie, désolait le monde chrétien, sous le nom de *Catureins*, *Coarcins*, ou de *Corsins*. C'était une société de marchands lombards et florentins, qui, enchérissant encore sur les Juifs, n'avaient pas honte d'exiger tous les deux mois dix pour cent d'intérêts de ce qu'elle prêtait sur gages : usure qui, au rapport de Matthieu Paris, avait presque ruiné l'Angleterre. Les ordonnances les plus sévères, les censures même des évêques ne purent arrêter le mal. C'étaient d'ailleurs des gens très-versés dans la connaissance des lois, qui savaient si bien colorer leurs contrats, que la chicane y trouvait toujours quelque moyen de défense. Ce portrait, emprunté de l'historien anglais, peut paraître trop chargé : il est du moins certain que ces infâmes usuriers causaient des maux infinis partout où il leur était permis de s'établir. Les soins de Louis n'avaient pu les empêcher de s'introduire en France. Les ressources qu'on trouvait en eux, soit pour les dépenses ou le libertinage, soit pour les besoins pressans, fascinaient les yeux : ceux même qu'ils ruinaient impitoyablement étaient d'intelligence avec eux. Mais enfin, le monarque, instruit de cette horrible prévarication, sent redoubler tout son zèle. Aussitôt il rend une ordonnance qui oblige tous les baillis royaux de chasser de leur territoire tous les Corsins dans l'espace de trois mois, accordant ce terme aux débiteurs pour retirer les meubles qu'ils ont mis en gage, en payant le principal sans aucun intérêt : on y somme les seigneurs de faire la même chose dans leurs terres, sous peine d'y être contraints par les voies qu'on avisera. Tous obéirent ; et si les Italiens reparurent encore dans le royaume, ce ne fut, suivant l'esprit de la loi, que pour y exercer un commerce légitime.

La santé du monarque s'affaiblissait tous les jours. Incertain de son retour, il songea à faire la maison de ses enfans pour leur ôter tout sujet de division. Philippe l'aîné, sans parler de la succession au trône qui le regardait, avait déjà eu son apanage dès l'année 1265. Il voulut, en cette année 1269, assigner aussi celui des autres. Jean, surnommé Tristan, son second fils, outre le comté de Nevers qu'il possédait du chef de sa femme Jolande de Bourgogne, eut pour apanage Crépy, la Ferté-Milon, Villers-Cotterets, Pierre-Fond et tout ce qu'on appela depuis le comté de Valois. Pierre fut pourvu du comté d'Alençon et du Perche. Robert, le plus jeune, il n'avait que douze ans, eut le comté de Clermont en Beauvoisis, avec les seigneuries de Creil et de Gournay, et quelques autres terres. Il eut depuis le Bourbonnais du chef de sa femme Béatrix, héritière par sa mère de la maison de Bourbon. C'est ce prince qui est la souche de la maison royale de Bourbon, assise aujourd'hui sur le trône de France. Isabelle, l'aînée des princesses, était reine de Navarre. Blanche, la seconde, fut marié cette année avec Ferdinand, fils d'Alphonse, roi de Castille.[74] Marguerite, la troisième, épousa, vers le même temps, non Henri de Brabant, avec lequel elle était accordée (il quitta le monde pour se faire moine à Saint-Etienne de Dijon), mais Jean, frère cadet et héritier de Henri. Agnès, la dernière et la plus jeune, eut dix mille livres, en attendant qu'elle eût l'âge d'être mariée : elle fut depuis femme de Robert II, duc de Bourgogne. Ainsi ce prince eut le plaisir, si satisfaisant pour un père, de voir tous ses enfans établis suivant leur condition. Le saint roi confirme toutes ces dispositions par son testament daté du

---

[74] Leurs enfans furent privés de la couronne par don Sanche, leur oncle.

mois de février de la même année, et dont il nomme exécuteurs Etienne, évêque de Paris, Philippe, élu à l'évêché d'Evreux, les abbés de Saint-Denis et de Royaumont, avec deux de ses clercs,[75] Jean de Troyes et Henri de Versel.

Le surplus de son testament contient un nombre prodigieux de donations aux monastères, aux Hôtels-Dieu, aux maladreries, aux filles qui sont dans l'indigence, pour leur constituer une dot, aux écoliers qui ne peuvent fournir aux frais de leurs études, aux orphelins, aux veuves, aux églises pour des calices et des ornemens, à ses officiers pour récompense de leurs services, enfin à ses clercs, jusqu'à ce qu'ils eussent obtenu quelque bénéfice. Tous ces legs devaient être acquittés, tant sur les meubles qui se trouveraient au jour de son décès, que sur les revenus de son domaine. Le prince, successeur ne pouvait y rien prétendre que tout ne fût payé.

Quelque temps auparavant, pour affermir la paix, non-seulement dans son royaume, mais encore dans les pays voisins, ce prince avait fait prolonger pour cinq ans la trève dont il avait été médiateur entre le roi d'Angleterre et le roi de Navarre ; et il avait terminé, entre le comte de Luxembourg et le comte de Bar, des différends pour lesquels on en était déjà venu à de grandes violences.

Trois ans ayant été employés à faire tous les préparatifs nécessaires pour cette seconde croisade, le roi se trouva au commencement de l'année 1270, en état de prendre les dernières mesures pour son départ. Le point le plus important qui restait à terminer, était la régence du royaume

---

[75] C'est ainsi qu'on nommait alors ceux qui écrivaient les dépêches et les lettres des rois. C'étaient ordinairement des ecclésiastiques, car ils étaient presque les seuls qui sussent lire et écrire.

pendant son absence. La reine n'était pas du voyage, et il semblait que cette dignité la regardait plus qu'aucun autre ; mais, soit que le roi ne la crût pas en état de prendre assez d'autorité, soit qu'elle n'eût pas assez d'expérience dans les affaires, auxquelles il lui avait toujours donné peu de part, il ne jugea pas à propos de lui confier le gouvernement de l'état. Il choisit pour cet emploi Matthieu, abbé de Saint-Denis, et Simon de Clermont, sire de Nesle, l'un et l'autre d'une naissance distinguée, tous deux d'une probité reconnue et d'une sagesse consommée. Le premier était de l'ancienne famille des comtes de Vendôme ; le second de l'illustre maison de Clermont en Beauvoisis, chevalier sans reproche, grand homme de guerre, d'une supériorité de génie et d'une droiture à toute épreuve. Louis leur substitua, en cas de mort, deux hommes célèbres par leur mérite, Philippe, évêque d'Evreux, et Jean de Nesle, comte de Ponthieu, du chef de sa femme. Les nouveaux régens furent revêtus de toute la puissance du roi, dont ils sont qualifiés les lieutenans. Il n'en excepta que la nomination aux bénéfices dépendans de lui. Le religieux prince crut qu'un objet si important méritait une attention particulière : il établit pour les conférer un conseil de conscience, composé de l'évêque de Paris, du chancelier de Notre-Dame, et des supérieurs des Jacobins et des Cordeliers. Ce qu'il leur recommanda surtout, fut de mettre toute leur application à donner à Dieu les ministres les plus dignes de le servir, et à ne déposer les biens de l'Eglise qu'entre des mains qui en sussent faire un usage légitime.

Le roi ayant ainsi réglé les affaires les plus importantes de son royaume, alla, suivant la coutume, prendre l'oriflamme à Saint-Denis, fit sa prière devant le tombeau des bienheureux martyrs, et reçut des mains du légat le bourdon de pélerin. On le vit le lendemain, suivi des princes ses enfans, du comte d'Artois, et d'un grand nombre de seigneurs, marchant nu-pieds, se rendre du Palais à Notre-Dame, où il implora le secours du Ciel sur son entreprise. Il partit le même jour pour Vincennes, d'où, prenant congé de la reine, non sans répandre beaucoup de larmes de part et d'autre, il se rendit d'abord à Melun, à Sens, à Auxerre, à Veselay, ensuite à Cluny, où il passa les fêtes de Pâques, puis à Mâcon, à Lyon, à Beaucaire, enfin à Aiguemortes, où était le rendez-vous général des croisés. Il n'y trouva point les vaisseaux que les Génois s'étaient obligés de lui fournir pour le transport des troupes. On ignore si ce fut négligence ou perfidie de leur part. Il est du moins certain que ce retardement fut cause de la perte de l'armée, qui par là se vit exposée aux plus grandes chaleurs de la canicule. Ce fut sans doute un cruel exercice pour la patience du saint roi : il le soutint avec un courage que la religion seule peut inspirer. Contraint de quitter Aiguemortes, à cause du mauvais air, il alla s'établir à Saint-Gilles, où il tint une cour plénière avec cette magnificence qui lui était ordinaire dans les occasions d'éclat.

Les croisés cependant arrivaient en foule de tous côtés : bientôt Aiguemortes se trouva trop petite pour contenir une si grande multitude ; les chefs se dispersèrent dans les villes et dans les bourgades des environs : il ne resta auprès des drapeaux que des soldats, et ceux qui n'avaient pas le moyen d'aller ailleurs. C'était un mélange singulier de toutes sortes de nations, Français, Provençaux, Catalans, populace effrénée qui était dans de continuelles disputes. On ne tarda pas à voir naître des querelles ; on en vint aux mains : plus de cent hommes avaient été tués avant qu'on y pût mettre ordre. Tel fut l'acharnement des Français en une de ces mêlées, qu'après avoir mis en déroute, et Provençaux et Catalans, ils les poursuivirent jusque dans la mer, où ces malheureux s'étaient précipités pour gagner leurs vaisseaux à la nage. L'éloignement des commandans favorisait le tumulte. Louis, pour en arrêter les suites, se transporta lui-même sur les lieux, fit punir de mort les plus mutins, et le calme fut entièrement rétabli.

La haute idée qu'on avait de la sagesse, des lumières et de la probité du monarque, la grande considération que la cour de Rome avait pour lui, et plus encore la crainte de ses armes, lui procurèrent dans ce même temps une célèbre ambassade, qui le vint trouver à Saint-Gilles de la part de Michel Paléologue, empereur de Constantinople. Ce prince, depuis neuf ou dix ans, avait surpris cette capitale de l'empire de l'Orient, que les empereurs latins avaient possédée près de soixante et dix ans ; et, en conséquence de cette conquête, l'empire qui avait été enlevé aux Grecs par Baudouin 1er, était retourné à ses anciens maîtres, du temps de Baudouin II. Le prince grec n'ignorait ni les grands préparatifs du roi de Sicile, ni ses liaisons étroites avec l'empereur détrôné. Pour conjurer l'orage, il imagina de proposer la réunion des deux Eglises grecque et latine. Il ne doutait point que la piété de Louis ne lui fît embrasser avec joie une si belle occasion de rendre un grand service à la religion. Il lui envoya, avec de magnifiques présens, des personnes distinguées, que les Grecs nomment *apocrisiaires*, ecclésiastiques attachés à la cour, pour rendre compte au souverain de tout ce qui regarde le clergé. Le roi les reçut à Saint-Gilles, où il faisait son séjour, et les traita splendidement. Ils étaient chargés d'une lettre, par laquelle Paléologue protestait : « Que l'Eglise grecque ne souhaitait rien avec plus d'ardeur, que de rentrer sous l'obéissance de Rome ; qu'il en avait écrit au pape Clément IV, et, depuis sa mort, au collége des cardinaux ; mais que, malgré tous ses soins, il n'avait pu obtenir aucune satisfaction ; qu'il le priait de vouloir bien se rendre l'arbitre de ce grand différend ; que tout ce qu'il ordonnerait serait fidèlement exécuté ; qu'il réclamait sa protection au nom de Jésus-Christ, souverain juge des hommes, qui, au dernier jour, lui demanderait un compte rigoureux, s'il refusait de se prêter à une oeuvre si méritoire. »

Louis désirait ardemment l'extinction du schisme ; mais il savait qu'il ne lui appartenait point de prononcer sur cette matière. Il répondit qu'il ne pouvait point accepter l'arbitrage qu'on lui déférait ; que cependant il offrait tous ses bons offices auprès du Saint-Siége. Il écrivit en effet aux cardinaux qui gouvernaient pendant la vacance, et sollicita vivement la conclusion d'une affaire si importante. La réponse fut que le sacré collége était extrêmement édifié du zèle et de l'empressement du monarque, que cependant il le conjurait de ne point se laisser surprendre aux artifices des Grecs, moins disposés qu'il ne pensait à une réunion sincère ; qu'il remettait toute cette négociation entre les mains du cardinal d'Albe, Raoul de Chevrières, légat de la croisade ; qu'il ne prescrivait d'autres bornes à sa commission, que de se conformer au plan proposé par le feu pape. C'était un ordre à l'empereur, aux évêques, à tous les principaux membres de l'Eglise grecque, de reconnaître la primatie de Rome, et de signer tous les articles de foi contenus dans le mémoire que le pape Clément avait dressé. Les ambassadeurs promirent tout ce qu'on voulut, ce qui fit concevoir de grandes espérances ; mais elles furent vaines. L'empereur n'avait cherché qu'à calmer ses inquiétudes sur les armemens prodigieux de la France et de la Sicile. Certain qu'ils n'étaient point destinés contre ses états, il cessa de s'occuper d'un projet que la politique seule lui avait inspiré.

Quelque temps après, les vaisseaux génois étant arrivés, trouvèrent ceux de France tout équipés et prêts à mettre à la voile.

RICHARD DE BURY

LE ROI S'EMBARQUE POUR LA PALESTINE

Le roi, avant de s'embarquer, écrivit une lettre aux deux régens du royaume, pour les faire ressouvenir des ordres qu'il leur avait donnés touchant l'observation de la justice. Il suffit de lire cette lettre, pour connaître de quel esprit ce saint prince était animé, et qu'il n'avait rien de plus à coeur que l'honneur de Dieu et le bonheur de ses sujets.[76]

Enfin, tout étant prêt pour le départ, le roi s'embarqua le 1er septembre, et le lendemain, le vent s'étant trouvé favorable, on mit à la voile. Le temps, qui d'abord fut beau, changea bientôt, et on essuya deux rudes tempêtes avant d'arriver à Cagliari, capitale de la Sardaigne, où était le rendez-vous de toute l'armée chrétienne ; enfin, le vent s'étant un peu apaisé, on jeta l'ancre à deux milles du port.

Les chaleurs excessives et les tempêtes avaient corrompu toute l'eau de la flotte, et il y avait déjà beaucoup de malades. On envoya une barque à terre, parce que le vent contraire empêchait que la flotte ne pût entrer dans le port : cette barque rapporta de l'eau et quelques légumes ; mais, sur la demande que le roi fit faire au commandant d'y recevoir les malades, il lui fit de grandes difficultés, parce que le château appartenait à la république de Pise, qui était en guerre avec celle de Gênes, et que la plupart des capitaines de la flotte

---

[76] In Spicileg., t. 2, epist. Lud. ad Math. abbatem, ann. 1270.

étaient génois. Le roi en ayant envoyé faire ses plaintes au commandant, tout ce qu'il put obtenir fut qu'on débarquât les malades, et qu'on les fît camper au pied du château et loger dans quelques cabanes des environs. Enfin, sur de nouvelles instances, le commandant, craignant qu'on ne le forçât, comme on le pouvait faire, d'être plus traitable, offrit au roi de le loger au château, pourvu qu'il n'y entrât qu'avec peu de monde, que les capitaines génois ne descendissent point à terre, et qu'il promît de faire fournir des vivres à un prix raisonnable.

Cette conduite choqua extrêmement les princes et seigneurs qui accompagnaient le roi. On lui conseillait de faire attaquer le château, et de s'en rendre maître ; mais Louis, toujours guidé par la justice et par la raison, répondit qu'il n'avait pas pris la croix pour faire la guerre aux Chrétiens, mais aux infidèles.

Sur ces entrefaites le roi de Navarre, le comte de Poitiers, le comte de Flandre, et un grand nombre d'autres croisés entrèrent dans le port. Dès le lendemain de leur arrivée, le roi tint conseil pour délibérer sur le lieu où l'on porterait la guerre, ou plutôt pour leur faire agréer le dessein qu'il avait conçu.

Quand on partit d'Aiguemortes, on ne doutait point que ce ne fût pour aller en Egypte ou en Palestine ; mais l'intention du roi n'était pas d'y porter premièrement la guerre. On fut fort surpris dans le conseil, lorsque le roi déclara que son dessein était d'aller à Tunis, sur les côtes d'Afrique.

« Quel rapport y avait-il entre la situation de quelques métifs sur les côtes de Syrie, et le voyage du monarque à Tunis? C'est, observe un de nos écrivains,[77] que Charles d'Anjou, roi

---

[77] Voltaire, dans son *Essai sur l'Histoire générale*.

ambitieux, cruel, intéressé, faisait servir la simplicité du roi son frère à ses desseins. Il prétendait que cette couronne lui devait quelques années de tribut ; il voulait conquérir tout ce pays, et saint Louis, disait-on, espérait d'en convertir le roi. »

On a de la peine à concevoir comment cet auteur, avec autant d'esprit qu'il en a, marque si peu de jugement. Est-il possible qu'il ait la hardiesse de traiter saint Louis d'homme borné, dont le frère employait la simplicité à la réussite de ses ambitieux desseins ? S'il avait consulté tous les historiens qui ont parlé de Louis, ils lui auraient dit qu'il était le plus grand prince qui eût porté la couronne de la monarchie française ; ils lui auraient dit que c'était l'homme le plus religieux, le plus sage, le plus juste et le plus prudent de son royaume ; ils lui auraient appris qu'il était l'homme de son temps le plus brave et le plus courageux sans témérité ; ils lui auraient dit qu'il était craint, aimé et respecté par tous les potentats de l'Europe, qui le choisissaient pour arbitre dans leurs différends ; ils lui auraient dit qu'excepté quelques guerres qu'il avait eu à soutenir dans le commencement de son règne, pour faire rentrer dans le devoir quelques vassaux indociles, il fit régner dans la France une solide paix, qui ne souffrit depuis aucune altération, et que les peuples, sous son gouvernement, ont joui de la plus grande félicité. Est-ce là le caractère d'un prince simple, qui se laisse gouverner par son frère ?

Quand cet auteur demandera d'un ton ironique sur quel fondement nos historiens disent que saint Louis espérait convertir le roi de Tunis, on le renverra aux auteurs contemporains, guides toujours nécessaires aux modernes qui ne veulent point substituer à la vérité des traits brillans, frivoles et satiriques. Qu'il lise Guillaume de Nangis, historien dont on n'a point encore soupçonné la fidélité. Qu'il consulte Geoffroy de Beaulieu, confesseur de saint Louis, qui l'a accompagné dans sa dernière croisade, et qui l'a assisté à l'article de la mort. Il apprendra de ces écrivains, quelles étaient les vertus et les sentimens de ce grand roi.

Mais, pour parler dignement d'un si saint homme, il faut porter dans le coeur des sentimens nobles et relevés, conduits par la véritable religion, et ne pas être de la secte des matérialistes de notre siècle, qui, n'espérant aucune récompense des bonnes actions y et ne craignant aucune punition de leurs crimes, ne cherchent qu'à inspirer du mépris pour la religion, afin de se livrer à toutes leurs passions.

Pour revenir au conseil que notre saint roi tenait pour délibérer sur la résolution que l'on prendrait, les avis se trouvèrent partagés. Les uns voulaient qu'on allât a Ptolémaïs, ou Saint-Jean-d'Acre : c'était la seule place forte qui restait aux chrétiens dans la Palestine, et le soudan d'Egypte menaçait de venir l'assiéger. L'armée française, disait-on, y trouverait, avec toutes sortes de rafraîchissemens, les vieilles troupes des croisés orientaux, aguerris depuis long-temps, et d'autant plus braves qu'ils se voyaient réduits à la dernière extrémité. Les autres soutenaient qu'il fallait aller à la source du mal, aller droit en Egypte, tâcher de se rendre maîtres de Damiette. Le troisième avis était de marcher droit à Tunis, royaume mahométan, établi sur les côtes d'Afrique. Comme c'était l'avis du roi, il prévalut. Guillaume de Nangis et Geoffroy de Beaulieu nous apprennent les raisons qui avaient déterminé le saint roi à prendre ce parti.

Un roi de Tunis, nommé, selon quelques-uns, Muley-Mostança, selon quelques autres, Omar, entretenait un commerce d'amitié assez régulier avec le monarque français ; il lui envoyait souvent des présens : il lui laissait enfin espérer qu'il embrasserait la religion chrétienne, s'il le pouvait, avec honneur et sans trop s'exposer. On ne peut assez exprimer la joie que ressentait Louis, au récit de ces pieuses dispositions. « Oh! si j'avais la consolation, s'écriait-il quelquefois, de me voir le parrain d'un roi mahométan! » Ce n'était point un de ces souhaits oisifs d'une spéculation stérile ; il était sans cesse occupé des moyens de faciliter au Sarrasin l'exécution d'un dessein si louable. On le vit une fois, sous prétexte de visiter ses frontières, faire un voyage jusqu'à Narbonne, pour traiter de cette affaire avec des envoyés secrets du roi de Tunis. Il crut donc qu'en faisant une descente dans les états du prétendu prosélyte, il lui fournirait l'occasion la plus favorable pour se déclarer. S'il se convertissait au christianisme, on acquérait un beau royaume à l'Eglise ; s'il persistait dans l'erreur qu'il feignait d'abjurer, on attaquait sa capitale, ville peu fortifiée, où l'on établirait une colonie de chrétiens. On lui représentait d'ailleurs que cette conquête priverait d'une grande ressource le soudan d'Egypte, qui tirait de ce pays ce qu'il y avait de mieux en chevaux, en armes, même en soldats ; que ce serait lui couper la communication avec les Sarrasins de Maroc et d'Espagne, dont il tirait de grands secours ; que c'était en un mot le seul moyen de rendre la mer libre aux croisés, tant pour leurs recrues que pour leurs vivres, les plus grands obstacles qu'ils eussent essuyés jusqu'alors.

Tels furent, au rapport de deux historiens qui racontent ce qu'ils ont vu, non ce qu'ils ont imaginé, les véritables motifs qui déterminèrent l'expédition d'Afrique. Il n'est question dans ce récit, ni des intrigues de Charles d'Anjou qui abusa de la crédulité du roi pour conquérir une couronne, ni de la simplicité de Louis qui fit servir ses troupes à l'ambition de son frère, comme le rapporte faussement l'écrivain que nous avons cité, qui aurait dû parler plus respectueusement du plus grand roi de la monarchie française.

La résolution ayant été prise de porter la guerre en Afrique, on se préparait à se rembarquer, lorsque le roi de Navarre, le comte de Poitiers, le comte de Flandre, et un grand nombre de croisés, entrèrent dans le port. On tint le lendemain un conseil de guerre, où le roi déclara sa résolution d'aller à Tunis. On remit aussitôt à la voile, et le troisième jour on reconnut la terre d'Afrique.

Tunis, située sur la côte de Barbarie, entre Alger et Tripoli, autrefois capitale d'un royaume, sous le nom de Tynis ou Tynissa, aujourd'hui chef-lieu d'une république de corsaires, sous la protection plutôt que sous la domination du grand-seigneur, était alors une ville puissante, assez bien fortifiée, pleine de riches marchands, où se faisait tout le commerce de la mer Méditerranée. A quelque distance de là, vers l'occident, on voyait la fameuse Carthage, qui, ruinée d'abord par les Romains, ensuite par les Vandales et par les Arabes, subsistait encore, mais sans aucune marque de son ancienne grandeur. Ce n'était du temps de Louis qu'une très-petite ville, sans autre défense qu'un château assez fort ; ce n'est de nos jours qu'un amas de ruines, connu parmi les Africains sous le nom de Bersak, avec une tour dite Almenare, ou la Rocca de Mastinacés.

La flotte arriva à quelques milles de cet endroit célèbre, vis-à-vis d'un golfe qu'on appelait alors le port de Tunis. On y vit de loin deux vaisseaux, quelques barques, et beaucoup de peuple fuyant vers les montagnes. Aussitôt, Florent de Varennes, qui faisait les fonctions d'amiral, fut détaché avec quelques galères, pour aller reconnaître les lieux : c'était un guerrier ardent, intrépide ; il fit plus qu'on ne lui avait commandé. Voyant que personne ne paraissait, il s'empara du port, se rendit maître de tous les bâtimens qui s'y étaient retirés, prit terre sans la moindre difficulté, et manda au roi qu'il n'y avait point de temps à perdre, qu'il fallait faire la descente, que les ennemis consternés ne songeaient pas même à s'y opposer.

Le sage monarque, qui appréhendait une surprise, craignit que l'amiral ne se fût trop engagé, le blâma d'avoir passé ses ordres, et ne voulut pas aller si vite ; il fit assembler le conseil de guerre, où les opinions furent partagées. Toute la jeunesse était d'avis qu'il fallait donner, et profiter de cet avantage ; mais les plus sages représentèrent qu'il n'y avait rien de prêt pour le débarquement, qu'on ne pouvait le faire qu'en désordre et avec confusion ; que la retraite des Sarrasins était sans doute un stratagème pour surprendre, pendant la nuit, les troupes qu'on aurait mises à terre ; qu'il valait mieux le remettre au jour suivant, et marcher en ordre comme on avait fait à Damiette.

Ce dernier sentiment l'emporta ; Varennes fut rappelé. On employa le reste de la journée à disposer la descente pour le lendemain. Le jour paraissait à peine, qu'on vit le port et tous les environs couverts de Sarrasins, cavalerie et infanterie. Les Français n'en parurent que plus animés ; tous se jetèrent dans les barques avec de grands cris de joie ; tous abordèrent les armes à la main, mais personne n'eut occasion de s'en servir ; toute cette multitude de Barbares se mit à fuir sans faire la moindre résistance. Bientôt on fut maître de l'isthme, qui avait une lieue de long et un quart de lieue de large. Les Français dressèrent ensuite leurs tentes sur le terrain dont ils venaient de s'emparer. Ils espéraient y trouver des rafraîchissemens ; mais il n'y avait point d'eau douce : incommodité bien grande en tout climat, plus terrible encore dans une région brûlante telle que l'Afrique. Il fallut cependant la supporter le reste de la journée et la nuit suivante. Le lendemain, des fourrageurs découvrirent à l'extrémité de l'isthme, du côté de Carthage, quelques citernes qui étaient défendues par une tour assez forte, où il y avait une nombreuse garnison de Sarrasins. L'ardeur de la soif fit oublier aux Français le danger ; ils coururent à ces eaux en désordre et sans armes, mais ils y furent enveloppés et presque tous assommés. On y envoya un détachement de quelques bataillons, qui repoussèrent l'ennemi et s'emparèrent de la forteresse ; mais peu de temps après ; les Barbares reparurent en plus grand nombre. Ils allaient brûler les croisés dans leur nouvelle citadelle, si le roi n'y eût envoyé dés troupes d'élite, sous la conduite des maréchaux Raoul d'Estrées et Lancelot de Saint-Maard. Alors tout changea : les infidèles, épouvantés, abandonnèrent le fort, qui demeura en la possession des Français. On jugea néanmoins à propos d'en retirer la garnison : c'était un poste peu sûr, qui pouvait être aisément enlevé ; d'ailleurs, les citernes furent bientôt épuisées.

Deux jours après, l'armée se mit en marche, et s'approcha de Carthage, dont il était important de s'emparer avant que d'assiéger Tunis. On trouva les environs de cette place fort agréables ; des vallées, des bois, des fontaines, et tout ce que l'on pouvait souhaiter pour le besoin et pour le plaisir. La ville n'était point fortifiée, mais il y avait un bon château, que les infidèles paraissaient vouloir défendre. On préparait déjà les machines de guerre pour l'attaquer dans les formes, lorsque les mariniers vinrent offrir au roi de l'emporter d'assaut, s'il voulait leur donner quelques arbalétriers pour les soutenir. L'offre fut acceptée ; les braves aventuriers, secondés des brigades de Carcassonne, de Châlons-sur-Marne, de Périgord et de Beaucaire, s'avancent fièrement vers la citadelle, plantent leurs échelles contre les murailles, montent sur les remparts, et y placent l'étendard royal. Les soldats les suivent avec cette impétuosité qu'un premier succès inspire aux Français : tout ce qu'ils trouvent de Sarrasins est passé au fil de l'épée.

Louis cependant, à la tête d'une partie de l'armée, observait les mouvemens des ennemis, qui paraissaient en armes sur toutes les montagnes voisines, et qui n'osèrent toutefois rien tenter pour défendre une place, dont la conquête, selon l'opinion des Africains, entraînait celle de tout le pays ; opinion mal fondée, ainsi que l'expérience l'a démontré. Carthage fut prise en même temps que le château, et ses vainqueurs ne purent entamer le reste du royaume. On la nettoya : le roi y établit des hôpitaux pour les malades, et les princesses brus,[78] (*a*) fille, (*b*) belle-soeur, (*c*) et nièce (*d*) du monarque, y allèrent demeurer pour être plus commodément.

Le roi de Tunis, outré de cette perte, ne garda plus de mesures. Il avait envoyé déclarer à l'armée française que si elle venait assiéger sa ville, il ferait massacrer tous les chrétiens qui étaient dans ses états. On lui avait répondu que, s'il faisait la guerre en barbare, on le traiterait de même. Cette fierté l'épouvanta, mais ne lui abattit point le courage. Il manda au monarque français, que dans peu il le viendrait chercher à la tête de cent mille hommes : étrange manière, sans doute, de se préparer à demander le baptême ! Mais déjà les croisés étaient détrompés sur l'espérance qu'on avait conçue de la conversion de ce prince. On avait appris par deux esclaves qui étaient venus se rendre, qu'il avait fait arrêter tous les marchands qui faisaient profession du christianisme, résolu de leur faire couper la tête si les Français paraissaient à la vue de Tunis. On voyait d'ailleurs, par expérience, qu'il n'y avait point de ruse dont il ne s'avisât pour fatiguer l'armée ; il ne cessait de faire donner l'alarme au camp ; ses troupes rôdaient continuellement dans les environs : oser en sortir, c'était s'exposer à une mort certaine.

Un jour que Jean d'Acre, grand bouteiller de France, commandait la garde la plus avancée, trois Sarrasins de bonne mine l'abordèrent la lance basse, lui baisèrent

---

[78] (*a*) Isabelle d'Aragon, épouse de Philippe-le-Hardi ; Jolande de Bourgogne, comtesse de Nevers, femme de Jean de France, surnommé Tristan ; Jeanne de Châtillon, comtesse de Blois, qui accompagnait son mari Pierre de France, comte d'Alençon ; (*b*) Isabelle de France, reine de Navarre ; (*c*) Jeanne de Toulouse, femme d'Alphonse, comte de Poitiers ; (*d*) Amicie de Courtenay, femme de Robert II, comte d'Artois.

respectueusement les mains, et lui donnèrent à entendre par leurs signes qu'ils voulaient être chrétiens, et recevoir le baptême. On en porta aussitôt la nouvelle au roi, qui ordonna de les traiter avec bonté, mais en même temps de les garder à vue. Une heure après, cent autres Sarrasins, bien armés, vinrent aussi se rendre avec les mêmes démonstrations. Les croisés les reçurent comme leurs frères ; mais ces traîtres, voyant qu'on ne se défiait point d'eux, mirent le sabre à la main, et chargèrent les premiers venus. Ils étaient soutenus par une autre troupe qui parut tout-à-coup, et fondirent avec fureur sur le tranquille bouteiller. On cria aux armes ; tout le camp s'émut : il n'était plus temps ; déjà les perfides avaient tué plus de soixante hommes, et s'étaient retirés. Le malheureux Jean d'Acre, piqué d'une pareille trahison, méditait de s'en venger sur les trois Sarrasins qu'il avait en sa garde : il courut à sa tente, résolu d'en faire justice. Ils se jetèrent à ses pieds en pleurant : « Seigneur, lui dit le plus apparent des trois, je commande deux mille cinq cents hommes, au service du roi de Tunis ; un autre capitaine comme moi, homme jaloux de mon élévation, a cru me perdre en vous faisant une trahison : je n'y ai aucune part. Si vous voulez relâcher l'un de nous pour aller avertir mes soldats, je vous promets sur ma tête, qu'il en amenera plus de deux mille, qui se feront chrétiens, et qui vous apporteront toutes sortes de rafraîchissemens. » Le roi, informé de la chose, réfléchit quelques momens, et dit ensuite « Qu'on les laisse aller sans leur faire de mal. Je crois que ce sont des perfides qui nous trompent : mais il vaut mieux s'exposer au risque de sauver des coupables, que de faire périr des innocens. » Le connétable fut chargé de les conduire hors du camp. Ils avaient promis de revenir ; on n'en entendit point parler depuis.

Quelque importante que fût la prise de Carthage, elle n'assurait point celle de Tunis, ville très-fortifiée pour ce temps-là, défendue d'ailleurs par une armée considérable. Ce n'était pas ce qu'on avait promis au roi lorsqu'il était encore en France ; il vit bien qu'il fallait se tenir sur la défensive, en attendant le roi de Sicile, qui, au rapport d'Olivier de Termes, devait arriver incessamment. Ainsi, son premier soin fut de mettre son camp à l'abri des fréquentes alarmes que lui donnaient les Africains : il le fit environner de fossés et de palissades. Les travaux étaient à peine commencés, que toute la campagne parut couverte de soldats. Ils semblaient vouloir engager une action générale ; le roi mit ses troupes en bataille, prêtes à les bien recevoir. Mais tout se passa en escarmouches, où plusieurs infidèles furent tués. On ne perdit du côté des Français qu'un chevalier, nommé Jean de Roselières, et le châtelain de Beaucaire. Les barbares, épouvantés de la fière contenance des croisés, se retirèrent en désordre. Louis, qui avait promis à son frère de ne rien entreprendre sans lui, ne les poursuivit pas.

Bientôt cependant les chaleurs excessives, l'air même que l'on respirait, imprégné d'un sable brûlant, que les Sarrasins élevaient avec des machines, et que les vents poussaient sur les chrétiens ; sable si fort pulvérisé, qu'il entrait dans le corps avec la respiration, et desséchait les poumons ; les mauvaises eaux, les vivres plus mauvais encore, peut-être aussi le chagrin de se voir comme enfermés, infectèrent le camp de fièvres malignes et de dyssenteries : maladies si violentes, qu'en peu de jours l'armée fut prodigieusement diminuée.

Déjà plusieurs grands seigneurs étaient morts. On comptait parmi les principaux les comtes de Vendôme, de la Marche, de Viane, Gauthier de Nemours, Montmorency, Fiennes, Brissac, Saint-Briçon, Guy d'Apremont, et Raoul, frère du comte de Soissons. Le prince Philippe, fils du roi, et le roi de Navarre, frappés du même mal, eurent le bonheur d'échapper à la contagion. Mais le comte de Nevers, Jean, dit Tristan, ce fils si chéri de Louis, et si digne de l'être par la bonté de son caractère, par l'innocence de ses moeurs, et par un discernement qui surpassait de beaucoup son âge, fut une des premières victimes de cette cruelle peste : le cardinal-légat le suivit de près. Le saint monarque en fut lui-même attaqué, et sentit dès les premiers jours que l'atteinte était mortelle. Jamais il ne parut plus grand que dans ces derniers momens : il n'en interrompit aucune des fonctions de la royauté. Il donna toujours ses ordres pour la sûreté et le soulagement de son armée, avec autant de présence d'esprit, que s'il eût été en parfaite santé. Plus attentif aux maux des autres qu'aux siens propres, il n'épargna rien pour leur soulagement ; mais il succomba, et fut obligé de garder le lit.

Philippe son fils aîné, quoique fort abattu par une fièvre quarte dont il était attaqué, était toujours auprès du roi son père. Louis l'aimait ; il le regardait comme son successeur : il ramassa toutes ses forces pour lui donner cette belle instruction que tous les auteurs anciens et modernes ont jugée digne de passer à la postérité la plus reculée. Elle ne contient que ce qu'il avait toujours pratiqué lui-même. On assure, dit le sire de Joinville, qu'il avait écrit ces enseignemens de sa propre main avant qu'il tombât malade : il les avait composés afin de donner à son successeur un modèle de la conduite qu'il devait tenir, lorsqu'il serait monté sur le trône. Louis fit faire la lecture de ces instructions en présence du prince son fils et de tous les assistans. C'est un extrait de ses propres sentimens, et des maximes qu'il avait suivies toute sa vie, dont voici les principaux articles.[79]

« Beau fils, la première chose que je te commande à garder, est d'aimer Dieu de tout ton coeur, et de désirer plutôt souffrir toutes manières de tourmens, que de pécher mortellement. Si Dieu t'envoye adversité, souffre-le en bonne grace, et penses que tu l'as bien desservi (mérité). S'il

---

[79] Joinville, p. 126. Mesn. p. 308. Nangis, p. 391. Gaufrid. De Ball. Loc. p. 449.

te donne prospérité, n'en sois pas pire par orgueil ; car on ne doit pas guerroyer Dieu de ses dons. Vas souvent à confesse ; surtout élis un confesseur idoine et prud'homme (habile), qui puisse t'enseigner sûrement ce que tu dois faire ou éviter ; ferme, qui ose te reprendre de ton mal, et te montrer tes défauts. Ecoutes le service de l'Eglise, dévotement, de coeur et de bouche, sans bourder ni truffer avec autrui (sans causer ni regarder çà et là). Ecoutes volontiers les sermons en appert et en privé (en public et en particulier). Aimes tout bien, hais toute prévarication en quoi que ce soit. »

Louis était lui-même le modèle de ce qu'il prescrivait. Tout dévoué à Dieu dès sa plus tendre enfance, il n'oublia jamais l'enseignement de la reine sa mère : *Qu'il valait mieux mourir mille fois, que d'encourir la disgrace de l'Etre-Suprême par un péché mortel.* Il regardait l'adversité comme un châtiment, ou comme une épreuve qui pouvait apporter un grand profit. Il envisageait la prospérité comme un nouveau motif de redoubler de ferveur envers l'Auteur de tout bien. Aussi constant dans les fers en Egypte, que modeste après la bataille de Taillebourg, on le voyait, à la tête des armées, avec la contenance d'un héros, affronter les plus grands périls, et on l'admirait aux pieds des autels dans la plus grande humilité et le plus grand recueillement.

Le choix des amis, objet important pour un prince, occupe aussi une grande partie de l'attention du saint roi. Il exhorte ce cher fils à ne donner sa confiance qu'à ceux dont la vertu et le désintéressement forment le caractère, et à exclure de sa familiarité tout homme capable ou de médire d'autrui, « derrière ou devant par détraction, ou de proférer aucune parole qui soit commencement d'émouvoir à péché, ou de dire aucune vilenie de Dieu, de sa digne mère, de saints ou de saintes ; enfin a bannir de sa présence ces courtisans *pleins de convoitise*, vils flatteurs, toujours occupés à déguiser la vérité, qui doit être la principale règle des rois.

« Enquiers-toi d'elle, beau cher fils, sans tourner ni à dextre ni à senestre : sois toujours pour elle en contre-toi. Ainsi jugeront tes conseillers plus hardiment selon droiture et selon justice. Veille sur tes baillifs, prévôts et autres juges, et t'informe souvent d'eux, afin que s'il y a chose à reprendre en eux, tu le fasses. Que ton coeur soit doux et piteux aux pauvres : fais leur droit comme aux riches. A tes serviteurs soit loyal, libéral et roide en parole, à ce qu'ils te craignent et aiment comme leur maître. Protége, aime, honore toutes gens d'église, et garde bien qu'on ne leur *tollisse* (enlève) leurs revenus, dons et aumônes, que les anciens et devanciers leur ont laissés. N'oublie jamais le mot du roi Philippe, mon ayeul, qui, pressé de réprimer les torts et les forfaits, répondit : » *Quand je regarde les honneurs et les courtoisies que Dieu m'a faites, je pense qu'il vaut mieux laisser mon droit aller, qu'à sainte Eglise susciter contens* (procès).

Louis pouvait se donner lui-même pour exemple ; mais le propre de la modestie est de s'ignorer soi-même. Toujours en garde contre le vice, il ne donna sa confiance qu'à la probité, son estime qu'à la vertu, son coeur qu'à la vérité. Les pauvres le regardaient comme leur père ; ses domestiques le servaient comme un généreux bienfaiteur qui méritait tout leur attachement.

Philippe était destiné à régner sur les Français : Louis songeait surtout à le rendre digne de cette couronne. Il lui recommanda d'aimer ses sujets comme ses enfans, de les protéger comme ses amis, de leur faire justice comme à ses *fidèles*. « Garde-toi, beau cher fils, de trop grandes convoitises ; ne boute pas sur tes peuples trop grandes tailles ni subsides, si ce n'est par nécessité pour ton royaume défendre : alors même travaille tôt à procurer que la dépense de ta maison soit raisonnable et selon mesure. Observe les bonnes anciennes coutumes, corrige les mauvaises. Regarde avec diligence comment tes gens vivent en paix dessous toi, par espécial ès bonnes villes et cités. Maintiens les franchises et libertés, esquelles tes anciens les ont gardées : plus elles seront riches et puissantes, plus tes ennemis et adversaires douteront de t'assaillir. Que ton premier soin soit d'éviter d'émouvoir guerre contre homme chrétien, sans grand conseil (qu'après une mûre délibération), et qu'autrement tu n'y puisses obvier. Si nécessité y a, garde les gens d'église, et ceux qui en rien ne t'auront méfait, qui n'auront de part à la guerre que par leur malheur. »

Toute la conduite de Louis était une preuve de sa morale. Il regardait son royaume comme une grande et nombreuse famille, dont il était le chef, moins pour la gouverner en maître, que pour en être le père et le bienfaiteur. Quelques guerres qu'il eût à soutenir, on ne le voyait point charger son peuple d'impôts. Il n'avait recours aux subsides qu'après avoir commencé par retrancher la dépense de sa maison. Il savait si bien ménager les revenus publics, dit un auteur qui écrivait au commencement du dix-septième siècle,[80] qu'il y en avait assez pour son train et ses grandes affaires, pour donner aux pauvres veuves ; pour nourrir les orphelins, pour marier les filles indigentes, pour procurer aux malades les secours nécessaires, pour élever des temples au Seigneur.

Son premier soin était que Dieu fût craint et honoré, son peuple maintenu en paix, sans être foulé ni opprimé ; la justice administrée sans faveur ni corruption, les emplois et les honneurs dispensés au mérite, non à la brigue. Peu content d'avoir travaillé toute sa vie à la félicité de la France, il ne souhaitait rien avec plus d'ardeur que de laisser un fils qui en fût, comme lui, l'amour et les délices.

Louis finit l'instruction qu'il adresse à son fils, par ces tendres paroles : « Je te supplie, mon cher enfant, qu'en ma

---

[80] Aubert, *Histoire de France*.

fin tu ayes de moi souvenance, et de ma pauvre ame, et me secours par messes, oraisons, prières, aumônes et bienfaits par-tout ton royaume. Je te donne toutes les bénédictions qu'un bon père et preux peut donner à son cher fils. »

J'ajouterai à cet éloge, dont j'ai pris la plus grande partie dans la belle Histoire de France de M. l'abbé Velly, une esquisse du portrait que le célèbre père Daniel a fait de ce saint roi.

Le respect, dit cet auteur, la vénération et l'admiration que les sujets de Louis avaient pour ce prince étaient l'effet d'une vertu et d'une sainteté qui ne se démentirent jamais : plus modeste et plus recueilli aux pieds des autels que le plus fervent solitaire, on le voyait, un moment après, à la tête d'une armée, avec la contenance d'un héros, donner des batailles, essuyer les plus grandes fatigues, affronter les plus grands périls. La prière, à laquelle il consacrait plusieurs heures du jour, ne diminuait en rien le soin qu'il devait à son état. Il tenait exactement ses conseils, donnait des audiences publiques et particulières, qu'il accordait aux plus petites gens, jusqu'à vider quelquefois des proces de particuliers, assis sous un arbre, au bois de Vincennes, prenant, en ces occasions, pour assesseurs les plus grands seigneurs de sa cour, qui se trouvaient alors auprès de lui. Plusieurs ordonnances qui nous restent de ce prince sur diverses matières importantes, et pour le règlement de la justice, une espèce de code, publié par le savant M. du Cange,[81] intitulé : *Les établissemens de saint Louis, roi de France, selon l'usage de Paris et d'Orléans et la cour de Baronie,* sont des monumens qui nous marquent l'application qu'il avait au règlement de son royaume ; et c'est un grand éloge pour ce prince, que, sous les règnes de plusieurs de ses successeurs, la noblesse et les peuples, quelquefois mécontens du gouvernement, ne

---

[81] Trésor des Chartres, registre côté 55.

demandaient rien autre chose, sinon, *qu'on en réformât les abus, suivant les usages observés sous le règne de ce saint roi.*

Quelque austère qu'il fût pour lui-même, jusqu'a s'interdire presque tous les divertissemens, sa vertu ne fut jamais une vertu chagrine. Il était extrêmement humain et fort agréable dans la conversation. Sa taille médiocre ne lui donnait pas un air fort majestueux, mais ses seules manières le faisaient aimer de ceux qui l'approchaient. Il était naturellement bienfaisant, et sa libéralité parut surtout dans les guerres d'outre-mer, envers plusieurs seigneurs et gentilshommes qui avaient perdu tous leurs équipages, et à qui il donna de quoi les rétablir.

Sa douceur naturelle, sa modestie dans ses habits et dans ses équipages, surtout depuis qu'il eut pris la croix, l'humilité chrétienne en laquelle il s'exerçait plus qu'en aucune autre vertu, et qu'il pratiquait surtout envers les pauvres, en les servant souvent à table, en leur lavant les pieds, en les visitant dans les hôpitaux ; toutes ces vertus qui, lorsqu'elles sont accompagnées de certains défauts, attirent quelquefois du mépris aux grands qui les pratiquent, ne firent jamais de tort à son autorité, et il est marqué expressément dans son histoire, que, depuis son retour de la Terre-Sainte, on ne vit jamais en France plus de soumission pour le souverain, et qu'elle continua durant tout le reste de son règne.

Selon le témoignage du sire de Joinville,[82] ce prince était le plus sage et la meilleure tête de son conseil. Dans les affaires subites, il prenait aisément et prudemment son parti. Il s'était acquis une si grande réputation de droiture, que les autres princes lui mettaient souvent leurs intérêts entre les mains dans les différends qu'ils avaient ensemble, et souscrivaient à

---

[82] Mémoires de Joinville, p. 119.

ses decisions. Jamais on ne le vit s'emporter, ni dire une parole capable de choquer personne. Tout guerrier qu'il était, il ne fit jamais la guerre quand il put faire ou entretenir la paix sans porter un préjudice notable à son royaume. Il ne tint qu'à lui de profiter des brouilleries de l'Angleterre, pour enlever à cette couronne tout ce qu'elle possédait en France. Ceux qui envisageaient les choses dans des vues purement politiques, l'en blâmèrent ; mais son unique règle était sa conscience. Il contribua au contraire de tout son pouvoir à réunir Henri III, roi d'Angleterre, avec ses sujets ; et ce prince avait coutume, pour cette raison, de l'appeler son père. Il n'y a qu'à se rappeler toute la suite de son histoire pour être persuadé qu'il était non-seulement le prince le plus vaillant de son temps, mais encore qui entendait le mieux la guerre : car, quoique ses deux croisades lui aient mal réussi, il est certain que, dans toutes les actions particulières qui s'y passèrent, il battit toujours ses ennemis, quoique supérieurs en troupes ; et il combattit avec le même succès, malgré un pareil désavantage, à la bataille de Taillebourg. Mais, après tout, entre tant de belles qualités qui rendent ce prince recommandable, la piété fut dominante. Il en était redevable, après Dieu, à l'éducation sage et chrétienne que lui donna la reine Blanche, sa mère. Toute la conduite de sa vie fut animée par cet esprit de piété : une infinité d'hôpitaux, d'églises, de monastères, furent fondés ou rétablis par ses libéralités. Le détail que Geoffroy de Beaulieu, religieux dominicain, son confesseur, fait des pénitences, des sentimens et des bonnes oeuvres de ce saint prince, l'idée qu'on avait de lui, comme d'un saint pendant sa vie, sa canonisation, fondée sur la voix du peuple et sur plusieurs miracles bien attestés, faits après sa mort, montrent en effet qu'il était encore plus distingué par sa sainteté que par ses autres grandes qualités.

Cependant la violence de la maladie augmentait. Louis, après avoir donné au princé son fils les belles instructions que nous avons rapportées, sentant que les forces commençaient à lui manquer, demanda l'extrême-onction ; et, pendant toute la cérémonie, il répondit à toutes les prières de l'Eglise, avec une ferveur qui faisait verser des larmes à tous les assistans. Ensuite il demanda le saint viatique, que, malgré sa faiblesse, il réçut à genoux aux pieds de son lit, avec les sentimens de la plus vive foi.

Depuis ce moment, il ne fut plus occupé que des choses de Dieu. On l'entendait tantôt former les souhaits les plus ardens pour la conversion des infidèles, tantôt réclamer la protection des Saints auxquels il avait plus de dévotion. Quand il se sentit près de sa fin, il se fit étendre sur un lit de cendres, où, les bras croisés sur la poitrine, les yeux au ciel, il expira sur les trois heures après midi, le vingt-cinquième jour d'août, en prononçant distinctement ces belles paroles du Psalmiste : *Seigneur, j'entrerai dans votre maison, je vous adorerai dans votre saint temple, et je glorifierai votre nom.*

Ainsi mourut, dans la cinquante-sixième année de son âge, et la quarante-quatrième de son règne, Louis neuvième du nom. « Le meilleur des rois, dit Joinville, qui si saintement a vécu et fait tant de beaux faits envers Dieu, le prince le plus saint et le plus juste qui ait porté la couronne, dont la foi étoit si grande qu'on auroit pensé qu'il voyoit plutôt les mystères divins qu'il ne les croyoit, le modèle enfin le plus accompli que l'histoire fournisse aux souverains qui veulent régner selon Dieu et pour le bieu de leurs sujets. » On a dit de lui, et c'est le comble de son éloge, qu'il eut tout ensemble les sentimens d'un vrai gentilhomme, la piété du plus humble des chrétiens, les qualités d'un grand roi, les vertus d'un grand saint ; j'ajouterai, et toutes les lumières du plus sage législateur.

La mort de Louis répandit la consternation dans l'armée chrétienne. Les soldats le pleuraient comme un tendre père ; la noblesse, comme un digne chef ; les gens de bien, comme le gardien et le soutien des lois ; les évêques, comme le protecteur et le défenseur de la religion ; tous les Français en général, comme le plus grand roi qui eût régné sur la nation. On admirait les secrets de cette Providence impénetrable, qui avait voulu le sanctifier dans ses souffrances : tous s'entretenaient des grandes qualités et des vertus du saint monarque. On le voyait, dans sa tente, étendu sur la cendre : sa bouche était encore vermeille, son teint frais ; on eût dit qu'il ne faisait que sommeiller.

Il venait d'expirer, lorsqu'on entendit les trompettes des croisés siciliens. Charles arrivait avec de belles troupes et toutes sortes de rafraîchissemens. Surpris que personne ne vienne au-devant de lui, il soupçonne quelque malheur. Il descend à terre, laissant son armée sous la conduite de ses lieutenans ; il monte à cheval, pousse à toute bride vers le camp, et ayant mis pied a terre à la vue du pavillon royal, il y entre avec une inquiétude que tout ce qu'il voit ne fait que redoubler. Quel spectacle que celui qui s'offre à ses yeux! Il en est saisi ; ce coeur si fier, si hautain, se livre à tous les transports de la plus vive douleur. Il se prosterne aux pieds de son saint frère, et les baise en versant un torrent de larmes.

Après lui avoir donné ces dernières marques de son amitié, il s'occupe à lui faire rendre les derniers devoirs. On ignorait alors l'art d'embaumer les corps. On fit bouillir celui du saint roi dans du vin et de l'eau, avec des herbes aromatiques. Charles, par ses instantes prières, obtint du roi, son neveu, la chair et les entrailles de Louis, qu'il envoya à l'abbaye de Montréal près de Palerme, lieu que ces précieuses reliques ont rendu si fameux dans la suite, par les mircles sans nombre qu'elles ont opérés. Le coeur et les os furent mis dans un cercueil, pour être transportés à l'abbaye de St-Denis, où le pieux monarque avait choisi sa sépulture. Déjà Geoffroy de Beaulieu, son confesseur, chargé de les conduire en France avec quelques seigneurs de la première qualité, se préparait à mettre à la voile, lorsque toute l'armée s'y opposa, protestant qu'elle ne consentirait jamais à se voir privée d'un trésor, dont la possession était le salut commun. Philippe, encore plus rempli de confiance aux mérités du feu roi son père, se rendit avec plaisir aux voeux de ses sujets. Beaulieu partit avec Guillaume de Chartres, dominicain, et Jean de Mons, cordelier d'une grande piété, tous trois fort chers au feu roi ; mais sans autres ordres de la part du nouveau souverain, que de rendre diverses lettres aux régens, pour les confirmer dans leur autorité, et les exhorter à maintenir la paix et la justice dans le royaume ; aux évêques, pour leur recommander de faire prier Dieu pour son illustre père ; aux commissaires préposés à la collation des bénéfices en régale, pour leur enjoindre de se conformer aux instructions de son prédécesseur ; à tous ses sujets en général, pour leur ordonner d'obéir à ses lieutenans, et de leur prêter serment de fidélité pour lui et pour ses successeurs.

Après qu'on eut rendu les honneurs funèbres au corps du saint prince, on rendit les honneurs de roi à Philippe son successeur, qui était alors dans sa vingt-sixième année. Il reçut, avec la plus grande solennité les hommages de ses vassaux. Le comte Alphonse, comme l'aîné de ses oncles, les rendit le premier, tant pour les comtés de Poitiers et d'Auvergne, que pour celui de Toulouse, qu'il possédait du chef de sa femme. Le roi de Sicile le rendit ensuite pour le Maine et l'Anjou ; le roi de Navarre pour la Champagne. Les comtes d'Artois, de Dreux, de Bretagne, de Saint-Paul, les évêques et tous les barons français qui se trouvaient à l'armée, en firent autant pour ceux qu'ils tenaient du monarque.

On délibéra cependant sur la conduite à tenir pour poursuivre l'entreprise projetée par le feu roi. Les Sarrasins, encouragés par la nouvelle de sa mort, fortifiés d'ailleurs par les troupes de plusieurs souverains, se flattaient de détruire les Français. C'étaient tous les jours de nouvelles escarmouches, où les barbares, quoique supérieurs en nombre, étaient ordinairement battus. Ils venaient au combat avec assez de fierté, et obscurcissaient l'air d'une nuée de flèches ; mais dès qu'ils trouvaient quelque résistance, ils prenaient la fuite et se sauvaient aisément par la vitesse de leurs chevaux. L'abondance était dans leur camp, où sans cesse on voyait arriver toutes sortes de munitions, par une espèce de lac qui facilitait la communication de leur armée avec la ville de Tunis. Le roi de Sicile, qui commandait en l'absence de son neveu, qu'une fièvre violente avait repris, forma le dessein de se rendre maître de cet étang. Il commanda aux mariniers d'y transporter tout ce qu'on pourrait rassembler de barques, et les troupes eurent ordre d'être sous les armes avant le lever du soleil. Les infidèles en eurent avis, sortirent de leurs retranchemens, et vinrent présenter la bataille avec des cris épouvantables. On fut obligé d'en venir aux mains avant que tout fut disposé pour le combat. Quelques aventuriers ayant à leur tête Hugues et Guy de Beaucey, deux braves chevaliers, partirent sans attendre l'ordre du comte de Soissons, qui commandait le corps de troupes dont ils faisaient partie, et allèrent attaquer les escadrons ennemis. Tout plia sous leurs efforts et prit la fuite. L'ardeur qui les emportait ne leur permit pas de penser à leur retour : ils s'abandonnèrent à la poursuite des fuyards, et lorsqu'ils furent assez éloignés pour ne pouvoir être secourus, les Sarrasins se rallièrent, les enveloppèrent et les taillèrent en pièces, après qu'ils eurent vendu chèrement leurs vies.

Le roi de Sicile arrive sur ces entrefaites, suivi du comte d'Artois, avec un corps de troupes. Ils attaquent les Sarrasins avec cette impétuosité si naturelle aux Français, les renversent et les poussent avec tant d'ardeur, qu'ils les mettent en fuite. Les uns se retirent en désordre vers les montagnes, où les vainqueurs, aveuglés par la poussière qu'on élevait avec des machines, ne peuvent les poursuivre. Les autres fuient avec précipitation vers le lac, espérant se sauver sur un grand nombre de bâtimens qu'ils y avaient laissés ; mais leurs mariniers, que la peur avait saisis, s'étaient eux-mêmes sauvés à l'autre bord. Les fuyards furent tous tués ou noyés : on fait monter la perte des barbares à cinq mille hommes, non compris les prisonniers.

Quelques jours se passèrent sans aucune action considérable. Il paraît même que le roi de Sicile, quoique vainqueur, n'avait pu se rendre maître du lac, le seul poste qui pût faciliter les approches de Tunis.

Bientôt les Sarrasins reparurent en si grand nombre, qu'ils crurent inspirer de la terreur aux croisés ; ils se trompèrent : le roi, qui se trouvait en état de combattre, fit sortir ses troupes du camp, résolu de livrer bataille. C'était ce que les Français souhaitaient le plus ardemment : pleins de mépris pour des ennemis qui n'avaient jamais osé tenir devant eux, ils s'avancèrent avec cet air fier qu'inspire le sentiment de la supériorité du courage ; mais le dessein des barbares n'était que de harceler leurs ennemis, et, s'il se pouvait, de les épouvanter par leur multitude et par d'horribles hurlemens : ils se retirèrent en bon ordre, et presque sans combat. Comme on ne voulait rien hasarder, on ne les poursuivit pas. Le roi de Sicile, désespéré de ne pouvoir réussir, imagine un stratagème qu'il communique au jeune roi de France.

Il part à la tête de sa cavalerie et de ses meilleures troupes, charge le corps des infidèles le plus proche, et prend aussitôt la fuite avec une vitesse qui marque la plus vive frayeur. Les Maures donnèrent imprudemment dans le piége, et tombèrent sur le prince sicilien, qui se battit quelque temps en retraité, jusqu'à ce qu'il les eût amenés dans un lieu d'où le reste de l'armée française pût leur couper leur retour. Alors Charles tourne bride, et fond sur eux avec beaucoup de courage. Philippe, en même temps, attaque vigoureusement ce corps séparé, et l'enferme de toutes parts. Le massacre fut grand ; il en demeura trois mille sur la place ;

le reste fut pris ou périt malheureusement, les uns noyés dans les eaux de la mer, où ils se précipitèrent pour échapper à l'épée des vainqueurs ; les autres, dans des fosses profondes, qu'ils avaient creusées, soit pour trouver des puits, soit pour y faire tomber les chrétiens, dans l'ardeur de la poursuite.

Tous ces combats, quoique favorables aux chrétiens, ne décidaient rien. Il fallait être maître du lac pour marcher à Tunis : le dessein fut donc formé de s'en emparer. On fit faire des galères plus fortes et plus légères que celles que l'on avait : on les remplit d'arbalétriers. Bientôt on remporta de grands avantages sur les infidèles, dont plusieurs vaisseaux furent pris ou coulés à fond. Un ingénieur du roi travaillait en même temps à la construction d'un château de bois qu'on devait placer sur le bord du golfe, pour écarter avec des pierres les barques ennemies. Déjà l'ouvrage avançait, lorsque les Sarrasins, ayant reçu de nouveaux secours, quittèrent encore une fois leurs retranchemens, et s'avancèrent en ordre de bataille, faisant retentir l'air de cris affreux, et d'un bruit effroyable de mille instrumens militaires. L'armée chrétienne crut qu'ils voulaient enfin en venir à une bataille décisive. On laissa le comte d'Alençon, avec les Templiers, à la garde du camp et des malades : l'oriflamme fut déployée, et les rois de France, de Sicile et de Navarre, sortirent en armes, chacun à la tête de ses troupes : ils marchaient avec moins de bruit, mais aussi avec plus de hardiesse que les Sarrasins. Jamais on n'avait vu de plus belles dispositions pour le combat ; cependant, ce fut plutôt une déroute qu'une bataille. Les barbares, repousses dès le premier choc, se renversent les uns sur les autres, jettent tous leurs armes, et cherchent leur salut dans une fuite précipitée. On les poursuivit jusqu'à leur camp, qu'ils abandonnèrent. Comme on craignait quelque embuscade, et qu'on voulait les empêcher de se rallier, Philippe fit défense aux soldats, sous les peines les plus sévères, de s'arrêter au pillage : il fut obéi. On poussa les fuyards jusqu'aux défilés des montagnes, où la prudence ne permettait pas de s'engager. Les vainqueurs revinrent ensuite sur leurs pas, pillèrent le camp, où ils trouvèrent des provisions immenses, égorgèrent, dans la première chaleur, et malades et blessés, emportèrent tout ce qui pouvait être à leur usage, et brûlèrent le reste.

Mais si les armes des croisés prospéraient, leur nombre diminuait chaque jour par les maladies qui continuaient de les désoler. Déjà elles commençaient à attaquer les troupes du roi de Sicile ; elles n'épargnaient pas même les naturels du pays : toute la contrée était infectée de la contagion.

On dit que le roi de Tunis, pour se soustraire à ce poison, se tenait ordinairement dans des cavernes souterraines, où il croyait que le mauvais air ne pouvait pénétrer. L'horreur de sa situation, la nouvelle défaite de ses troupes, la crainte de se voir assiégé dans sa capitale, tout contribuait à ses alarmes : il envoya donc proposer la paix ou une trêve.

Les conditions qu'il offrait étaient des plus avantageuses pour les deux nations. Le conseil des croisés fut néanmoins partagé sur le parti qu'on devait prendre. Les uns étaient d'avis qu'il fallait pousser vivement les Sarrasins, qui, dans les combats, ne pouvaient pas tenir contre les chrétiens, leur tuer le plus de monde que l'on pourrait, s'emparer de Tunis, leur plus fort rempart, le détruire si l'on ne pouvait le garder, et par là s'ouvrir un chemin sûr pour transporter les armées chrétiennes en Palestine.

Les autres remontraient qu'il n'était pas si facile d'exterminer une nation si nombreuse ; que les combats qu'il faudrait livrer, le siége, la disette, les maladies emporteraient sans doute beaucoup de monde ; qu'avant qu'on fut maître de la place, on se trouverait au plus fort de l'hiver, temps où la mer, devenue orageuse, empêcherait ou retarderait du moins l'arrivée des convois ; enfin, que l'objet principal de cette croisade étant de secourir les chrétiens de Syrie, on ne devait pas négliger l'occasion de se procurer, par une bonne paix, l'avantage qu'on était venu chercher jusque sur les côtes d'Afrique. Le roi de Sicile appuyait fortement cet avis, qui était aussi celui des plus grands seigneurs de l'armée. Il prévalut ; la trêve fut conclue pour dix ans.

Les conditions étaient « que le port de Tunis serait franc à l'avenir, et que les marchands ne seraient plus obligés à ces impôts immenses, dont ils avaient été surchargés par le passé. (On prenait la dixième partie des marchandises qu'ils apportaient.) Que tous les chrétiens qu'on avait arrêtés à l'approche de l'armée française, seraient remis en liberté ; qu'ils auraient le libre exercice de leur religion ; qu'ils pourraient faire bâtir des églises ; qu'on ne mettrait aucun obstacle à la conversion des mahométans ; que le roi de Tunis jurerait de payer tous les ans le tribut ordinaire au roi de Sicile ; qu'il rembourserait au monarque et aux barons français les dépenses qu'ils avaient faites depuis le commencement de la guerre (ce qui montait à deux cent mille onces d'or), dont la moitié serait payée comptant, et l'autre dans deux ans. »

On ne pouvait rien espérer de plus favorable dans les circonstances où l'on se trouvait. La multitude en murmura ; elle s'était flattée de s'enrichir par le pillage de Tunis : elle accusa hautement le prince sicilien d'avoir sacrifié l'honneur de la religion à son intérêt particulier. Charles méprisa ces clameurs. On reçut, le 1er novembre, les sermens du roi mahométan. Aussitôt toutes les hostilités cessèrent. Les Français allèrent à la ville ; les Sarrasins vinrent au camp, où l'on vit bientôt régner l'abondance ; et les maladies diminuèrent.

Le prince Edouard d'Angleterre arriva sur ces entrefaites, avec la princesse sa femme, Richard son frère, Henri d'Allemagne, son cousin, et un grand nombre de seigneurs.

On prétend qu'il désapprouva hautement la convention qu'on venait de faire, et que, pour en témoigner son mécontentement, il s'enferma dans sa tente, sans vouloir participer aux délibérations, ni au partage que l'on fit de l'argent des infidèles, sur lequel on fit une libéralité aux soldats. C'est peut-être ce qui a donné lieu à la manière emportée dont les historiens anglais parlent de ce traité.

Le roi de Tunis en ayant fidèlement exécuté les conditions, les croisés se disposèrent à se rembarquer. Lorsque tout fut prêt, le roi de Sicile, le connétable, Pierre le chambellan, et quelques autres seigneurs, se rendirent sur le rivage pour empêcher la confusion à l'embarquement, veiller à ce que chacun trouvât place, et que personne ne fût insulté par les infidèles. Deux jours entiers furent employés à cette occupation.

La flotte fut partagée en deux parties. La première, où étaient le roi et la reine de France, le roi de Navarre et son épouse, et le roi de Sicile, mit à la voile le jeudi dans l'octave de saint Martin, et les pilotes eurent ordre de faire route vers le royaume de Sicile. Le vent fut si favorable, qu'après deux jours de navigation, cette partie de la flotte entra dans le port de Trapani. L'autre partie, obligée de demeurer à la rade, faute d'avoir pris, avant son départ, toutes les provisions nécessaires, n'arriva en Sicile qu'après avoir essuyé une horrible tempête, qui fit périr plusieurs bâtimens et beaucoup de monde. Le prince Edouard d'Angleterre laissa partir les croisés avec assez d'indifférence ; et, persistant dans son premier dessein d'aller en Palestine, il se rendit à Saint-Jean-d'Acre, suivi de ses Anglais, du comte de Bretagne son beaù-frère, et de quelques seigneurs français. Le succès ne répondit point à son attente ; il ne fit que de très-médiocres exploits.

Rien n'arrêtait Philippe, roi de France, à Trapani, que sa tendresse pour Thibaut V, roi de Navarre, son beau-frère, qui s'était embarqué avec une fièvre violente, dont il mourut quinze jours après son arrivée en Sicile. Ce prince, aussi bien fait d'esprit que de corps, avait gagné par ses grandes qualités le coeur de tous les croisés. Le roi, son beau-père, l'avait toujours tendrement chéri, et, ce qui achève son éloge, il l'avait plutôt regardé comme son fils que comme son gendre : il fut généralement regretté. La reine Isabelle, sa femme, fille de saint Louis, qui l'aimait autant qu'elle en était aimée, ne lui survécut pas long-temps. Elle avait fait voeu de passer le reste de ses jours dans la viduité ; quatre mois après, elle mourut aux îles d'Hières, dans les larmes et la prière. Trapani n'étant plus pour Philippe qu'un séjour de deuil, il se rendit à Palerme, où le roi de Sicile lui fit une réception magnifique : de là il prit le chemin de Messine, et passa par la Calabre, où il eut une nouvelle affliction plus sensible que toutes les autres. La reine, sa femme, qui était enceinte, tomba de cheval en passant à gué le Savuto, rivière qui coule un peu au-dessus de Martorano. La douleur de la chute, la fatigue du voyage, peut-être aussi la frayeur, plus dangereuse encore dans les circonstances où elle se trouvait, lui firent faire une fausse couche, dont elle mourut à Cozenza, laissant par le souvenir de ses vertus une tristesse incroyable dans tous les coeurs. Celle du roi, son époux, fut si vive, qu'on craignit pour sa vie. Il continua cependant sa route, faisant conduire avec lui les corps du roi son père, d'Isabelle d'Aragon, son épouse, du comte de Nevers, son beau-frère. Il se rendit à Rome, où il séjourna quelques jours, pour satisfaire sa dévotion envers les saints apôtres. De Rome il passa à Viterbe, où les cardinaux étaient assemblés depuis deux ans pour l'élection d'un pape. Philippe les exhorta vivement à mettre fin au scandale qui faisait gémir toute l'Eglise. Ensuite, pressé par les instantes prières des régens de son royaume, il traversa toute l'Italie pour se rendre en France ; et ayant franchi le Mont-Cénis avec beaucoup de fatigues, il se rendit à Lyon, ensuite à Mâcon, à Châlons-sur-Saône, à Cluny, à Troyes, et enfin à Paris, où il arriva le vingt et unième jour de mai de l'année 1271.

Tous les peuples, tant en Italie qu'en France, s'empressaient pour honorer les reliques du feu roi, que la voix publique avait déjà canonisé. Le clergé et les religieux le recevaient en procession ; les malades se croyaient guéris, s'ils pouvaient toucher le cercueil où ses os étaient renfermés ; la plupart en recevaient du soulagement.

Le roi fut reçu à Paris avec les plus grandes démonstrations de joie de la part des habitans ; mais la désolation de sa famille ne lui permettait pas de goûter un plaisir bien pur. Il avait toujours le coeur percé de douleur par la mort de tant de personnes qui lui étaient infiniment chères ; car, outre celles dont je viens de parler, il apprit, en arrivant à Paris, le décès d'Alphonse son oncle, comte de Poitiers, et de la comtesse sa femme, qu'il avait laissés malades, en Italie.

Un des premiers soins de Philippe fut de faire rendre les derniers devoirs à tant d'illustres personnes. Il leur fit faire de magnifiques obsèques. De l'église de Notre Dame, où leurs corps avaient d'abord été mis en dépôt, on les transporta en procession à Saint-Denis. Philippe, marchant à pied, aida à porter le cercueil du roi son père, depuis Paris jusqu'à cette abbaye. On y conduisit en même temps les corps de la reine Isabelle et du comte de Nevers, et celui de Pierre de Nemours, chambellan, chevalier d'un mérite distingué, que saint Louis avait toujours tendrement aimé, et à qui, par cette raison, on fit l'honneur de l'inhumer aux pieds de son maître.

Philippe fit élever sur le chemin de Saint-Denis sept pyramides de pierre, aux endroits où il s'était arrêté pour se reposer en portant le corps du roi son père ; et c'est une tradition que les statues des trois rois, qu'on avait placées sous la croix qui terminait ces pyramides, étaient celle de ce prince, celle de saint Louis son père, et celle de Louis VIII, son aïeul.

On fut fort étonné, en arrivant à l'abbaye, de trouver les portes de l'église fermées : étonnement qui redoubla, quand on en sut le motif. C'était l'effet de l'opiniâtreté de l'abbé Matthieu de Vendôme, l'un des régens de l'état pendant l'absence du monarque. Fier du crédit que lui donnaient ses services et sa naissance, il ne voulait point que l'archevêque de Sens et l'évêque de Paris entrassent revêtus de leurs habits pontificaux, dans un temple que Rome, au mépris des anciens canons, avait soustrait à la juridiction de l'ordinaire. Il fallut que les deux prélats allassent quitter les marques de leur dignité au-delà des limites de l'abbaye. Pendant ce temps, il fallut que Philippe et tous les barons de France attendissent patiemment à la porte, *qu'on pouvoit*, dit un judicieux écrivain,[83] *qu'on devoit peut-être même enfoncer. Ce sont là des choses,* ajoute le père Daniel, *qui se souffrent en de certaines conjonctures, et dont on est surpris, je dirois scandalisé en d'autres temps.* Lorsque l'abbé vit ses priviléges assurés, il ordonna d'ouvrir l'église. On fit la cérémonie des obsèques avec une piété d'autant plus grande, qu'elle était inspirée par la présence des reliques d'un si grand saint, et d'un roi si digne de la vénération de ses peuples.

FIN

---

[83] La Chaise, t. 2, p. 80.

www.ingramcontent.com/pod-product-compliance
Lightning Source LLC
Chambersburg PA
CBHW050123170426
43197CB00011B/1691